21世纪通识教育系列教材
21st Century Textbooks of General Education

组织行为学（第二版）

ZUZHI XINGWEIXUE

主　编 ◎ 王　忠
副主编 ◎ 丁夏齐

中国人民大学出版社
· 北京 ·

第二版序

1999 年春季，我和王忠老师，还有圣加仑大学兄弟会（Buddy System）各国学生，一起乘着大巴去日内瓦湖畔的雀巢公司总部所在地沃韦（Vevey）参观、学习。时值春暖花开的时节，近处的湖光山色和远方白雪皑皑的阿尔卑斯山麓、郁郁苍苍的森林尽收眼底，这种景象让我俩想起德语课本中德国诗人荷尔德林的《眺望》。

人们感觉开阔的日子明朗，伴着景象，
当绿草展现在平原的远方，
黄昏的光线尚未沁入朦胧，
白日的闪亮已化作温柔的微光。

20 年白驹过隙，同为瑞士导师希尔博（Martin Hilb）门下进修的我俩天各一方，其间除了合译导师的《愿景与工具——战略性人力资源管理》的德语著述，少有交集。而今捧卷王忠老师担任主编的《组织行为学》（第二版），让我感到高兴又有些嫉妒。因为，在美国人罗宾斯的《组织行为学》锋芒不减（译著已经出版到了 16 版）、国内类似的教材汗牛充栋的今天，王忠老师能知难而进，实属可贵。作为他的同门和同行，加上同乡，本人受邀欣然作序。

仔细研读，读者和我不难看出本教材再版的缘由。

首先，本教材体例完备。全书 12 章从个体、群体（团队）、组织三个层级，加上组织变革，从组织行为学的源头出发，进而就其自然和逻辑，较为全面地阐释了组织行为学相关领域的理论。王忠老师梳理了相关文献之后对每个章节的内容加以分析，娓娓道来，显示出他对卷帙浩繁的文献的驾驭能力和敏锐的学术洞察力。

其次，本教材深具本土性的特色。“国际化视角、本土化思考”曾经是我俩共同的导师希尔博的名言，看样子王忠老师深得真传。该教材能够比照美国、英国等西方发达国家的组织行为学的前沿性研究，进而提出符合我国国情的、企业面对的现实和组织行为学的解决之道，相信不仅仅是经济管理类学生能够从中获益，企业的经营管理人员也能从中获得启发。

再次，本教材具有很强的趣味性和可操作性，12 章开篇都引用典型管理事件，以提升读者对理论性较强的组织行为学理论的阅读兴趣。加上穿插其间的“本土组织行为探索”“新闻中的组织行为学”等内容，这些和每章后的“组织行为学自测”使得本教材具备实用性，能达到学以致用的目的。

最后，本教材体现出王忠老师的研究能力和管理实践的旨趣。和国内的同名教材相比，本教材不仅收录了许多近期的前沿性研究，同时加上了王忠老师在服务企业过程中的管理实践和独到见解，在理论和实践方面有所创新。

本教材的缺憾在于，王忠老师对作为组织行为学的基础学科的心理学、社会学、社会心理学，甚至政治学都能驾轻就熟，但是本教材的人类学领域未能涉及近 5 年工商人类学或企业人类学的成果，因此，在组织政治、组织变革领域，一些近期的本土化研究成果（田广，2016；张继焦，2015）未能在书中尽现。然而瑕不掩瑜，随着许多像王忠老师一样致力于组织行为学和人力资源管理研究的教师和实际工作者的不断探究，组织与人——这个管理中恒久的、有待探索的“世界的深处”肯定会越来越真切地呈现在我们面前，对于本教材的第三版，我和众多读者将拭目以待。附上荷尔德林的《眺望》这首德文诗后半段作为本序的结尾，以致敬王忠老师和许多在组织行为学领域寻微探幽、劳思伤神的师生、研究者与管理人员。

Oft scheint die Innerheit der Welt umwölkt，verschlossen，
Des Menschen Sinn von Zweifeln voll，verdrossen.
Die prächtige Natur erheitert seine Tage，
Und ferne steht des Zweifels dunkle Frage.
Mit Unterthänigkeit.

世界的深处常常显现，不可接近，
人的意义，充满怀疑，劳思伤神，
灿烂的大自然照亮了他的日子，
而远处伫立疑虑中黑暗的问题。
以谦顺！

中国人民大学劳动人事学院教授
石伟
2019 年 10 月于求是楼

前言

PREFACE

组织行为学研究如何理解、解释、预测和改变组织中及组织与环境相互作用中人的行为，其研究领域包括个体、群体及团队、组织三个层面。组织行为学吸收了心理学、社会学、社会心理学、人类学、政治学等学科领域的研究成果，按照一定的研究方法和程序，依据科学证据来探讨组织环境中人类行为的规律性。

从20世纪80年代组织行为学进入中国以来，该学科教学与研究的情境（context）发生了巨大变化。在这一时期，中国跃居世界第二大经济体，国际货币基金组织（IMF）2014年10月发布《世界经济展望》，预测中国GDP将超越美国而成为世界第一大经济体。与此同时，我国企业的经营状况在近三十年来有了飞跃式的提升。在2014年7月发布的《财富》世界500强排行榜上，中国上榜公司数量创纪录地达到100家。华为、腾讯、联想、阿里巴巴、小米等一批来自中国的优秀企业已在竞争激烈的全球舞台上悄然成为行业翘楚。海尔、伊利、万科、中海油等企业先后入选国际著名商学院的案例库，越来越多中国企业的CEO们在课堂上与来自世界各地的公司高管及MBA学员一起侃侃而谈在中国情境下做出管理决策的是非曲直……

依照一些国内同行的观点，从引入组织行为学开始，它作为一门独立的学科在我国的发展将经历从引进西方概念和理论、应用西方理论模型，到提出和发展中国组织行为学理论的三个阶段。编者认为当下正处于第二阶段向第三阶段过渡的重要历史节点，本教材的推出也可算是应运而生了。

本教材采用经典的组织行为学体系架构来组织教学内容，用12章分别从个体、群体和组织层面的视角探讨组织员工管理中的心理和行为规律。在涵盖组织行为学核心知识精华的同时，力求反映国外学科理论前沿和体现中国本土特点的研究成果及管理实践。与同类教材相比，本教材在编写过程中注重突出以下特色：

一是各章都有新近发生的典型管理事件作为案例，以激发读者对这门密切关照实践的管理基础学科的阅读兴趣。

二是各章正文中穿插内容别致的专栏，包括“本土组织行为探索”“新闻中的组织行为学”等，引导读者关注本土组织行为学的研究前沿和实践探索，培养其理论联系实际的能力。

三是各章均附有实用自测问卷，以提高读者在掌握这门培养“人际技能”（human skills)的学科时的自学兴趣。读者可以自测，也可以将其作为提高自己管理工作效能的工具，增强了本教材的实用性。

四是各章结尾处有短小精悍的“品味经典研究”，对与本章内容密切相关的组织行为学经典研究进行介绍，并向本学科的大师先贤致敬。

本教材由王忠担任主编，负责统筹、大纲拟定，编写第七至十二章及全书定稿。丁夏齐担任副主编，负责第一至六章的编写和全书内容校正。研究生丁小琴、李盛林、熊立国、杨崇森、田坤、龚素芳、郭磊、谢淑英、邵金虎、杜冰、张瑞妍、孔纯同学和深圳大学图书馆金燕老师参与了本书资料搜集、文稿整理工作。组织行为学课程组的马欣川、陈淑妮、张转玲、金元吉、韩秀兰、马卫红、丁婉玲老师都在该课程的教学实践中对本书的编写贡献了很多宝贵意见。中国人民大学出版社编辑李丽虹女士和光兴武先生在出版过程中一直给予我们极大的支持和鼓励。在本教材的编写过程中，我们参阅借鉴了国内外大量的教材和论文，在此向作者们表示衷心的感谢。

本教材可作为高等院校管理类、经济类专业本科生、硕士研究生、MBA、MPA、MPM学员的“组织行为学”“管理心理学”等课程教材，还可作为企业管理人员的在职学习和培训用书。期待采用本教材的同行和广大读者不吝提出宝贵意见和建议，以利未来修订时不断完善。

编　者

于深圳大学汇文楼

目 录

CONTENTS

第一章

组织行为学概述

一个组织就像一部美妙的乐曲，不过，它不是单个个人的音符罗列，而是由人们之间的和声所谱成。

——彼得·德鲁克

学习目标

1. 了解组织及组织行为学的含义。
2. 了解组织行为学的发展轨迹。
3. 理解组织行为学与管理职能、管理角色、管理技能的关系。
4. 掌握组织行为学的研究方法。
5. 理解当代组织行为学面临的挑战。

引例

为什么胖东来你学不会?[1]

关于河南胖东来商贸集团，有很多传奇：比如人均销售额、利润、坪效等核心指标在中国民营商业企业排名第一；比如挤走实力雄厚的丹尼斯、世纪联华，让沃尔玛六年都没开业；再比如员工工资是当地同行的几倍，店长年收入上百万元，处长助理以上管理人员给配车……中国连锁协会会长郭戈平高度评价它“绝对是中国最好的店”。

一时间，胖东来被竖为零售业的标杆，前来参观取经的人络绎不绝。大家都想学胖东来，却不得其法或误入歧途，不禁发出“胖东来你学不会”的感叹。

在胖东来，顾客忘带钱了，营业员给垫上；免费为顾客修鞋，还特地冒雪给顾客送到家里去；被顾客冤枉少找钱，也给顾客赔钱认错，认为是自己唱收唱付工作没做好。

我们在超市生鲜部常常见到顾客翻腾堆头、掐头去尾，造成巨大损耗。店员如果强力制止，反被投诉，日久也不敢再管。那么，胖东来是怎样处理这一棘手现象的呢?

在胖东来长达 228 页的《超市部·蔬果课实操手册》（这些手册是由在胖东来工作十年以上的老员工经过几年的时间梳理总结出来的，完全从实践中来，也具备极高的可操作性）中，详细规定了 64 种常见水果和 61 种常见蔬菜的拣选、陈列、包装及保鲜办法，这保证了胖东来的堆头饱满、鲜艳，极少坏斑烂叶。姜、蒜等易被顾客挑、拣、掰的商品，胖东来规定要封装在小袋子里。

顾客的"苛刻挑拣"只是表面现象，它实际上暴露了卖场在后台服务（商品管理、卖场管理）上的深层次问题。窟窿破在里面，从外面是堵不住的，而且会带来巨大的服务成本。所以，胖东来不是提供"无下限"服务，而是将服务的重心移向后台，让柜台上这些看得见的产品卖相好得让顾客无可挑剔。

很多人认定，胖东来之所以能挤走丹尼斯、世纪联华，让沃尔玛六年都没开业，就是因为它工资给得高，充分调动了员工的积极性。甚至有个流传甚广的故事，说三位河南零售业老板请胖东来创始人于东来帮忙整顿管理企业。于东来走马上任没干别的，就宣布了两条决定：一是全员涨工资，部分岗位涨幅超过 200%；二是取消所有惩罚制度。这样一年下来，企业不仅没亏损，还赚了 1 000 万元——以此力证，高工资就是胖东来成功的核心秘密。

听听胖东来创始人于东来本人是怎么说的吧："我绝对相信有快乐的员工才有快乐的客户，但员工的快乐，较好的薪酬可能是原因之一，但绝对不是全部。把胖东来的成功完全归结于'财散人聚'的分钱模式，这是很片面的。"

在胖东来官方网站的首页上，14 个专题占据着最醒目的位置，其中有一个叫"员工人生规划"。在工作事业上，胖东来按岗位专家和管理专家两个方向培养员工，设置了五种评价体系：星级员工、服务标兵、技术明星、星级经营人员、星级后勤人员。每个评价体系，按照星级的差异，规定了详尽的行为指南，员工很容易找到自己现在的位置和努力的方向。对于不同星级的员工，胖东来还有配套的生活规划，比如其中一条是：普通员工的住房条件是与人合租两室一厅，技术明星的住房条件是拥有 $80m^2$ 以上的新房子。

这个细密的评价体系，弥补了行政晋升在激励上的滞后和僵化，它给所有员工一个准确的锚定，又鼓励他们去突破。员工每一点细微的进步都能迅速得到肯定，追求成长的本能，给人带来巨大的激励，也就是上文说的，让员工产生主动的"满意"。

胖东来的成功告诉我们，提高员工服务质量、营造良好工作氛围并不是一朝一夕可以完成的。它需要用到两方面的知识：组织中人的行为及其原因，并在此基础上进行细致的规划和不懈的努力。

组织是人与物、事的集合。对管理者而言，引进新设备、上马新项目往往并非难事，管理组织中形形色色、特点各异的员工才是最大的挑战。无论哪个层级的管理者都必须在充分理解人的行为的基础上做出恰当的决策。雇佣、保留并激励优秀的员工是组织获得竞争优势的关键。本书的主题就是作为组织成员的人、组织本身及运营组织的管理者。对组织、群体及组织成员的研究构成了组织行为学的研究领域。

第一节　何为组织行为学

一、组织行为学的含义

（一）组织及其要素

组织（organization）是为了达到一定目标，由相互协作的个体组成的系统。随着人类实践活动的发展，人们对组织含义的理解也在不断演变和拓展。归纳起来，任何一个组织都应包含以下三个要素。[2]

1. 愿景与使命

愿景与使命是组织存在的理由，也是组织成员为之奋斗的目标。每个企业都应该有自己独特的使命陈述，阐明企业生产的产品与服务的市场，并将组织成员紧密联系在一起，为共同的目标而努力。

例如，联想集团（Lenovo）这样描述自己的愿景与使命：联想基于对行业的深厚理解，以及对优秀的管理和文化基因的传承，正加快技术创新步伐，在全球范围内打造高品质的产品，让消费者充分享受卓越的科技生活。联想致力于发展成为一个行业领导型企业，一个在全球内受人尊重的企业，一个基业长青的企业，为客户、股东、员工和社会创造更多的价值，让世界因联想更美好。

2. 专业化分工与协调

组织是一个秩序化的分工与协作体系。组织通过有效的专业化分工将目标与任务进行分解，同时建立起相应的组织结构。通过将分目标落实到不同的工作部门和群体，并通过协作的方式协调不同部门和群体的关系，组织得以保证分目标的完成并最终实现总体目标。

3. 权力层级

权力层级在大型组织中表现得尤为明显。高层管理者拥有分配任务、下达命令的权力；中低层管理者指导下属工作，并受到高层管理者的领导和约束。

（二）组织行为学的概念

组织行为学（organizational behavior）是研究如何理解、解释、预测和改变组织中及组织与环境相互作用中的人的行为的学科。下面三点能够帮助我们更好地理解组织行为学：

（1）组织行为学不仅研究可观察的行为，如员工日常工作、人际交往、活动开展，还关注隐含在这些行为中的个体内在状态，包括知觉、态度、决策等。

（2）组织行为学从人作为组织和群体成员、作为资源及作为人本身三个角度来考察人的行为。

（3）组织行为学还研究群体和组织的行为。个体之间的互动形成了群体和组织过程，表现出与个体行为不同的特点和规律。一些从个体行为角度解释不了的现象可以用群体和组织过程加以解释。

（三）组织行为学的多学科性

组织行为学综合了许多其他学科领域的研究成果，主要包括心理学、社会学、社会心理学、人类学、政治学等。[3]

1. 心理学

心理学致力于测量、解释、预测及改变特定情境下个体的行为，在学习、激励、人格、态度、培训、工作满意、绩效评估、领导有效性、工作压力、个体决策及冲突管理等方面为组织行为学的研究提供支持。

2. 社会学

社会学主要研究由不同个体组成的社会系统。社会学在沟通、地位、权力、冲突、群体过程、群体动力、工作生活平衡等方面对组织行为学贡献巨大。

3. 社会心理学

社会心理学研究人与人之间的相互影响。它关注较多的一个领域是变革，包括如何实施变革及减小变革阻力。此外，社会心理学的重要贡献还在于对群体决策流程、沟通模式、个体需求满足、态度与行为改变等方面的研究。

4. 人类学

人类学研究人类和环境之间的互动，特别是文化环境。人类学能够帮助我们理解不同民族、不同文化价值体系中人类行为的差异，这在全球化背景下意义尤其重大。组织行为学所涉及的价值观、态度与规范、组织文化、对组织环境差异的认识，许多来自人类学的研究成果。

5. 政治学

政治学研究政治环境中个体和群体的行为。国家层面的政治环境对跨国企业的投资、发展和人力资源管理有着重大的影响。任何组织都必须在遵守法律法规、政策制度的前提下开展活动。与组织行为学相关的政治学研究主题包括冲突、决策、权力分配及运用、利益群体行为等。

二、组织行为学的研究领域

组织行为学的研究领域可以分为三个层面：个体层面、群体及团队层面、组织层面。[4]鉴于组织活动的复杂性，在分析组织行为时既要有针对性地对不同层面的行为加以分析，又要进行整体的、系统的思考。

（一）个体层面

个体是组织最基本的构成要素，也是组织行为最直接的实施者与影响者。个体层面主要通过对人格、能力、动机等方面的研究，说明组织中个体行为产生的原因及绩效取得的途径，并对影响行为的其他因素，如价值观、知觉、态度等进行分析，从而对组织中个体的行为做出更加全面、客观的评价。

本书的第二章至第六章，分别从人格与能力、价值观与态度、知觉和个体决策、激励、情绪与压力这五个方面详细讨论个体层面组织行为的研究成果与进展。

（二）群体及团队层面

群体和团队是组织目标实现的基本单位，也是个体任务完成及价值体现的工作单元。具体来说，群体（group）中两个或两个以上的人，为了达到一定目标，以一定的方式联系在一起进行活动；团队（team）则通过群体成员的密切合作，达成共同目标，并在此过程中表现出整体大于个体之和的协同效能。群体整体的目标、任务，群体成员的数量、构成、角色，以及群体对成员的凝聚力和约束力，都会影响群体整体的行为及群体中个体的行为。

本书第七章将介绍群体行为基础知识，第八章至第十章则从沟通、领导、冲突管理这几方面逐一展开讨论。

（三）组织层面

越来越多的研究发现，组织作为一个整体会对个体和群体的行为产生重要影响。例如，组织结构在很大程度上决定了个体与群体之间的作用方式；组织文化能够影响甚至塑造个体与群体的态度和行为；组织与环境之间的相互作用会直接或间接地作用于组织内的个体和群体，并对组织的发展产生重大影响。

本书第十一章、第十二章将系统地介绍组织结构与组织设计、组织文化的相关内容。

图 1-1 能够帮助读者更好地理解组织行为学三大研究领域的关系。

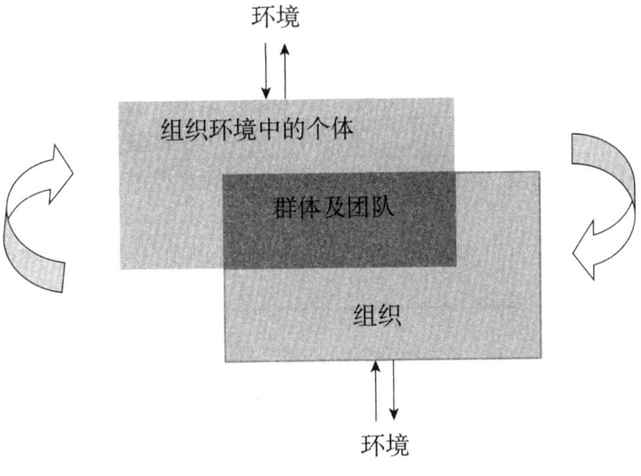

图 1-1　组织行为学三大研究领域

图 1-1 显示了组织行为学领域中个体、群体及团队、组织之间及三者与环境之间的相互作用。来自外部环境的个体在加入组织时都会给组织带来独特的能力、人格、价值观、工作动机及态度，并在自己所任职的部门或团队中每天与同事、领导和顾客进行着交流。在此过程中，这种个体之间的互动会对群体和组织目标的实现发生影响。与此同时，群体的规范、沟通网络、领导风格、冲突水平及组织结构、组织文化等也会影响和改变个体及群体的态度和行为。组织的输出会对环境产生影响，同时，环境的改变又会作用于组织、群体和员工。

第二节　组织行为学的发展轨迹

组织行为学的产生，是组织演变、管理理论发展的必然结果。从关注生产到关注组织中的人，是管理认识上的一次质变。组织行为学的产生标志着管理从以“事”为中心转变为以“人”为中心；从对“纪律”的强调发展到对“行为”的研究；从“监督”式管理发展到“激励”式管理；从“专权制”发展到“参与制”。[5]以下我们将了解对组织行为学的产生起影响和推动作用的管理理论。从管理理论的演变中可以进一步认识组织行为学的发展轨迹和重要意义。

一、科学管理理论

科学管理理论是20世纪初期产生于美国的第一批管理理论。它着重关注个体劳动者工作效率的提高。科学管理理论的代表人物有泰勒（Taylor）、吉尔布雷斯（Gilbreth）夫妇、甘特（Gantt）等。

泰勒是科学管理理论的领军人物。表1-1列出了泰勒在其代表作《科学管理原理》（1911年）中提出的、有助于提高生产效率的六条科学管理原则及相应的管理者的责任。

表1-1　泰勒的科学管理原则[6]

原　则	管理者的责任
1. 责任由管理者而非工人承担	管理者必须负责与计划、工作设计、任务分配有关的一切思维活动。
2. 运用科学的方法决定实施任务的最佳途径	管理者必须有针对性地对员工工作进行设计，并为完成工作制定标准化的操作方法。
3. 针对特定的工作选择最合适的员工	管理者必须保证员工的能力与工作需求相匹配。
4. 对员工进行培训，使之有效地完成工作	管理者必须使员工掌握标准化的操作方法。
5. 对工作过程进行监督，确保员工遵循特定的工作程序，并恰当地完成任务	管理者必须进行必要的控制，确保员工以最好的方式执行任务。
6. 通过分配任务并排除干扰，进一步为员工提供支持	管理者必须帮助员工排除阻碍生产效率提高的一切因素。

泰勒认为，为每项工作寻找“最佳操作方法”是组织赢利的唯一保障。管理者有责任向员工传授相关技能，并实施恰当的奖惩措施以确保最佳操作方法的运用。

科学管理原则大大促进了工作专业化与生产效率的提高，并得到了众多管理学家的支持与追随。如吉尔布雷斯夫妇对动作研究和工作简化进行了深入探讨，甘特提出了“计件奖励工资制”及用线条表示的计划图表“甘特图”，这些都为科学管理理论的发展做出了贡献。

二、古典组织理论

同一时期还出现了另一种管理理论，这就是以韦伯（Weber）、法约尔（Fayol）、厄威克（Urwick）为代表的组织管理理论，又称古典组织理论。如果说科学管理研究的是如何提高个体生产效率，古典组织理论则关注如何将大量员工和管理者组成最有效的整体结构。

韦伯是三人之中最著名的学者。他的主要贡献在于提出了“理想的行政组织体系”。在韦伯眼中，这一体系综合了逻辑、理性和效率，能够适用于所有的社会组织。表1-2归纳了韦伯的理想行政组织体系的主要特点。

表 1－2　理想行政组织体系的主要特点[7]

特　点	描　述
选择与晋升	专业技能是最重要的晋升标准，坚决制止通过人情或其他非专业途径获得晋升
权力层级	上级管理者有权指挥下属的活动，同时也要负责保证其活动符合组织利益最大化的原则
规章制度	固定的规章制度能够给予组织成员持久而公正的指导
劳动分工	合理划分工作任务，并确保员工有效且高效地完成
书面文件	书面记录能够保证行为的一贯性，并为组织评价提供基础
所有权分离	应该由专业的管理者而非所有者来负责组织的运营

法约尔的贡献主要体现在对管理职能的划分和对管理原则的归纳上，他也因此被认为是第一位概括和阐述一般管理理论的管理学家；厄威克将科学管理理论与组织管理理论综合为一体，认为管理过程主要由计划、组织和控制三个职能构成，并提出了与这三个职能相对应的预测、协调和指挥原则。

三、行为科学理论

科学管理理论和古典组织理论关注理性、效率和标准化，但忽视了个人和群体在组织中的角色。20 世纪 20—30 年代，管理者对工作场所及个体行为的观点开始发生转变，一系列重要研究的出现最终催生了组织行为学这一学科。

（一）霍桑实验

霍桑实验（Hawthorne studies）是 1924—1932 年在美国西屋电气公司的霍桑工厂里所进行的一系列实验。哈佛大学心理学教授梅奥（Mayo）从 1929 年开始主持这项研究。表 1－3 总结了霍桑实验的三个主要阶段。

表 1－3　霍桑实验[8]

实验阶段		条件改变	结　果
阶段一	照明实验	改变工作场所的照明条件	几乎所有的照明条件下生产率都有所提高
阶段二	继电器装配室实验 1	工作简单化，缩短工作时间，增加工间休息，采用友好监督	生产率提高约 30%
	继电器装配室实验 2	采用绩效工资制	生产率提高约 12%
	云母片剥离室实验	缩短工作时间，增加工间休息，采用友好监督	生产率提高约 15%
阶段三	大规模访谈		发现工作小组中存在非正式的关于控制生产率的约定
	接线板工作室实验	采用绩效工资制	生产率约定限制了生产率的提高

梅奥总结了霍桑实验的结果，写成《工业文明中人的问题》一书，书中阐述了全新的人际关系学说，对严格效率导向的科学管理理论与古典组织理论提出了质疑。以此为起点，学者开展了员工工作满意、员工激励等方面的一系列研究。

（二）人际关系运动

人际关系运动（human relations movement）是霍桑实验的结果，它强调员工的行为主要取决于工作场所的社会环境，激励更多地来自社会需要而非经济需要，满意的员工工作更努力。

麦格雷戈（McGregor）在他的经典著作《管理的人性方面》中，提出管理者看待员工人性的两种观点，分别用X理论和Y理论表示，如表1－4所示。

表1－4　X理论和Y理论[9]

X理论假设	Y理论假设
1. 员工不喜欢工作，总是希望逃避工作； 2. 管理者必须实施控制、指示、协调和威胁，才能推动员工为实现组织目标而工作； 3. 为了逃避责任和获得安全感，员工希望得到指导； 4. 员工缺乏工作进取心。	1. 员工并非天生讨厌工作，认为工作是生活的一部分； 2. 员工通过内在激励实现自己的目标； 3. 员工对目标的投入程度取决于实现目标所获得的奖励； 4. 在合适的条件下，员工愿意承担责任； 5. 在解决组织问题时，员工有能力进行创新； 6. 员工都是聪明的，大多数情况下员工的潜力没有得到充分的发挥。

此外，马斯洛（Maslow）的需要层次理论、赫兹伯格（Herzberg）的双因素理论等都对早期组织行为学，尤其对个体和群体层面的研究产生了重大的影响。

四、开放系统理论

20世纪60年代开放系统理论的提出，促使人际关系和行为科学研究扩展到了组织生存与发展领域。开放系统理论认为，组织是由相互联系的不同子系统构成的统一体；组织是开放的，组织与环境之间具有持续的相互作用。

这一领域代表性的学者有卡茨（Katz）、卡恩（Kahn）、艾莫瑞（Emery）等。图1－2描述了开放系统理论的基本模型。

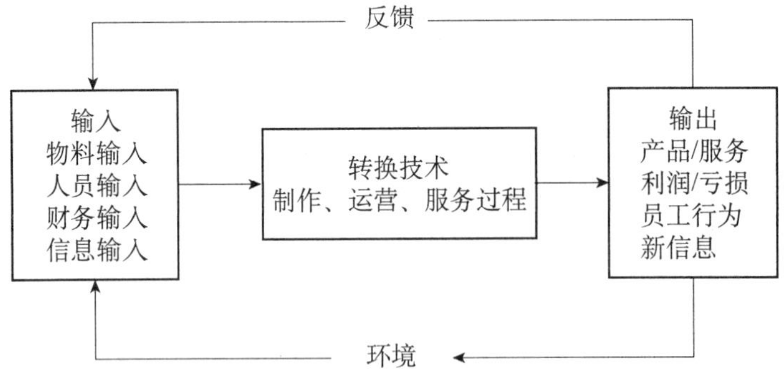

图1－2　开放系统理论的基本模型

如图1－2所示，组织从环境中获得4种输入：物料、人员、财务、信息，并通过生产过程和管理过程将这些输入进行组合和转换后，以产品和服务、利润或亏损、员工行为等形式返回环境。下一步，系统会接受环境对这些输出的反馈，并做出反应。

以中石化（Sinopec Group）为例，在输入阶段，公司通过各种途径从世界各地招收员工、采购原油、配置设施，并收集关于石油供应、钻探地调查、销售预测等方面的信息；接着，经过复杂的开采、炼制和其他过程，所有这些输入被转化成汽油、柴油、润滑油等产品，并通过装箱、运输出售给顾客；同时，公司的经营状况会以信息、税收、投资、股利的形式进入环境；环境会对这些输出做出反馈，并影响该公司未来的输入。

除了开放系统理论外，情境理论也从组织要素之间及组织与环境之间的相互关系出发理解组织行为。情境理论认为，由于人类行为和组织环境的复杂性，并不存在普遍适用的领导方法与管理行为，组织必须针对不同的具体情境做出不同的反应。情境理论尤其适用于激励、领导和组织结构设计等领域。

五、新趋势：积极组织行为学

在过去的半个多世纪里，心理学的研究多采用消极模式，偏重对人类意识与行为的病理研究。近年来美国心理学界兴起的“积极心理学”则利用目前较为先进的心理学实验方法与测量手段，研究人类的力量、品质、美德等积极方面，其研究对象面向普通人。它要求心理学家用一种更开放的、欣赏性的眼光去看待人类的潜能、动机和能力。塞利格曼（Seligman）和克森特米哈伊（Csikszentmihalyi）两位学者描述了三个操作层面上的积极心理结果，如表 1－5 所示。

表 1－5　不同操作层面上的积极心理结果[10]

层　面	结　果
1. 内心层面	幸福、满足、满意 希望、乐观 灵动、快乐
2. 个体层面	爱的能力、才能、勇气、人际技能 艺术感觉、毅力、宽恕 独创性、远见、品德 天赋、智慧
3. 人际（群体）层面	公民道德、规章制度 公民责任感、素养、利他主义 礼貌、秉性、宽容 职业伦理

通过研究上述结果及其发生过程，增加这些结果在现代社会中出现的频率，是积极心理学的最终目的。

相应地，积极组织行为学的观点为管理及组织行为的研究提供了新的视角。鲁森斯（Luthans）认为，积极组织行为学的观点综合了人力资源及心理能力两方面的理论和实践成果，对提高个体绩效的研究意义重大。鲁森斯还总结了未来积极组织行为学领域内有待深入的五个核心领域（CHOSE）：

（1）**自信/自我效能**（confidence）：个体对自己能在特定情境下完成任务的自信程度。

（2）**希望**（hope）：设定目标，决定如何实施，并进行自我激励。

（3）**乐观**（optimism）：期待积极的结果，并感受随之而来的快乐、坚持与成功。

（4）**主观幸福感**（subjective well-being）：积极评价人生，并对成就感到满意。

（5）**情感调适**（emotional adjustment）：认识并管理自己和他人的情绪，有自知之明，能够体会他人的感受并掌握一定的社交技能。

目前，积极组织行为学的研究已发展出积极情感与组织变革、工作积极意义、道德与组织、成员绩效等多个不同方向。更多地关注组织与管理实践背景下人类行为的健康发展，这正是积极组织行为学的价值和前景所在。

第三节　组织行为学与管理

组织行为学可以为管理者提供经过验证的理论知识，从而能够更加有效地指导管理者顺利完成工作任务。例如，在组织中绝大多数的管理者对下属的工作负有直接责任，管理者典型的管理活动有激励员工努力工作、进行恰当的工作设计、解决工作冲突、开展绩效评估等，在这些方面组织行为学的大量理论和方法都能发挥作用。

管理者还必须向上级报告工作。在与上级打交道时，理解有关领导、权力、决策、组织结构、组织文化等方面的知识是非常有用的。此外，不论是员工还是管理者，都可以运用组织行为学的知识更好地理解自己和他人的动机、情绪、态度和行为，从而提高决策能力、沟通能力，改善人际关系。

下面将从管理职能、管理角色、管理技能三个方面，阐述组织行为学在管理中的重要作用。

一、组织行为学与管理职能

绝大多数学者将管理者的活动归纳为四项基本职能：规划、组织、领导、控制。[11]管理者通过承担四项基本职能，对组织的物料资源、人员资源、财务资源、信息资源进行有效协调和配置，从而促进组织目标的实现，如图 1－3 所示。

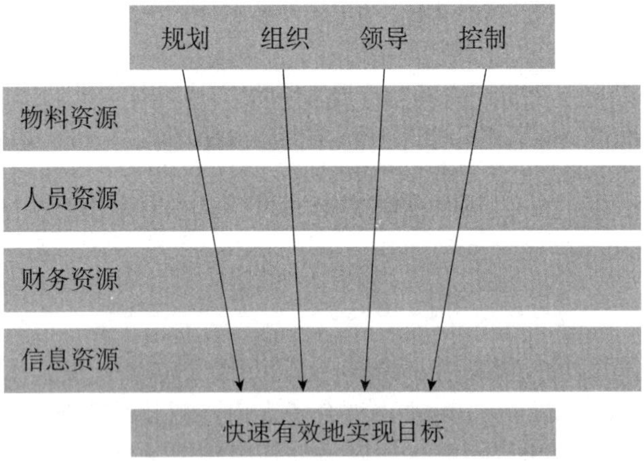

图 1－3　管理的四项基本职能

（一）规划

规划（planning）是设定组织未来目标并明确如何实现目标的管理过程。例如，西南航空公司的目标是为顾客提供低价格的航空旅行，为实现这一目标，公司采取了多种有效的资源配置方式，如使用波音 737 飞机以降低运营、培训及维修成本，采用员工协作与工作分享制度降低薪酬支出，设计简洁明了、操作便利的公司网站以方便乘客等。

管理过程的不确定性与不可预见性导致规划工作的复杂程度大大增加。组织行为学探讨决策、权力、冲突、组织结构、外部环境等多种因素对规划的影响，能够帮助管理者顺利完成规划职能。

（二）组织

组织（organizing）是指所确定的任务由谁来完成以及如何管理和协调这些任务的过程。例如，2018 年 10 月，腾讯公司正式宣布战略调整，以进一步探索更适合未来趋势的社交、内容与技术的融合，并推动实现由消费互联网向产业互联网的升级。为此，腾讯在组织结构上保留原有的企业发展事业群、互动娱乐事业群、技术工程事业群、微信事业群，又突出聚焦融合效应，新成立云与智慧产业事业群、平台与内容事业群。组织行为学的很多理论都能用在组织工作中，例如组织沟通管理、组织结构设计、组织冲突管理等。

（三）领导

领导（leading）是影响和激励员工以实现组织目标的过程。研究不同的领导方式及其与组织情境的匹配是组织行为学的核心内容之一。随着管理实践的发展，当代管理者的领导方式正逐步发生改变——"自我管理团队"变得越来越普遍。这种团队在许多方面拥有自我管理权，并承担相应的责任。团队自主招聘和培训新员工，自主开发工作流程与操作方法。与过去的监督式领导相比，今天的领导者更多地扮演着教练和导师的角色。他们为团队提供指导、建议和资源支持，引导团队进行有效的自我管理。

（四）控制

控制（controlling）是根据组织目标监督和及时纠正组织及组织成员行为的过程。通过控制，管理者不仅能保证组织朝着实现目标的方向努力，而且能对规划、组织及领导过程的效果和效率进行检查。组织行为学的理论与模型在这里大有用武之地。例如，某一部门的协同工作效率低下，问题可能来自内部员工的人格冲突，或是不恰当的领导方式，也可能是不科学的工作设计所致。运用组织行为学的组织诊断工具，管理者能找出产生问题的真正原因，并做出正确的决策以解决问题。

二、组织行为学与管理角色

管理者在承担上述四项基本职能时，还要在组织中扮演着各种不同的角色。[12] 角色（role）是与职位相匹配的一系列行为或任务的总和。明茨伯格（Mintzberg）总结了管理者所扮演的十种角色，这些角色可以归为三大类：人际角色、信息角色及决策角色，如表 1-6 所示。

表 1-6　管理者的十种角色

类　别	角　色	示　例
人际角色	头面人物	召开全体员工大会，发表关于企业战略的讲话 宴请重要客户
	领导者	指导下属工作，发布命令 就人力资源问题进行决策
	联络者	协调不同部门之间的活动 建立企业之间的联系，以实现资源共享

续表

类别	角色	示例
信息角色	监督者	评估不同员工与部门的绩效 观察行业内、组织内的变化
	传播者	将组织内外的重要信息传递给组织成员 促进组织文化与伦理价值在组织内的传播
	发言人	开展广告宣传活动，推销新产品 为新子公司的开业召开新闻发布会
决策角色	创业者	提出新产品的开发思路 进行企业海外扩张的决策
	冲突处理者	调动各种资源解决企业内外问题，如能源危机、罢工、员工纠纷等
	资源分配者	为研发、生产、营销部门分配预算 为不同的项目分配人员
	谈判者	与客户谈判销售合同 与员工谈判长期劳动合同

三、组织行为学与管理技能

管理者要想承担好以上的管理职能和扮演好多种管理角色，就必须具备一定的技能，这些技能可分为技术技能、人际关系技能、概念技能和诊断技能四类。[13]

（一）技术技能

技术技能是完成组织内具体工作所需要的技能，通常同组织运营过程中的具体业务有关。例如，会计部门的管理人员必须懂得会计业务，机械维修部门主管必须掌握维修技术。

（二）人际关系技能

人际关系技能是指理解、激励他人及与人共事的能力。谷歌前副总裁兼大中华区总裁、创新工场董事长李开复擅长同公司里各种各样的员工打交道。在员工眼里，他是一个关心他人、有同情心、诚实的人。领导者的这些品质可以激发员工的热情，创造出良好的工作氛围。

（三）概念技能

概念技能是指产生新想法、进行抽象思考的能力。概念技能突出的管理者能够更全面地看待问题，更敏锐地把握机会。例如，马云凭借其出色的概念技能，把握互联网大发展的契机和未来趋势，先后创建阿里巴巴、淘宝、天猫、支付宝，并力排众议，投资云计算、人工智能、芯片制造等领域，带领阿里集团取得极大的成功。

（四）诊断技能

诊断技能是管理者在面对问题时把握因果关系并找出恰当解决方案的能力。如本章引例中胖东来管理层对待顾客在超市生鲜部翻腾堆头、掐头去尾的现象做出的诊断——顾客的“苛刻挑拣”只是表面现象，它实际上暴露了卖场在后台服务上的深层次问题。为此要求员工总结出《超市部·蔬果课实操手册》，详细规定常见水果和蔬菜的拣选、陈列、包装及保鲜办法，保证了堆头饱满、鲜艳，让柜台上的产品卖相好得让顾客无可挑剔。

如图 1-4 所示，不同管理技能对组织内不同层次的管理者来说，重要性并不相同。对于基层管理者，技术技能和人际关系技能要比概念技能和诊断技能更为重要，中层管理者在各种技能的要求上则比较均衡。此外，在不同的经济状况下，管理者所需的技能组合也不尽相同。有调查表明，在极端困难的经济环境中，管理者特别是高层领导，最重要的技能是有效沟通和激励（人际关系技能）、决断力和远见（诊断技能和概念技能）。

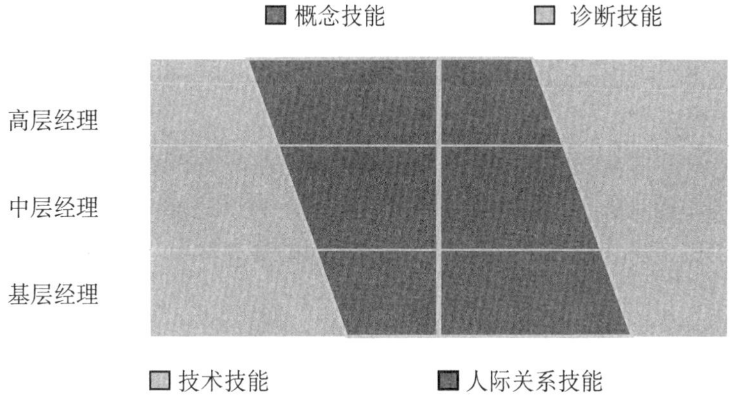

图 1-4　不同层次管理者的技能组合

第四节　组织行为学的研究方法

作为一门行为科学，组织行为学必须按照一定的研究方法和程序，而不是基于预感、经验及直觉来探讨人的行为。组织行为学的研究具有科学特征，即依据科学论据来探讨组织环境中人类行为的规律性。

一、组织行为学研究的原则

科学研究要遵循一定的原则。组织行为学也一样，一方面有自己独特的研究方法，另一方面也遵循科学研究的一般原则。

（一）客观性原则

组织行为学理论建立和验证的过程中，不能单凭学者的个人经验，而必须是以公众都能观察了解到的客观事实为基础前提。研究者客观、公正的态度是研究的基本前提，在收集数据过程中要保持数据的客观真实性，对问题及结果的分析不能有任何的主观偏见。

（二）可验证性原则

研究成果最重要的原则之一就是可验证性，组织行为学的研究方法所得出的结果应该可以反复地在实验或者调查中得到证实和证伪。研究成果要具有重复性、可测量性。无法进行验证的研究成果是不具有价值的。

（三）可控制性原则

组织行为学的研究对象是人的行为，研究者要控制对行为产生影响的变量，使研究过程更加准确，以确保对行为产生的原因做出合理的因果解释。对于研究中无法控制的因素，研究者也要尽可能认识到其作用与影响，在研究结论中予以考虑和说明。

（四）预见性原则

组织行为学的研究发现应不仅有助于解决组织管理中的实际问题，而且能够运用所发现的客观规律预见未来，从而更加有效地预防组织中的各种消极行为，引导员工积极行为的高频次出现。

二、组织行为学研究的具体方法

组织行为学的研究方法有很多，较为常见的有以下几种。

（一）观察法

观察法是指观察者对被观察者的行为进行直接观察，分析被观察者的行为，从而分析研究人们内在的心理状态。观察法除了观察者直接运用感觉器官进行观察外，还可以借助科技设备如录音机、摄像机等进行观察。按照不同的分类标准，观察法可分为以下几种主要类型。

1. 参与观察与非参与观察

这种分类方法依据的是观察者与被观察者之间的关系。参与观察是指观察者与被观察者一起进行活动，观察者直接参与到被观察者的工作或生活中，其研究者的身份不易被发现。这种观察方式能够获得更为可靠、有效的观察资料。非参与观察是指观察者以研究者的身份对被观察者进行观察，此时的研究者是一名局外人。

2. 自然观察与控制观察

这种分类方法依据的是被观察者对观察过程的知觉。自然观察是指在被观察者不知道自己处于被观察状况下，观察者对其进行观察的行为。控制观察指被观察者知道自己处于被观察的状态下，观察者对其实施观察的行为。

参与观察和自然观察所搜集的数据可以帮助研究者对自己所要研究的问题获得身临其境和设身处地的了解。例如，黄铁鹰教授在研究海底捞的案例时，派北京大学学生去海底捞餐厅打工“卧底”，承担餐厅里的各项服务工作，从而收集了海底捞服务顾客的大量一手资料。

（二）实验法

实验法是在对环境进行一定控制的情况下开展实验的研究方法，研究者通过控制和改变条件，积极干预受测试者的活动，经过反复实验，积累一定数量的材料，作为判断被研究心理现象的典型性和偶然性的依据。实验法可以分为两种类型：实地实验和实验室实验。

1. 实地实验

实地实验（field experiment）是在自然环境下进行的有控制的实验。实验研究者在自然环境中控制自变量，检验自变量的变化对因变量所造成的影响，从而发现两者之间的关系。例如，对两个医院自愿献血的人开展实地实验，在第一家医院对自愿献血的人给予金钱补偿，而第二家医院的献血者得不到补偿。记录这种情况下两家医院自愿献血的人数，从而通过收集数据，对献血意愿和金钱补偿之间的关系进行分析研究，试图发现两者之间的规律。

2. 实验室实验

实验室实验（lab experiment）需要对环境中的某项因素进行更加严格的控制，通过改变自变量，观察因变量的变化，整个实验过程是在实验室中完成的。例如，有学者同样研究献血意愿和金钱补偿之间的关系，他将参加实验的人集中到实验室里，随机地将他们分配到有金钱补偿和无补偿的两个实验组中，对第一组人告知如同意献血将会得到金钱补偿，对另一组人告知献血将是无偿的，最后统计两组中愿意献血的人数。

（三）案例研究法

案例研究法是一种非常完整的研究方法，它包含了特有的设计逻辑、特定的资料收集方法和独特的资料分析方法。它是研究者通过查阅记录、采访样本、发放调查表和实地观察等方式，搜集有关个体、群体和组织的各种资料，用以了解研究对象的行为特点、管理风格及工作经验等，对组织中的各种关系进行描述和说明。案例研究法主要体现在对以下三个问题的回答："是如何改变的"、"为什么会变成这样"及"最后结果如何"。

通常案例研究法可以区分为三类，即探索性案例研究法、描述性案例研究法及因果性案例研究法。

1. 探索性案例研究法

探索性案例研究法是指，当研究者对于个案特性、问题性质、研究假设及研究工具不是很明确的情况下所进行的探索性研究，以为今后正式的研究提供基础。

2. 描述性案例研究法

描述性案例研究法是指在探索性案例研究的基础上，研究者已经对个案特性、问题性质等有了一定了解，要继续对案例进行更为细致深入的描述，从而加深对研究问题的认识。

3. 因果性案例研究法

因果性案例研究法是观察现象中的因果关系，了解不同现象间的特定关系。此类研究旨在关注自变量对因变量的影响作用，并试图寻找因果关系背后的原因。

（四）问卷调查法

问卷调查法是用书面形式间接收集研究资料的一种方法，它在组织行为的定量研究中使用得最为普遍。问卷调查法以语言为媒介，使用严格设计的表格或问题，向研究对象收集资料。问卷调查法主要适合标准化的问题，适用于描述性的调研和解释性的研究。问卷调查法中首个重要环节就是问卷的设计。问卷设计主要有以下两种方法。

1. 沿用现有量表

在组织行为学的发展历程中，无数的研究者开发出大量的研究量表。在研究设计初期，研究者首先需要查阅文献中是否存在信度和效度符合要求的已有量表。

2. 自行设计量表

在组织行为学的研究中，出现以下三种情况时，研究者才不得不考虑自行设计量表：现有的量表无法满足研究的需要；研究的目的是测试西方概念在跨文化研究中的运用；研究的目的就是开发新的量表。

三、与组织行为学研究相关的概念

（一）理论模型和变量

理论模型是对概念之间各种复杂关系的一系列假设性陈述。组织行为学的研究中，理论模型图离不开方框、线条和箭头，如图 1－5 所示。研究者将概念转变成为变量，以此为对变量进行精确测度及对理论模型进行统计验证奠定基础。以下，我们对理论模型中常见的五类变量及其之间的关系进行介绍。

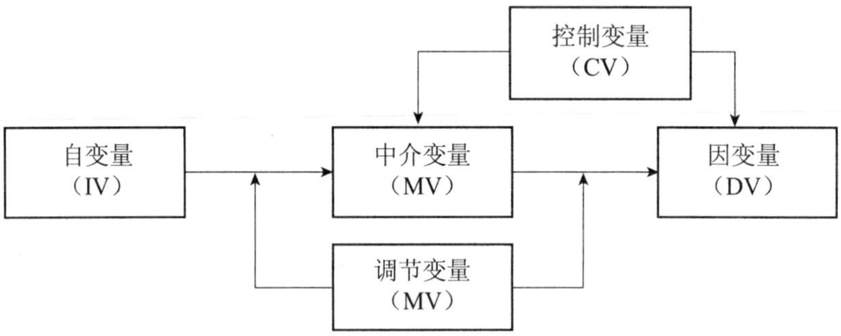

图 1－5　五种变量的示意图[14]

1. 自变量

自变量（independent variable）就是在假设中引起某个现象的变量，也是实验中被研究者所操纵的变量。如研究者在“领导风格对组织创新作用机制”的研究中，不同的领导风格就是自变量，是引起组织创新的预测变量。

2. 因变量

因变量（dependent variable）就是在假设中被预测的变量，也是实验中被研究者认为会随着自变量变化而变化的变量。在“领导风格对组织创新作用机制”的研究中，组织创新就是一个因变量。

3. 中介变量

中介变量（mediating variable）是自变量对因变量发生影响的中介，是自变量对因变量产生影响的实质性的、内在的原因。中介变量所起的作用是能够使自变量与因变量之间的关系更加清楚和完整。

4. 调节变量

调节变量（moderating variable）所起的作用是调节自变量与因变量之间的关系。如果自变量 a 和因变量 b 之间的关系又受到变量 c 的影响，那么可以称 c 为调节变量。如图 1－6 所示，服务氛围就是调节变量，调节着自变量员工人格特征与因变量服务质量的关系。

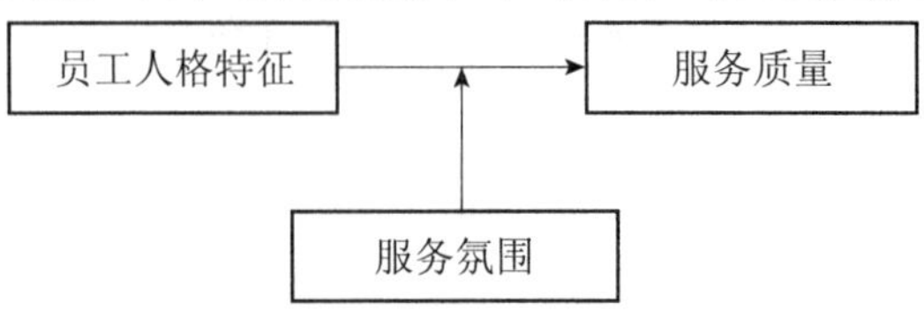

图 1－6　调节作用示意图

5. 控制变量

研究过程中，不是只有自变量才会引起因变量之间的变化，自变量之外存在其他变量也可能影响研究的结果，因此研究者必须控制相关的变量，这些变量称为**控制变量**（control variable）。只有在研究过程中使控制变量保持不变，才会使得研究结果更加可靠。在图 1-6 中，除了调节变量服务氛围，行业性质的不同可能也会影响自变量与因变量之间的关系，那么行业性质就是一个控制变量，研究者需要对其进行控制，比如保证研究样本全部来自同一个行业。

（二）效度和信度

组织行为学的研究中，人们通常从效度及信度两个方面对研究过程中的量表的质量进行评价。效度和信度决定了研究的准确性和稳定性。

1. 效度

效度（validity）是指量表测量的准确程度，或量表能否准确地测量到其需要测量的概念。量表效度一般分为内容效度、效标效度及结构效度。内容效度是指量表的题项能否代表所要测量的概念；效标效度是根据某种理论，选择一种指标或测量工具作为效标，分析量表得分与效标间的相关性；结构效度是指使用量表所得到的数据结构是否与人们对概念的预期结构相一致。

2. 信度

信度（reliability）指量表测量结果的一致性和稳定性。量表信度分为重测信度、复本信度及内部一致性信度。重测信度是在一定时间间隔中运用同一量表进行重复测量所得测量结果的一致程度，以此考查测量工具的稳定性；复本信度是指对同一组被试运用两份内容等价但题目不同的量表进行测量所得测量结果的一致程度；内部一致性信度反映的是量表题项之间的一致程度，考查各个题项是否测量了相同的内容。

专栏 1：本土组织行为探索

组织行为学研究的现状：意义与建议[15]

张志学、鞠冬、马力对 2008—2011 年发表在英文和中文组织行为学方面重要学术期刊上的研究文献进行了比较和总结。他们在英文期刊中选取了 12 本公认的一流管理学（如 *Academy of Management Journal*）、应用心理学和组织行为学（如 *Journal of Organizational Behavior*）学术期刊，通过阅读，对每篇论文的研究内容进行概括。依据文章所研究的主要内容（可以是自变量，也可以是因变量），概括出每篇文章的主题。2008—2011 年，文章数量排在前 10 位的话题依次是领导力（leadership）、团队（team）、公平（justice）、身份和认同（identity & identification）、组织公民行为（organizational citizenship behavior）、创造力（creativity）、工作-生活关系（work-life）、多样性（diversity）、信任（trust）和绩效（performance）。这 10 类话题占全部研究论文的 32%，其中领导力最多，独占 8%。其他研究话题还包括：创业（entrepreneurship）、CEO、职场例外行为（deviance）、知识（knowledge）、变革（change）、离职（turnover）、冲突（conflict）、决策（decision making）、情绪（emotion）、压力（stress）、伦理（ethics）、情感（affect）、谈判（negotiation）和权力（power）。在所有论文中，采用实证研究、理论研究、文献回顾和元分析这四种研究方法的文章所占比重依次为 77%、14%、6%和 3%。研究层次分为个人（66%）、小组/团队（12%）、组织（6%）。

他们还选取了国内《管理世界》《管理科学》《管理评论》《科学学研究》《科学管理》《南开管理评论》《中国管理科学》《心理学报》上所发表的组织行为学论文来进行比较。通过阅读 2008—2011 年以上期刊的相关论文，发现中文文章排在前 10 位的研究话题依次是：领导力、团队、知识、创造力/创新、公平、信任、建言、组织公民行为、工作-生活平衡和离职。这 10 类话题占全部研究论文的 60%，其中领导力占 20%。其他话题还包括职业、情绪智力、绩效、组织承诺和个性。中文文章所采用的研究方法也和英文期刊一致，但是研究方法单一，个体层次和横截面数据的问题更为严重。具体而言，研究类型最多的是实证研究（占 89%），每篇文章仅报告一个研究的居多（占 93%），大多数研究采用问卷收集数据（占 89%），研究层次集中在个体层次（占 61%），且绝大多数研究搜集的是横截面数据（占 92%）。

第五节　当代组织行为学所面临的挑战

今天，随着全球经济一体化的发展，组织所面临的环境发生了巨大的变化。当代组织日益面临着充分运用组织人力资源、与环境保持密切协调和发展等多方面的挑战。其中来自社会文化、全球化、技术和新型雇佣关系这四大领域的挑战尤为突出。[16]组织行为学的研究将为管理者应对这些挑战提供深刻的启发和有力的工具。

一、社会文化环境的快速变化

社会文化环境，如价值观、态度、信仰、行为方式等的改变会影响人们的生活和工作，并进一步影响到组织运营的各个方面。以美国为例，数据统计显示，过去十年里美国女性和少数民族中担任管理岗位的人数上升了 25%，这就迫使美国企业采取措施，杜绝工作中性别、种族歧视的出现。就中国企业来说，当前对“90 后”“00 后”员工的管理让企业管理者十分头痛。社会文化环境给组织带来的挑战主要有组织伦理和劳动力多元化。

（一）组织伦理

近年来，中外企业界频频爆发伦理丑闻：英国广播公司性丑闻、三鹿“毒奶粉”事件、富士康员工跳楼事件、长春长生假疫苗案…… 许多企业因此而遭到股价暴跌、信誉尽失甚至破产的厄运。组织运营中的伦理问题正越来越引起人们的注意。

组织伦理（organizational ethics）泛指组织领导和员工用以分析问题、判断对错、制定决策的一系列价值观、信仰和道德准则的总和。组织伦理之所以重要，是因为它会增加或者损害社会福利，即事关整个社会的繁荣、健康和活力。

伦理能够影响组织的目标设定及追求目标的途径。例如，组织的基本目标之一是获得利润，以便偿付供应商、员工、股东和其他利益相关者。伦理是组织在追求利润的过程中不得不考虑的因素。组织从竞争对手那里挖掘人才是否有违伦理？组织是否可以通过采购质量低劣、价格低廉的原料来降低成本？组织如何处理不合格的产品？组织为了利用海外劳动力而大幅削减本国工作岗位是否合适？组织追求利润的行为是否应受到某种限制？

此外，伦理还有助于形成组织的社会责任感，即组织对那些受组织活动影响的、组织以外的群体和个人所承担的责任。对有些组织而言，承担社会责任仅仅意味着不违反法律，而另一些组织则通过履行社会责任来增加员工、顾客及全社会的福利。《2018 年度中国慈善捐助报告》显示，企业捐赠占到捐赠总额的 61.89%，其中民营企业贡献近五成。该年度捐赠金额超过 5 亿元的民营企业有恒大集团、碧桂园控股有限公司、腾讯控股有限公司等。中国长江三峡集团有限公司、中国华能、中石油、中石化、紫金矿业、茅台酒厂等国有企业也连续多年捐赠过亿元。每个组织都必须确立自己的伦理标准，并建立起相应的奖惩系统以保证伦理标准的执行。

怎样确保员工不因个人利益而损害组织利益、不因组织利益而损害社会利益是当代组织面临的重大伦理挑战。组织上下必须充分认识到，组织是社会的一部分，组织福利与社会福利息息相关、密不可分，承担相应的社会责任是每个组织和每位员工的基本义务。

（二）劳动力多元化

劳动力多元化（workforce diversity）是指组织成员间的相似和差异程度。造成差异的原因既有年龄、性别、种族、地域等因素，也有教育、收入、经验、婚姻状态、工作价值观等的不同。所有这些差异会对组织成员的动机、态度和行为造成不同的影响。

近二十年里，组织一般劳动者和管理人员的构成经历了巨大的变化。以美国企业为例，2000—2010 年，劳动力增长 12%，其中白人男性劳动者增长仅为 6.7%，女性劳动者的增长比例为 15.1%，黑人及西班牙语系劳动者的增长比例达到 56.3%。

而在我国，造成劳动力多元化的因素有所不同，主要包括地域来源、文化程度、家庭背景等。随着城市化进程的加快，大量外来人员涌入北京、上海、广东等经济发达地区工作，他们来自全国各地的城乡，其价值观念、教育背景、行为习惯等也存在着很大的差异。

劳动力多元化程度的日益提高给组织及管理者带来了公平公正、决策与绩效、灵活性三方面的挑战。

1. 公平公正

工作机会和晋升是组织中的稀缺资源。在劳动力多元化的环境下，如何公平、公正地分配岗位、薪酬和晋升机会是管理者面临的难题之一。多元化程度的上升将影响组织对员工需求的满足，进而导致工作绩效和员工福利的下降。

2. 决策与绩效

对组织而言，多元化是挑战，也是机会。如何利用多元化带来的员工技能、背景和观念上的差异来改进决策过程、提高组织绩效，已成为当今管理者需要解答的重要课题。Google 公司自创立以来，就有意识地运用多元化作为激发创新的独门利器。公司员工说十几种语言，来自多个国家和民族，工作背景跨度极大，号称“从神经外科专家、CEO、猜谜冠军到摔跤手和海军陆战队员”。这样的员工构成为公司带来了多样化的理念、知识和价值，有助于公司更好地服务于国际化的用户与顾客。

3. 灵活性

组织必须对不同类型员工的需求保持敏感，并通过灵活的方式来提高全体员工的福利。例如，弹性福利制针对员工需求制定不同的福利内容；采取多样化的工作安排（如弹性工时制、工作分享等），提高员工工作安排的自主性；制订管理计划，指导并监督员工正确对待组织中的弱势群体成员；组织集体活动，加强主流群体与弱势群体之间的理解和沟通。

专栏 2：新闻中的组织行为学

法国电信的“自杀潮”[17]

富士康员工跳楼自杀的震撼力在于其密集性，媒体跟着点数，而数目居然不停增加，变成一个恐怖游戏。很多事情，在不得其解或需要深入剖析的时候，“比较”是一种科学方法，尽管在这里将法国的员工自杀案和富士康对比令人心情沉重，但为什么坏事的感染力或雷同性总是那么高呢？作为欧洲第三大手机运营商，法国电信又被称为“自杀中心”，2007—2009 年，法国电信已有 35 名员工自杀，2010 年头 3 个月又有 11 人自杀。

法国电信成“焦虑症象征”

法国电信公司有 102 000 名员工，2007—2009 年自杀人员已达 35 人，使它成为工作焦虑症的象征。特别的是，死者均为主管。如果说富士康先于中国其他大型企业碰上承受压力的问题。那么法国电信的例子会是富士康的未来吗？

当然，两者基本结构不同，生产内容各异，但就产业和经营的整体发展来看，也许不全是阶段和过渡期的问题。基本上，还是人际关系疏离，个人价值得不到承认，工作没有成就感，使人走上了绝路。

难关面前都选“一死了之”

法国电信公司自杀的主管们在事业高峰期碰到瓶颈。法国电信人员是终身制，不能被随便解雇，同时也养成了他们的依赖性，在外面自由市场上竞争力很弱，自动辞职另找工作更是难上加难，因此其自杀者多数纯属个人适应问题。

法国电信过去一枝独秀，网络的兴起和开放、民营化，使得每天只管报到和上下班的公职人员遇到新的挑战，有的无法解套，在上层强烈要求下，拿不出业绩来，抑郁终日，最后撒手人寰。

至于富士康的自杀员工，几乎每人都肩负着家庭的重担——不是他们自己的小家庭，而是父母的大家庭。任意加班加点，处处省钱，牺牲所有休闲和娱乐，对一个初入社会的年轻人来说，理想的破灭、不愿辞职辜负家人期望的心结，成了他们未能跨过去的难关。

研究：员工关系冷漠 主管压力最大

法国领薪人员自杀现象开始于 2002 年，根据“国家科学研究中心”的研究，主要激发因素是“共同生活品质降低”。公司里的欺压、骚扰和不公正一向都有，但是过去工会非常活跃，员工投诉有方，心理上得到不少慰藉。但今天，大家都怕失业，公司又用各种提高竞争力的管理策略来代替过去的人情味，彼此的互信关系被破坏。这种情况在各级主管身上特别明显，他们全部的生活都被紧绷在一条“设法升职”或“不要失业”的线上，因为不进则退，最后便会被淘汰。

剖析：“集体沉默”导致惨案恶性循环

如何断定这类自杀事件中公司的责任？法国科学研究中心心理学家、“工作与行动心理实验室”主任克里斯朵夫说，有的死者会留下遗书，其中指责公司，充满愤怒、屈辱和失败感；多数表示无法再应付与上司和同僚之间的冲突，丧失了对自己的信心。事实上，法国公司中出现了一种“集体沉默”——有人自杀，公司上下都有罪恶感，而宁可三缄其口。这种避而不谈的做法对生者也是一种伤害，公司不回应，表示死者没有任何价值，不免使人心灰意冷。在这种情况下，自杀案往往一件接着一件。

启示：富士康急需“企业伦理学”

因此，打破自杀后的沉默，查明动机，不要让自杀案平常化，才是防止之道。自杀案件已经表明工作环境确实发生了问题，管理方式必须改变。这点完全适用于富士康，它必须清醒地认识到企业伦理的重要性，研究出一套增进人际关系、制止超时加班等情况的方法来，建立真正的、系统的“企业伦理学”。

二、全球化经营

在经济一体化加速发展的今天，越来越多的企业将业务拓展到了本国以外的国家和地区。值得注意的是，每个国家都有自己独特的政治、经济、文化环境，这给企业的跨国经营带来了极大的不便和困难。跨国企业必须充分理解国与国之间的差异，并学会利用这种差异来改善组织行为、提高组织效率。

（一）理解跨国差异

不同国家环境下的组织行为各不相同。研究证明，来自不同国家的员工在价值观、信仰、态度等方面差异极大。以管理者对组织中权力的看法为例，意大利、日本、中国的管理者倾向于认为权力结构就是为了让每个人认清楚谁是老板，而美国、德国和英国的管理者则认为权力结构的作用在于协调群体行为。

因此，在跨国经营的环境下，协调组织行为并适应外部环境的复杂性大大提高。此外，企业利用海外优势的行为可能对母国经营造成不利影响。例如，许多企业为了降低原材料和劳动力成本，在经济不发达地区投资建厂，这就导致了母国市场工作机会的大量流失。

（二）全球性学习

全球性学习（global learning）是企业克服跨国经营中的弱点、提高全球竞争力的重要途径。例如，福特汽车（Ford）先后从意大利的法拉利（Ferrari）、兰博基尼（Lamborghini）学习设计技术，从日本NEC、松下（Matsushita）购买电子部件，从德国戴姆勒-克莱斯勒（Daimler-Chrysler）、巴斯夫（BASF）购买机械工具和制造设备。同时，通过全球性学习，企业还能更好地满足多样化的顾客需求。

外派是企业运用全球性学习以应对差异化国际环境的重要措施。训练有素的外派员工不仅能保证海外业务的正常运行，而且能通过不断学习和积累促进母国业务与海外业务的共同发展。

三、信息时代的组织管理

信息技术的发展，尤其是互联网的广泛运用，不但极大地改变了人们的思考和行为方式，还带来了管理体系变革、员工协作程度提高、组织灵活性增强等一系列影响。当组织成员能够凭借对信息、知识和技术的有效管理来提高组织与环境之间的协调性时，组织学习就发生了。

（一）信息技术与组织效率

目前，在许多跨国企业里，视频会议、电子邮件、聊天软件、内部网等信息技术手段令分散在全球各地的员工之间的联系变得空前紧密，大大提高了企业内部的沟通效率与决策能力。

信息技术的发展使得组织内外的信息传递变得更加精确、及时、充分，这样一来，员工在灵活、高效地完成组织任务的同时，就能更多地参与富有创新性的活动。在满足客户需求方面，信息技术对于银行、医院、零售商店、网络公司这类服务性组织发挥着特别重要的作用。

（二）信息技术、创造性与组织学习

运用信息技术提高个体、群体、组织的创造性和学习能力是一项艰巨的任务。例如，IBM 拥有数千名专家组成的庞大的顾问团。这些专家来自汽车、零售、金融服务等多个不同的领域，他们对各自领域内存在的问题及其解决方式都有深入的研究和丰富的经验。顾问团的主要任务是与 IBM 软件工程师密切合作，为高级客户软件的开发提供专业建议。在此基础上，IBM 研发了多套面向问题解决的行业“专家系统”，用以帮助各个领域的研究人员提高自身的产品创新能力。其中一套专家系统针对的是制药行业，运用该系统的企业能够模拟药品开发的整个过程，从而帮助药品研发人员更好地分配资源、时间和精力，提高新药的开发效率。

四、新型雇佣关系

全球化与信息技术的发展带来了组织雇佣关系的变革。其中，裁员、知识员工、外包这几方面对雇佣关系的冲击尤为明显。

（一）裁员

过去，人们在同一家公司工作到退休的现象十分普遍。自 20 世纪 90 年代以来，全球竞争的压力导致企业不得不采取各种方式削减运营成本，裁员开始变得普遍起来。2008 年全球金融危机中，仅花旗银行一家企业就裁员多达 7.4 万人。2018 年美国移动运营商 Verizon 裁减 4.4 万员工和转移超过 2 500 名员工，该人数约占员工总数的 30%。裁员不仅造成大量员工失业，也导致在职员工面临巨大的工作压力。

今天的员工越来越意识到，为了保住饭碗并争取更好的工作，他们必须不断充实和更新自己，同时更关注其他工作机会。对组织而言，越来越难以提供持久稳定的雇佣承诺。

（二）知识员工

传统观点认为，员工对组织的价值在于他们所做的工作。然而，进入信息时代和知识经济时代后，员工的价值已逐渐转变为他们所掌握的知识。对知识员工的管理将成为组织未来成功的主要决定因素。与非知识员工相比，知识员工在人格特质、价值观念、工作态度及激励方式等方面具有诸多特殊性：

（1）他们大多受过系统的专业教育，具有某一领域的业务特长和较高的个人素质；

（2）他们具有较高的需求层次，注重自身价值的实现，为此，他们很难满足一般的事务性工作，而更热衷于挑战性、创造性的任务；

（3）他们具有很高的创造性和自主性，偏爱宽松、自主的工作环境，注重工作中的自我引导和自我管理；

（4）他们需要大量高度专业化的培训，即使上岗后，仍需要不间断的培训和再培训，以免技能落伍；

（5）他们需要特殊的薪酬和晋升体系，例如在许多高技术企业，工程师可以选择在技术发展通道上不断晋升，而不必通过谋取管理职位来获得晋升机会。

（三）外包

外包（outsourcing）是指将组织内部特定的工作、流程、岗位或职能转移到组织外部，由其他个体或组织予以完成。这一战略正变得日益流行，因为它能帮助企业专注于核心业务而不必为次要业务分心。

大型书城里的咖啡馆对于顾客而言是较为重要的附加服务，但经营咖啡馆并不是书城的主要业务和专长。因此，大多数书城都把咖啡馆外包给专业的餐饮服务公司。今天的企业往往将很多业务活动，如产品制造、员工培训、客户服务等外包给其他公司。

近年来，外包之所以引起了广泛的重视是因为向海外企业外包能够降低劳动力成本。例如，印度拥有大量软件开发人才，他们愿意接受远低于美国同行的报酬。TCL 在马尼拉建立了一个统一的海外客户服务呼叫中心，其运营成本要比国内低得多。这一趋势的结果大多是导致母国工作岗位的大量流失，并降低了母国民众的生活水平。而德国 SAP 软件公司在增加外包的同时，在母国聘用的员工数量也在增加。[18]

本 章 回 顾

组织行为学研究如何理解、解释、预测和改变组织中以及组织与环境相互作用中人的行为，其研究领域包括个体、群体及团队、组织三个层面。组织行为学的发展经历了科学管理理论、古典组织理论、行为管理理论、开放系统理论等几个重要的发展阶段。积极组织行为学是近年来出现的新趋势之一。组织行为学在管理的规划、组织、领导、控制职能中发挥重要的作用，并与管理角色的扮演、管理技能的获得及运用紧密相连。

组织行为学研究遵循客观性、可验证性、可控制性、预见性原则。研究方法有观察法、实验法、案例研究法、问卷调查法。当代组织行为学面临着多方面的挑战，其中社会文化环境的快速变化、全球化经营、信息时代的组织管理和新型雇佣关系四个领域内的挑战显得尤为突出。

关键术语

组织 organization
组织行为学 organizational behavior
规划 planning
组织 organizing
领导 leading
控制 controlling
组织伦理 organizational ethics
劳动力多元化 workforce diversity
全球性学习 global learning
信息技术 information technology
组织学习 organizational learning
知识员工 knowledge worker
外包 outsourcing

思考题

1. 何为组织？组织的构成包括哪些要素？
2. 如何理解组织行为学？
3. 简单描述组织行为学的发展轨迹。
4. 组织行为学对管理者承担管理职能提供哪些帮助？
5. 组织行为学的研究设计有哪些类型？
6. 当代组织行为学所面临的挑战来自哪些方面？试举例说明。

组织行为学自测

组织行为学 IQ 测试[19]

请在下面 12 组陈述中，选出每组中你认为更恰当的一个。接下来，针对选出的答案，逐一判断其正确性：正确、错误、视情况而定。

1. a. 主管应尽可能以同样的方式对待每一位员工
   b. 主管应根据每位员工的不同特点调整自己的管理方式
2. a. 一般而言，个体为自己设定的目标越困难，受到的激励越大
   b. 一般而言，个体为自己设定的目标越容易，受到的激励越大
3. a. 在工作上，管理者要诚实、开放地面对下属
   b. 在工作上，管理者基本不需要诚实、开放地面对下属
4. a. 比起工作干劲，权力需要能更好地预测一个人的职位晋升
   b. 比起权力需要，工作干劲能更好地预测一个人的职位晋升
5. a. 有效的领导者更重视完成工作，而非疏通关系
   b. 有效的领导者更重视疏通关系，而非完成工作
6. a. 报酬是决定人们工作努力程度最重要的因素
   b. 任务特性是决定人们工作努力程度最重要的因素
7. a. 报酬是决定人们工作满意程度最重要的因素
   b. 任务特性是决定人们工作满意程度最重要的因素
8. a. 一般而言，可以认为人的态度决定了行为
   b. 一般而言，可以认为人的态度在很大程度上解释了行为

9. a. 满意的员工能够带来更多的产出

b. 满意的员工不能带来更多的产出

10. a. 一般而言，组织结构决定了组织所采用的技术

b. 一般而言，组织所采用的技术决定了组织结构

11. a. 领导是天生的，而不是培养出来的

b. 领导是培养出来的，而不是天生的

12. a. 群体能做出比个体更好的决策

b. 个体能做出比群体更好的决策

判断完后，和其他同学的答案进行对比，并就每一组陈述展开讨论。

品味经典研究

霍桑实验[20]

霍桑实验是1924—1932年，以哈佛大学教授梅奥为首的一批学者在美国芝加哥西屋电气公司所属的霍桑工厂进行的一系列实验的总称。

一项研究是改变一组工人的照明并将他们的生产率同照明未改变的一组工人进行对照。奇怪的是，当实验组的照明提高后，两组工人的生产率都提高了。两组工人的生产率继续提高，即使将实验组的照明调低后仍然如此。直到光线暗淡到月光的程度，生产率才会开始下降。研究者们由此得出结论，照明与生产力没有关系。

另一项实验对一组工人装配接线板的工作运用了计件激励计划。根据科学管理理论，每个工人都会试图完成最大量的工作从而获得最多的报酬。但梅奥和他的助手发现，工作小组自行形成了非正式的生产定额。产出超过这一定额的工人被称为“犯规者”，产出低于这一定额的工人被称为“骗子”。为了能够被集体接纳，工人的产出必须保持在可接受的水平。当产出达到这一水平之后，工人们就会开始松懈以避免产出过高。

其他的实验还包括一个涉及数千工人的访谈项目，通过这一研究，霍桑实验的研究者认识到工作场所的人类行为远比以前所想象的复杂。例如，在照明实验中，对实验结果的解释是工人们也许是第一次受到特别的关注和有同情心的管理。激励计划未能奏效的原因则是工资激励的重要性低于社会接受的重要性。其他几项研究也支持个人与社会过程的关系非常重要的总体观点。

注 释

[1] 杨启敏．为什么胖东来你学不会？．(2013-10-11)[2014-07-12]. http://www.cmmo.cn/article-165407-1.html.

[2] JOHN A. W., J. R. HOLLENBECK. Organizational behavior: securing competitive advantage. New York: Routledge, 2010.

[3] V. G. KONDALDAR. Organizational behavior. New Delhi: New Age International Limited, 2007.

[4] 同[2].

[5] 王玉莲．组织行为学．北京：机械工业出版社，2003.

［6］F. W. TAYLOR. The principles of scientific management. New York：Norton，1911.

［7］H. H. GRETH，C. W. MILLS. Trans from max weber：essays in sociology. New York：Oxford University. 1946.

［8］同［2］.

［9］D. MCGREGOR. The human side of enterprise. NewYork：McGraw-Hill，1960.

［10］同［2］.

［11］MARGARET A. NEALE，LINDA K. S.，G. B. NORTHCRAFT. Organizational behavior：a management challenge. New Delhi：Lawrence Erlbaum Associates，Inc.，2002.

［12］周三多．管理学．5 版．北京：高等教育出版社，2018.

［13］［美］里基·W. 格里芬，格利高里·摩海德，唐宁玉．组织行为学．刘伟，译．北京：中国市场出版社，2010.

［14］RICHY W. G.，G. MIIRGEAD. Organizational behavior. Boston：Boughton Mifflin Company，2007.

［15］张志学，鞠冬，马力．组织行为学研究的现状：意义与建议．心理学报，2014，46（2）：265－284.

［16］同［2］.

［17］杨年熙．法国电信也曾出现“自杀潮”．（2010－05－28）［2014－07－12］. http：//news. sina. com. cn/w/2010－05－28/144217577261s. shtml.

［18］［美］珍妮弗·M. 乔治，加雷思·R. 琼斯．组织行为学：第 5 版．于欣，等译. 北京：北京大学出版社，2010.

［19］WEINBERG R.，W. NORD. Coping with “it's all common sense”. Journal of Management Education October，1982，7：29－33.

［20］同［13］.

第二章

人格与能力

习惯形成性格，性格决定命运。

——约翰·梅纳德·凯恩斯

学习目标

1. 理解人格的含义及影响因素。
2. 理解大五人格模型在组织行为中的含义。
3. 理解其他人格特质影响组织成员行为的方式。
4. 掌握组织成员在工作中必备的能力。
5. 掌握组织中的能力管理方式。

引例

你愿意与乔布斯一起工作吗?[1]

1976年，21岁的乔布斯（Jobs）与沃兹尼亚克（Wozniak）在他父亲的车库里创立了苹果公司。1985年该公司的市场价值已经超过3亿美元。然而，这时他却因为个性与他人冲突而离开了苹果公司。直到1997年，乔布斯重返陷入经营困境的苹果公司。二十多年后的今天，他创造的辉煌令其当之无愧地成为最成功的CEO之一。

事实上，乔布斯是一位备受争议的领导。他公开嘲笑苹果公司的竞争对手平庸、邪恶并且缺乏品位。他的下属要么是“天才”要么是“笨蛋”、要么不可或缺要么一无是处，而苹果公司的每一位员工都知道他们可以在一瞬间从一类转变为另一类。乔布斯不承认他的错误，他将其行为合理化并一如既往地那样做。他曾在会议期间骂哭下属，甚至一气之下开除过员工。苹果公司前公关主管劳伦斯说，与乔布斯一同参加会议前他必须形成角斗士进入角斗场般的思维方式——杀或者被杀。曾与乔布斯合作的苹果公司前高管盖斯说：“民主不会生产出伟大的产品。‘你需要一位能干的暴君’这条法则非常适合乔布斯。”尽管如此，我们不得不承认乔布斯非凡的才能。1997年乔布斯重回苹果公司时，苹果公司正面临着亏损和市场份额的减少。乔布斯迅速对公司的各方面进行详细的分析，包括工程规格、设计细节这些小处都不漏过，在公司迅速形成一股紧张气氛，并使公司回到赢利状态。

乔布斯做事非常坚持自己的“规则”。他开着没有车牌的奔驰，并把它停在残障人士停车位。2003 年，他被发现患有胰腺癌，医生告诉他手术是最好的治疗方法，但他却执意寻求食疗及除手术外的其他替代方法。经过近一年的抗争，在发现没有其他可行方法的情况下，乔布斯才同意进行手术。苹果公司已经被贴上了美国福利最少的公司之一的标签。1997 年，当乔布斯回到苹果公司时，他结束了公司所有的长期福利计划，并且再未恢复其中的任何一个。

第一节　人格概述

在本章中，我们关注的重点是个体差异。组织中的每一个成员都有自己的思维习惯和行为方式。俗话说，林子大了，什么鸟都有。个体和他人一起有效合作需要理解和重视人与人之间的差异。

一、人格的来源

看看你周边的人，有些人好像是完美主义者，他们往往很挑剔、不耐烦，表达情感时很强烈；有的人看起来总是有说有笑，乐观开朗，充满乐趣；而有的人却羞怯安静，不善言辞，看起来单调无趣。这些例子说明，我们在描述一个人时，会指向一个人比较持久的特征，以及我们观察到的那些具有一致性的思维习惯、感觉模式和行为方式。

人格（personality）是一个人比较持久、相对稳定的思想、情感和行为模式，包括其背后的心理活动过程。当谈到人格时，我们会用一些描写“特质”（traits）的词语来描述一个人在一般情况下是如何感觉、思考和行动的，比如羞怯的或开朗的、挑剔的或友善的、强硬的或温和的等。

（一）人格的影响因素：先天因素和后天因素

为什么有些员工是热情开朗的，而另外一些员工却是冷淡拘谨的？该问题的答案之一可以通过研究决定人格的先天因素和后天因素而得到，如图 2－1 所示。

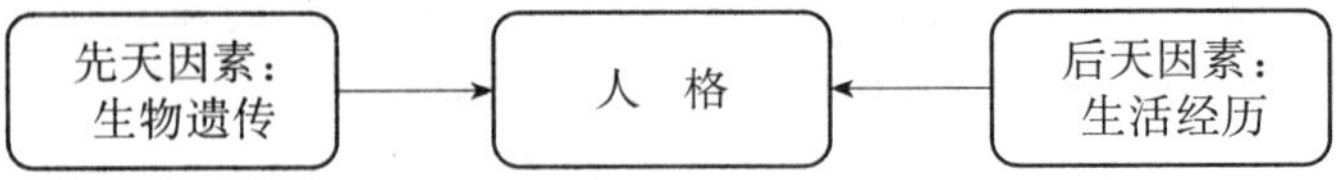

图 2－1　人格的影响因素

人格的某些部分是由先天因素决定的，或者说是由生物遗传因素决定的。从父母那里遗传下来的基因会影响个体人格的形成，虽然决定人格的特定基因还没有被鉴定出来。[2]通过研究不同环境下成长的同卵双胞胎，研究者发现个体人格约有一半是由先天因素，即遗传基因决定。

但先天因素决定的人格会随着个体生活经历得到发展。塑造个体人格的后天因素有很多，比如一个家庭中孩子的数量、父母和老师对孩子的教育方式、在交友和工作中成功或失败的经历，以及一个人成长的文化背景和成年之后的生活状态等，都可能对个体人格的发展发挥着影响。

（二）人格与情境

由于人格代表了个体态度和行为中可观察到的一致性的成分，那么，我们就可以根据人格来判断和预测其态度和行为。研究发现，人格在解释和预测组织成员一般性的感觉、思维和行为方式上具有重要作用。[3]也正是由于人格的原因，那些对自己的工作尽职尽责的人比那些不负责任的人的表现要好得多。

然而，除了人格之外，组织的环境也会影响到员工的工作态度和行为。一些限制和压力迫使人们违背自己的人格而做出特定的行为。例如，流水线上的工人要在限定的时间内确保严格按照特定的程序和要求安装好配件。无论工人具有什么样的人格，只要还想把这份工作做下去，他（她）就必须这么做。此时，员工在自己的行为上没有自由选择的权力。在这种情境下，人格就失去了预测和了解工作表现的意义。但是，当工作环境的压力较小，组织成员在工作中有自己行为的选择权时，人格就会起到很大的作用，其工作业绩水平也就可能取决于他是什么类型的人。

至此我们可以清楚地了解到，人格和情境因素都会影响到组织成员的行为。人格和情境因素的交互作用决定了人们在一般情况下是如何感觉、思考和采取行动的，如图 2-2 所示。

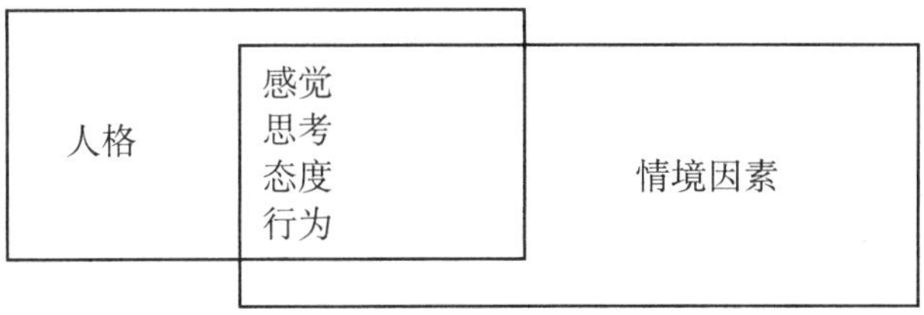

图 2-2　人格与情境因素的交互作用图示

二、组织成员人格影响组织人格

想想华为和富士康在你心目中的形象差异，你就会发现组织也有它的“人格”。施耐德（Schneider）在研究中得出一个关于人格决定整个组织本性（也就是“组织人格”）的有趣结论。他将自己的研究模型称为“吸引-选择-远离”（attraction-selection-attrition，ASA）模型[4]。施耐德认为，整体的组织人格很大程度上是由组织中的员工的人格共同塑造而成的；具备某种特定人格的个体容易受到组织的吸引（attraction）和选择（selection），而具备其他类型人格的个体则倾向于远离（attrition）该组织。在 ASA 模型的作用下，组织中的个体呈现出具有一致或相似人格的趋势，结果，这种“典型”的人格就决定了这个组织的人格。[5]

ASA 模型的作用方式是多种多样的。当一个组织雇佣新员工时，组织会对自己需要什么样人格的人员制订一个明确的招聘计划，力求做到新雇佣人员的人格与组织中当前人员的人格相匹配。在规模比较小的组织中这点表现得尤为突出。

ASA 模型的内涵是什么呢？举个例子来说，保守、追求稳定的人更倾向去考公务员，长此以往，政府部门的风格就日趋保守，缺乏创新。而这样的人即使进入了竞争激烈的企业，也很可能因为不适应而离开。

第二节　代表性的人格理论

一、人格-职业匹配理论

一个活泼好动的人能忍受整日与枯燥的数字打交道吗？美国心理学家霍兰德（Holland）对人格与工作的匹配问题进行了深入的研究。他认为，一个人的志趣跟他所从事的职业是否匹配，决定着他的工作满意感和离职倾向。他提出了6种人格类型及与其匹配的职业，如表2-1所示。

表2-1　霍兰德人格类型及其匹配职业[6]

类型	人格特征	匹配职业范例
实际型	害羞、真诚、持久、稳定、顺从、实际	机械师、钻井操作工、装配工、农场主
研究型	分析、创新、好奇、独立	生物学家、经济学家、数学家、新闻记者
社会型	好交际、友好、合作、善解人意	社会工作者、教师、咨询人员、心理医生
传统型	遵章守纪、高效、缺乏想象力、缺乏灵活性	会计、部门经理、银行出纳、档案管理员
企业型	自信、进取、精力充沛、盛气凌人	法官、房产经纪、公关关系专家、小企业主
艺术型	富于想象、无序、理想化、情绪化、不实际	画家、音乐家、作家、室内装潢设计师

霍兰德还编制了一套有160多种职业名称的职业倾向量表，让被试者选择喜欢的或不喜欢的职业，从而确定其个性特征。在此基础上，他提出了一个六角形模型，如图2-3所示。

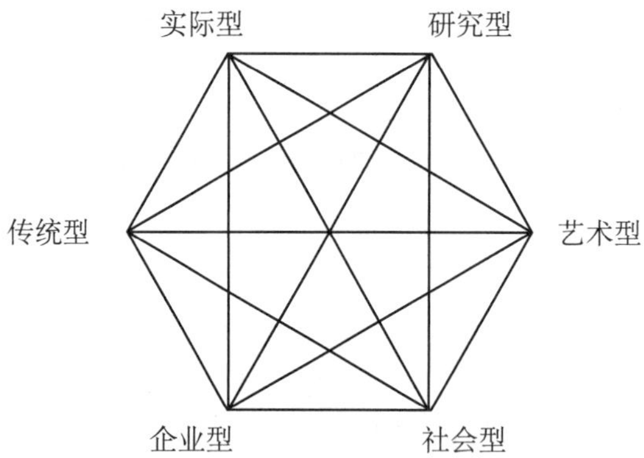

图2-3　霍兰德人格-职业匹配模型[7]

在该模型中，相邻的人格类型之间具有相容性，相邻的职业类型之间也具有相似性；而处于对角线上的人格类型最不相容，对角线上的职业类型也差异最大。现实生活中，大多数人都是几种人格类型的结合，但必以某一两种为自己的主导类型。个体存在人格差异，人们对于同一职业或工作岗位的相符程度也有很大的差别，只有当人格与职业得到适当的匹配时，才有利于个体提高工作效率，增强工作满意度，降低离职率。

霍兰德的人格-职业匹配模型是当前流行的职业匹配度测试的依据，也是进行职业咨询的基础。

二、大五人格模型

研究者们已经鉴别出许多种人格特质，并把这些特质以某种层次体系组织概括起来。[8]塔佩斯（Upes）和克瑞斯塔尔（Christal）运用词汇学的方法对众多特质进行了再分析，发现了五个相对稳定的因素。以后许多学者进一步验证了这五种特质构成的模型，形成了著名的“大五人格模型”。这五个因素分别为随和性、尽责性、情绪稳定性、外向性和经验开放性。

（一）随和性

随和性（agreeableness）指个体同他人和谐相处的能力。高随和性的人在与他人相处中可能表现为温和、合作、宽容、理解和好脾气，低随和性的人表现为易怒、暴躁、不易合作和对他人的敌意。一般而言，高随和性的人在与同事、下属和上级之间建立良好的工作关系方面具有优势，而低随和性的人则不大可能拥有非常好的工作关系。

（二）尽责性

尽责性（conscientiousness）指个体是认真、可靠、持之以恒和自我约束的，还是粗心、不可靠、虎头蛇尾和缺乏自我约束的。在研究了大量从事不同类型工作的任职者后发现，高尽责性的人的确比低尽责性的人更可能成为高绩效者。

（三）情绪稳定性

情绪稳定性（emotional stability）高的人相对平和、冷静、放松和安心；而情绪稳定性低（即焦虑性高）的人则容易激动、紧张、敏感和不安，容易在极端情绪间摇摆。高情绪稳定性的人可以更好地应对工作压力和紧张，他们在完成任务时表现得更为沉着淡定。

（四）外向性

外向性（extraversion）是个体对各种人际关系所感到的舒适程度。外向性的人喜欢社交、健谈、自信。内向性的人偏好独处、不善言谈、害羞。外向性的人更可能成为团队中的领导者，他们能在那些需要频繁与他人互动的工作中（例如销售人员和管理者），比内向性的人会取得更高的绩效。

（五）经验开放性

经验开放性（openness to experience）简称开放性，是个体对新事物的兴趣和热衷程度。高经验开放性的人愿意接受新观念，根据新的信息改变自己的观念和态度，他们倾向于表现出广泛的兴趣，更富于想象力和创造力；低经验开放性的人不愿意接受新观念或改变固有观念，他们的兴趣较狭窄，想象力和创造力较低。高经验开放性的人更能适应学习和培训的环境，他们更有可能接受变革；而低经验开放性的人则会抵制变革。

专栏1：本土组织行为探索

中国组织背景下大五人格模型与工作绩效的关系[9]

有一些研究者认为在中国文化背景下，大五人格与工作绩效的关系及大五人格模型的预测效力会和在西方文化背景下有所不同。

唐宁玉等学者通过对从《中国学术期刊数据库》和《中国优秀硕博士学位论文数据库》检索到的9篇实证研究论文进行了元分析后，发现在中国组织中，大五人格模型的五个因素都与整体工作绩效显著相关，其中，尽责性与工作绩效的相关系数最高，而焦虑性与工作绩效呈负相关关系。此外，还发现以下结果。

1. 对任务绩效与周边绩效的不同影响

焦虑性与不同类型绩效的相关性存在显著差异，其与周边绩效的相关性比与任务绩效的相关性更高。

2. 大五人格与自评绩效和他评绩效的关系

外向性、尽责性和经验开放性与自评绩效及与他评绩效之间显著相关，但与自评绩效及与他评绩效的相关程度存在差异。总体上，大五人格模型的五个因素与自评绩效的相关性比与他评绩效的相关性更高。

3. 不同工作类型的调节效应

外向性与绩效的关系受到工作类型的调节作用。其中，外向性与教师工作绩效的相关性最高，与管理人员的工作绩效相关性最低。

综合多项相关研究可以得出结论，中国组织背景下大五人格与工作绩效的关系与西方背景下是相似的，但在管理者样本中存在一些不一致的结果。管理人员的尽责性、外向性与工作绩效的相关性不高。总体来说，大五人格模型可以在中国企业组织中的人力资源管理活动中（如招聘、提拔和人才开发等）进行应用。

三、迈尔斯-布里格斯类型指标

迈尔斯-布里格斯类型指标（Myers-Briggs type indicator，MBTI）是测验组织中个体人格的另一个有效的方法。MBTI 包含四个基本维度，每个维度又可为分外向的（extraverted）-内向的（introverted）、领悟的（sensing）-直觉的（intuitive）、思维的（thinking）-情感的（feeling），以及判断的（judging）-感知的（perceiving）。这些维度组合成 16 种典型的人格类型，如表 2-2 所示。

表 2-2　MBTI 16 种人格类型的基本特征

ISTJ（公务型）	ISFJ（照顾型）	ESTJ（组织型）	ESFJ（主人型）
详尽、精确、系统、勤劳，关注细节。致力于改善组织程序与过程，无论组织处在发展的顺境还是逆境，都对组织保持忠诚。	仁慈、忠诚、体谅他人、善良，不怕麻烦地帮助需要帮助的人。喜欢充当后盾，提供支持和鼓励。	理智、善分析、果断、意志坚定，以系统化的方式组织具体事实。喜欢事先安排好组织细节和操作程序后再与他人一起完成任务。	乐于助人，机智，富有同情心，注重秩序，把与他人和谐相处看得很重要，喜欢组织人们和制订计划完成眼前的任务。
ISTP（冒险家）	**ISFP（艺术家）**	**ESTP（挑战型）**	**ESFP（表演者）**
注重实用性，尊重事实，寻求有利方法，具有现实性，只信服被论证的结果。喜欢独立工作，依靠逻辑和足智多谋解决即时出现的组织问题。	温和、体贴、灵活、具有开放性。富有同情心，尤其对那些需要帮助的人。喜欢在合作和充满和谐气氛的环境中工作，但常常是在完成他们自己任务的时候。	行为定向型，讲究实效、足智多谋、注重现实，以最有效的途径解决问题。喜欢事件即时发生，然后在复杂的情境中找到解决问题的方法。	友好、开朗，爱开玩笑，活泼，天性喜欢与他人相处。喜欢与其他活泼、快节奏的人一起工作，同时也会根据判断做出不同选择。

续表

INTJ（策划者）	INTP（设计师）	ENTJ（将军型）	ENTP（发明家）
独立而极具个性化，具有专一性和果断性，相信自己的眼光，漠视众人的怀疑。喜欢独自完成复杂的工程。	讲究合理性，喜欢理论和抽象的事物，好奇心重，更喜欢构建思想，不太关注环境和人。喜欢单独工作，强调对自己的观点和方法拥有最大的自主权。	具有逻辑性、组织性、客观性、果断性。喜欢与他人一起工作，尤其是从事管理工作和制定战略计划时。	富于创新，具有战略眼光，多才多艺，具有分析型思维和创业能力。喜欢与他人一起从事需要非凡智慧的创造性活动。
INFJ（作家型）	INFP（哲学家）	ENFJ（教导者）	ENFP（倡导者）
相信自己的眼光，具有同情心和洞察力，温和地运用影响力。喜欢独立工作或与那些热衷于关注人们的成长与发展问题的小群体共同工作。	具有开放性，是理想主义者，具有洞察力，灵活。希望自己的工作被认为是重要的。喜欢独立工作或在能发挥创造性的小团体里工作。	关注人际关系，理解、宽容和赞赏他人，是良好沟通的促进者。喜欢与他人一起工作，致力于完成与人们的发展有关的各种任务。	热情，富有洞察力和创新性，多才多艺，不知疲倦地寻求新的希望和前景。喜欢在团队中工作，致力于从事能给人们带来更好改变的事情。

MBTI 人格测验是当今最流行的人员甄选工具之一，在美国每年就有超过两百万人接受测试。研究表明，MBTI 是测量沟通类型和交往偏好的有效方式，但在人格属性方面，MBTI 问卷还存在一定的信度和效度问题，有待进一步深入研究。

四、其他与组织相关的人格特质

其他一些对于理解和管理组织行为有帮助的人格特质如下。

（一）控制源

控制源（locus of control）是个体在周围环境（包括心理环境）作用的过程中，认识到的掌控自己生活的力量。人们在掌控自己所处的情景和将要发生的事情方面表现各异。有些人认为他们对自己周围环境的影响甚少，对自己生活中的重大事件掌控能力很差；另外一些人认为他们对自己周围的环境有相当大的影响，而且能够选择自己的生活道路。个体的这种控制源特质也是人与人之间差异的重要方面。

控制源可以分为外部控制源和内部控制源。具备外部控制源的人认为，外部的力量在很大程度上决定了他们的命运，未来将要发生的事情和自己的行动之间的联系不大；而具备内部控制源的人认为，他们自己的行动或行为与将来发生在自身上的事情有密切关系。当具有内部控制源的人表现优秀的时候，他们更倾向于将表现归功于自身的素质，如自己的能力和努力；而当外部控制源的人有突出表现的时候，他们则更倾向于将成功归因于外部的因素，如运气、优秀人才的帮助，或者认为工作比较简单，容易完成。在组织当中，具备内部控制源的人工作满意度更高，绩效更出色。具备内部控制源的人不需要太多直接的监督，因为他们认为自己的工作行为对自己工作的结果（如在工作中的表现、薪资的增长幅度、有无获得奖励、工作安全和能否晋升等）有相当大的影响。

（二）自我调控

自我调控（self-monitoring）是个体调整自己的态度与行为，以达到与所在环境相适应的人格特质。

高自我调控者在根据外部环境因素调整自己行为方面表现出相当高的适应性，他们对环境信息十分敏感，能根据不同情境采取不同的行为，并能够使公开的角色与私下的自我之间表现出极大差异；而低自我调控者则不能以这种方式伪装自己，常常在各种情境下都表现出自己真实的性情和态度，即所谓“性情中人”。

高自我调控者比低自我调控者倾向于更关注他人的活动，行为更符合习俗。高自我调控者在管理岗位上可能会更为成功，因为这一特质要求个体扮演多重甚至相互冲突的角色。通过对自身行为的调整，高自我调控者的行为更符合群体规范和社会道德要求，从而为自己争得更有利的发展空间。

（三）A 型人格与 B 型人格

A 型人格（A-type personality）的主要特点是渴求成功，喜好竞争，性情急躁，缺乏耐性。他们的成就欲强，有苦干精神，工作投入，时间紧迫感强，性格外向，动作敏捷，说话快，生活常处于紧张状态。这类人攻击性强，比较难以相处。他们经常打断别人的谈话，或者喜欢帮别人说未说完的话，因为他们没有耐心。与此相反，B 型人格（B-type personality）的主要特点是性情不温不火，举止稳当，对工作和生活的满足感强，喜欢慢步调的生活节奏。

A 型人格强烈的成功欲望、快速的工作风格使得他们成为短时间内完成大量工作的理想人选。但 A 型人格的管理者更可能和下属及同事产生冲突。[10] A 型人格的员工可能不是理想的团队合作者，让他们独自工作效果会更好。另外，A 型人格的员工在长期的工作项目中会有较多的挫折感，他们希望尽快完成工作。因此，需要审慎思考和耐心的工作，以及需要大量人际沟通的工作，更适合让 B 型人格的人去完成。

（四）马基雅维里人格

16 世纪作家马基雅维里（Machiavelli）在他的《君主论》一书中讲解了国君和贵族如何更好地获得和使用权术。现在，**马基雅维里人格**（Machiavellianism）这个词被用来表示致力于获取权力和控制他人的特质。高马基雅维里人格者通常理性，注重实效，相信只要达成结果可以不择手段，喜欢操纵他人并赢得更多利益；低马基雅维里人格者注重情感，不愿通过说谎以获得成功，重视忠诚和友谊。[11]

在工作环境中，马基雅维里人格会对工作绩效产生影响。高马基雅维里者适合做销售、谈判和获取有限资源之类的工作；而低马基雅维里者更适合结构化和常规性的工作环境。[12]

（五）主动性人格

主动性人格（proactive personality）是指善于发现并抓住机会，积极行动并坚持不懈直到产生有意义的改变的人格特性。对于组织来说，由于新的管理机制弱化了对员工的管理，因而凸显了员工自主发现和解决问题的重要性。具有主动性人格的员工不仅可以显著地提高组织绩效，而且有利于员工工作满意度的提高和职业的顺利发展。然而，高主动性人格者的发展前景在很大程度上取决于所处的公司环境。

第三节 能 力

一、能力的类型

当谈到组织成员的个体差异及其影响时，我们不但要关注他们的人格，还要关注其所具备的能力。**能力**（ability）是指个体现有的能够完成给定要求的不同任务的先天禀赋和习得技能。能力对于理解和管理组织行为来说具有重要意义，它决定了组织所能够达到的绩效水平。因为组织整体的绩效水平取决于组织中每位成员的业绩情况，而每个成员的业绩受到他本人的能力水平所制约。心理学家们已经研究分辨出多种类型的能力，并将它们组合在不同的能力体系中。对工作绩效会产生显著影响的能力主要包括认知能力和体质能力。

（一）认知能力

认知能力（cognitive abilities）是指人脑加工、储存和提取信息的能力。认知能力分为几种不同的类型，它们反映出人的心理功能的不同方面，如图 2-4 所示。每种类型的认知能力及其内涵的实例如表 2-3 所示。

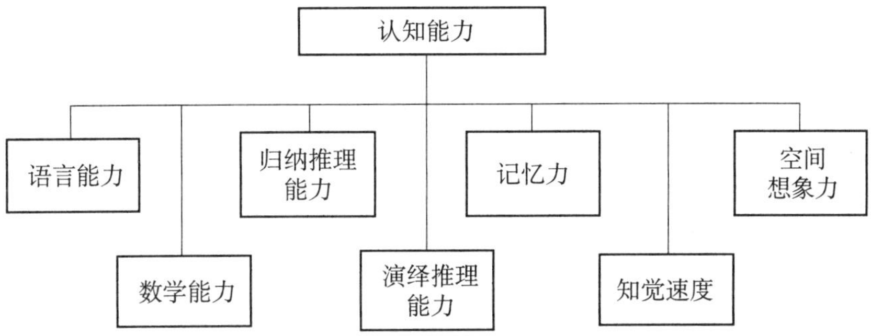

图 2-4 认知能力的分类

表 2-3 认知能力的类型

能力类型	描 述	注重该类型能力的职业实例
语言能力	使用和理解口头语言和书面语言	作家、律师、演员
数学能力	快速而准确地计算	收银员、会计、工程师
归纳推理能力	由特殊性的前提推出普遍性结论的推理	市场调查员、刑警、医生
演绎推理能力	由普遍性的前提推出特殊性结论的推理	法官、研发人员、主管
记忆力	保持和回忆过去的知识或话语	销售人员、翻译、电话接线员
知觉速度	迅速而准确地辨认信息的异同	乐队指挥、邮政人员、事故调查员
空间想象力	当物体的空间位置变化时，能够想象出物体形状	室内装饰师、飞行员、建筑师

（二）体质能力

人与人之间的区别不仅在于认知能力方面，还在于体质能力方面。**体质能力**（physical abilities）是指工作中对身体所需要的能力，主要包括力量、灵活性、协调性、平衡性、耐力等方面，9 种基本的体质能力如表 2-4 所示。

表 2-4　9 种基本的体质能力[13]

力量因素	1. 动力力量	不断重复或持续运用肌肉力量的能力
	2. 躯干力量	运用躯干部肌肉以达到一定肌肉强度的能力
	3. 静态力量	产生力量阻止外部物体的能力
	4. 爆发力	在一项或一系列爆发活动中产生最大能量的能力
灵活性因素	5. 广度灵活性	尽可能远地移动躯干和背部肌肉的能力
	6. 动力灵活性	进行快速、重复的关节活动的能力
其他因素	7. 协调性	躯体不同部位同时进行活动时相互协调的能力
	8. 平衡性	受到外力推拉时，依然保持躯体平衡的能力
	9. 耐力	当需要延长努力时间时，持续保持最高努力水平的能力

能力还可以被分为一般能力和特殊能力两大类。**一般能力**（general ability）指在一切活动中都需具备的共同能力，包括思维能力、观察能力、语言能力、记忆能力、想象能力、操作能力等，这里的操作能力指通过人的各种器官（主要是手、脚、脑的并用）解决人机协调，完成操作活动的能力。

特殊能力（special ability）是人们从事某种专业活动所表现出来的能力，如教学能力、管理能力、彩色辨别能力等。特殊能力是在特殊活动中表现出来的。

一般能力与特殊能力相互联系、互相补充形成了一个统一体。一方面，个体从事某种职业活动时，一般能力在某些特殊方面得到发展就形成了特殊能力的一部分；另一方面，特殊能力的发展也会带动一般能力的提高。一般能力与特殊能力两者相辅相成，共同发展，使个人的能力得到全面提高。

专栏 2：新闻中的组织行为学

富士康武汉招聘考俯卧撑 男生做不到 20 个被淘汰[14]

要通过企业招聘，先做俯卧撑过体能关，再穿珠过灵巧关。富士康鸿准精密模具公司在武汉船舶职业技术学院订单班招聘现场，15 名学生被俯卧撑做“趴”。因下雨，原定的户外 3 000 米跑步改为俯卧撑。通过笔试的 112 名学生分成 8 组开始测试。记者在第三组看到，考官用口令让学生间隔两秒完成一个动作，该组唯一的女生、数控技术专业学生王同学做到第 10 个时被喊停；一名男生做到 15 个时就支撑不住；做到 20 个时，考官称“坚持不住的可以站起来”，当场就有 7 名学生站起来，其他学生则坚持做完 30 个俯卧撑。据该考官称，女生 10 个、男生 20 个为合格，男生 30 个为优秀。据了解，最后有 15 名男生因没做到 20 个俯卧撑被淘汰。随后，剩下的 97 名应聘者进行“蒙眼画凹槽不规则连续曲线”和 3 分钟“穿塑料珠”的灵巧性测试，最快的穿了 61 个，最慢的穿了 25 个，全部通过。王同学说，做俯卧撑对女生挑战大些，而穿珠对男生的挑战更大。该企业招聘官李女士说，此次招聘的员工将从事模具方面的工作，对体力及精细度的要求都较高。他们的岗前培训将更艰苦：每天早上 6 点半开始 5 000 米跑步，外加 50 个俯卧撑。

武汉体育学院运动人体科研所所长张立表示，俯卧撑侧重肌肉耐力测试，对从事车床、搬运等上肢力量为主的工作比较合适。3 000 米长跑是对心血管功能和耐力的考核，适合长时劳动力的测试，该企业显然是有备而来。

二、能力的来源

人的能力与人格一样，也是先天因素与后天因素共同作用的结果，如图 2－5 所示。比如一个人的身高、骨质结构等都是由遗传因素决定的，很难被改变。但是，人们可以通过锻炼或训练来增强体质，提高耐力。

图 2－5　能力的来源

研究人员们已经研发出许多非常精确的纸笔测量等方法来测量人的认知能力；管理人员也经常将这些测量结果作为了解被测者能力水平的有效指标。这些测量的应用可以确保应聘者具备胜任所申请工作需要的各种能力，也可以用来指导员工与组织的工作进行合理匹配，还可以用来断定个体的某种能力是否需要进一步的培训。

三、组织中的能力管理

前面我们介绍了许多种类型的能力，但是其中只有少数几种和个体的表现，尤其是在组织工作中的表现密切相关。而且，不同的工作岗位对能力的要求类型也不同。例如，就管理工作而言，最需要的能力是语言能力，以及较高的归纳推理能力和演绎推理能力，对体力的要求很小。但是对于货物搬运工和楼宇外墙清洁工而言，最需要的就是体质能力。

在组织中，有以下三种最基本的能力管理方式，以确保企业中保持人岗匹配。[15]

（一）人员甄选

人员甄选工作一般开始于工作分析，通过对组织发展和工作岗位的分析，组织管理者应该明确每一特定工作的胜任者应该具备何种类型的能力。当然，在某些情况下，由于工作的快速变化，组织可能会寻求与组织文化相适应而不是与某一具体工作相适应的员工。甚至有时组织本身也处于快速变化和发展过程中。这样，组织在进行人员甄选时，将更可能寻找具有极强适应能力，能够快速融入不断变化的工作环境的员工。总之，管理人员要明确为了更好地促进工作的完成和组织的发展，他们要选择具有何种能力类型的员工，然后在人员甄选中有针对性地筛选应聘者。

（二）人员配置

应聘者成为组织的一员以后，管理者就需要根据员工的能力特长和工作任务的需要进行人员的配置。组织管理者在人员的安置上，要做到人尽其才、事得其人。只有这样，才能最大限度地发挥人力资源的作用，并且员工自身也会感受到较高的工作满意度。此外，人员配置不仅包括给新员工安排合适的工作岗位，它还包括组织内部人员调配、岗位轮换和职务晋升等方面的制度安排。

（三）人员培训

甄选和配置所涉及的主要是组织成员先天的能力方面，培训所注重的更多是员工后天学习而来的能力。培训是提高员工能力的有效方式。培训一方面成为企业更好地适应环境变化、提高市场竞争力的手段；另一方面也成为提高员工能力、满足员工自身发展的一种途径，培训日益成为企业招聘人才、留住人才和激励人才的有效方式。被称为“惠普之道”的惠普公司管理模式一直备受称赞，该公司聚集了大量的高素质、高技术人才，成为惠普最宝贵的财富。惠普之所以能吸引、留住和激励这些人才，除了公司提供了丰厚的薪酬待遇外，另一个原因就是通过大量的、有针对性的培训，在提升员工技术和管理能力的同时，还为其提供了良好的成长空间和发展机会。

本 章 回 顾

本章主要介绍了个体的人格与能力两大方面。人格是一个人比较持久、相对稳定的思想、情感和行为模式，并包括其背后的心理活动过程。人格是由先天因素和后天因素共同决定的。个体人格也是组织人格的一个决定因素。人格代表了个体的态度和行为中可观察到的一致性成分，所以我们可以通过认识员工的特定人格来预测他们的工作态度和行为。此外，本章还介绍了大五人格模型、迈尔斯-布里格斯类型指标和其他一些与组织有关的人格特质。

能力是指一个人顺利地完成某项活动所必需的、直接影响活动效率的个性心理特征。人的能力可以分为认知能力和体质能力两大类。认知能力和体质能力又都包含许多不同的能力。能力来源于先天因素（生物遗传）和后天因素（教育和训练）两个方面。在组织中，管理者可通过人员甄选、人员配置和人员培训实现对员工能力的管理。

关 键 术 语

人格 personality
特质 trait
随和性 agreeableness
尽责性 conscientiousness
情绪稳定性 emotional stability
外向性 extraversion
经验开放性 openness to experience
迈尔斯-布里格斯类型指标 MBTI
控制源 locus of control
自我调控 self-monitoring
A 型人格 A-type personality
B 型人格 B-type personality
马基雅维里人格 Machiavellianism
主动性人格 proactive personality
能力 ability
认知能力 intellectual ability
体质能力 physical ability
一般能力 general ability
特殊能力 special ability

思 考 题

1. 如何理解人格？
2. 人格的影响因素主要有哪些？
3. 请简述霍兰德的人格-职业匹配理论。

4. 大五人格理论对于管理者有哪些启示？
5. 如何理解人的能力？能力分为哪些类型？
6. 管理者如何管理组织中员工的能力？

组织行为学自测

测评：A型人格[16]

你是不是对压力很敏感呢？这项评估就是为了衡量你在多大程度上属于A型人，尤其是那些努力工作的、竞争性强的、富有进取心的人会对这项评估感兴趣。请根据自身情况分别用1～7七个数字中符合你的那个数字来回答以下问题。黑体字问题的得分需要用8减去该题的原始分。比如，如果问题3的原始分是2（表示你选择了“不同意”），那么这道题的得分就是6。最后，计算这12道题的总得分。数字对应的含义如下表所示。

1	2	3	4	5	6	7
非常不同意	不同意	有些不同意	中立	有些同意	同意	非常同意

1. 在完成工作的时候比其他人更容易“采取行动”。
2. 当某人花费太多时间还不能达到要求时，我通常想要催促他。
3. **现在，我认为自己是非常放松和舒适的。**
4. 一般情况下，我极其容易生气。
5. 我最好的朋友对我平时的忙碌程度评价为很高。
6. 我做事情肯定是很着急的。
7. 我对待工作比大部分事情都认真。
8. **我很少生气。**
9. 我经常为自己的工作设定最后期限。
10. 我排队的时候非常没有耐心。
11. 我比其他人更努力工作。
12. **和其他人相比，我看待生活没有那么认真。**

分数解释：

如果你的得分在53分或以上，你可能就是A型人格。这就意味着，在你的生活中你可能有很多的压力，并且对压力更加敏感。如果你的得分在52分或以下，你可能就是B型人格。这就是说，在生活中你没有那么多压力，或者对压力没有那么敏感。

品味经典研究

明尼苏达双生子研究[17]

同卵双生子（identical twins）具有基本相同的遗传物质，表型特征极为相似，对同卵双生子的研究可以看出遗传因素和环境因素对人格的作用，同卵双生子也被认为是人格研究最好的材料。

明尼苏达大学的研究者对于分开抚养的同卵双生子进行了研究（Bouchard，1999；

Bouchard，Lykken，GcGue & Segal，1990）。这些研究发现基因型相同的双生子即使在分开抚养的情况下，其人格仍表现出惊人的相似性，这表明了遗传因素对人格形成的决定性作用。

成长背景差异最大的双生子要属奥斯卡·斯托尔和杰克·伊弗。他们出生在特里尼达，父亲是犹太人，母亲是德国人。刚出生时，他们就被分开。母亲把奥斯卡带到德国，由信奉天主教的外婆抚养。杰克由身为犹太人的父亲抚养，他在青年时期大部分时光是在以色列的一个集体农场度过的。居住在两地的这一家人从未联系，兄弟俩过着截然不同的生活。二十多年过去了，未曾见过面的兄弟俩竟然表现出显著的相似性：都穿着蓝色、双排扣、带肩章的衬衫，都留有短髮、戴金丝眼镜，都喜欢吃辣的食物、喝甜酒，都喜欢把涂了黄油的土司放在咖啡里，甚至乘电梯时都会打喷嚏，如此等等，令人难以置信。另一对同卵双生女子，她们在很小的时候（第二次世界大战期间）被分开，分别在两个社会经济地位迥异的家庭中长大，分开后第一次见面时两人已经是家庭妇女了，令人惊讶的是，这次见面时她们手上都戴着七枚戒指。

注 释

[1] JOHN W. S，D. HELLRIEGEL. Organizational behavior. Cengage Learning，2011.

[2] JUDGE T. A，R. ILIES. On the heritability of job satisfaction：the mediating role of personality. Journal of Applied Psychology，2003，88（4）：750－759.

[3] GEORGE J. M. The role of personality in organizational life：issues and evidence. Journal of Management，1992，18（2）：185－213.

[4]［美］珍妮弗·M. 乔治，加雷思·R. 琼斯．组织行为学：第5版．于欣，等译．北京：北京大学出版社，2010.

[5] J. SCHAUBROECK，GANSTER D. C.，J. R. JONES. Organization and occupation influences in the attraction-selection-attrition process. Journal of Applied Psychology，1998，83，869－891.

[6]［美］斯蒂芬·罗宾斯，蒂莫西·贾奇．组织行为学：第16版．孙健敏，王震，李原，译．北京：中国人民大学出版社，2016.

[7] 同 [6].

[8] J. M. DIGMAN. Personality structure：emergence of the five-factor model. Annual Review of Personality，1990，41，417－440.

[9] NINGYU T.，W. GIGI. FFM measures and job performance in Chinese organizations. Journal of Chinese Human Resource Management，2010，1（1）：49－65.

[10] R. A. BARON. Personality and organizational conflict：effects of the type a behavior pattern and self-monitoring. Organizational Behavior and Human Decision Processes，1989，44（2）：281－297.

[11] GRIFFIN R. W.，G. MOORHEAD. Organizational behavior：managing people and organizations. Mason，OH：South-Western Cengage Learning，2014.

[12] J. B. VANCOUVER. The depth of history and explanation as benefit and bane for psychological control. Journal of Applied Psychology，2005，90（1）：38－52.

[13] 张德．组织行为学．6 版．北京：高等教育出版社，2019.

[14] 罗大伟．富士康武汉招聘考俯卧撑 男生做不到 20 个被淘汰．(2010－03－02) [2014－07－01]. http：//news. cnhubei. com/xwhbyw/xwwc/201003/t1030227. shtml.

[15] JENNIFER M. G.， G. R. JONES. Understanding and managing organizational behavior. New Jersey：Prentice Hall，2012.

[16] S. J. YZANSKI，JENKINS C. D.， R. H. ROSENMAN. Progress toward validation of a computer scored test for the type a coronary prone behavior pattern. Psychosomatic Medicine，1971，33 (3)：193－202.

[17] [美] 霍华德·S. 弗里德曼，米利亚姆·W. 舒斯塔克．人格心理学：经典理论和当代研究．许燕，王芳，译．北京：机械工业出版社，2011.

第三章

价值观与态度

君子和而不同。

——《论语》

学习目标

1. 理解价值观的含义，以及不同类型价值观的区别。
2. 掌握与组织行为相关的两类价值观。
3. 掌握态度的含义与构成，理解并学会运用态度改变理论。
4. 把握态度与行为的关系，探索组织中员工态度与行为的关系。
5. 掌握工作满意度的概念、影响因素和测量方法。
6. 掌握组织承诺的概念、维度和影响因素。
7. 掌握工作投入的概念、维度和影响因素。

引例

老板致员工的一封信[1]

敬爱的员工：

你们好！

首先感谢你们为公司所做的努力，公司的发展离不开你们，但这并不意味着你们比我重要。我知道你们不服气，还觉得为我这个低学历的老板打工很没面子，当然对我来说也觉得正常，因为你们大部分文化水平比我高。然而在背后骂我是剥削者、资本家，堪比那黄世仁、周扒皮，这让我很郁闷，有时我在想，我办这企业干什么？这么辛苦，这么劳累，一年下来没几天时间和家人一起，不是在国外跑，就是在国内跑，整天飞来飞去，忙起来的时候吃饭都顾不上。

你们怪我品格不高，没有李嘉诚的雄韬伟略，也没有比尔·盖茨的慈善心。我承认，我没有那么高的境界，在汶川地震的时候，我捐款也没他们那么多，但是我至少也是捐出了 6 位数。而你们呢？叫你们捐 20 元，你们都磨蹭了好久，还说自己是打工者，不能和老板比，但 20 元对你们来说是什么？一包烟而已。你知道海尔员工是怎么捐款的吗？所以，有时候人就这样，我没法和张瑞敏比，你们也没法和张瑞敏的员工比，这不是很公平吗？何必要嘲笑我呢？

你们好像对作息时间意见很大，偶尔有事加班你们就发很大牢骚。你们却不知道，你们中有多少人多少次迟到我从来没说一句，多少次你们在上班的时候看无聊的网站、聊无聊的事情，我都没说什么。

你们抱怨我给的工资不够高，我也在考虑这个问题，企业的发展还是得依靠大家。但是我也发现，人对物质的欲望是无止境的。你们刚进来的时候对工资是很满意的，工作也很积极，后来却变消极了，还经常看到你们一副苦大仇深的样子。但实际上，你们要拿得更多，必然要付出更多。你们要拿 20 万元，就要为公司创造 40 万元的利润。如今你只盯着我给你们的有多少，却从来不关注你们给公司的有多少。

你们好好想想吧！今天就说到这了，以上如有得罪之处敬请原谅！

祝你们工作愉快！天天开心！

以上这封信中反映出该公司老板和其员工的价值观及态度各是怎样的？导致该公司员工的满意度下降的原因究竟是什么？作为管理者的老板又该如何应对这样的局面？所有这些问题都需要我们对价值观与态度有深入的了解，而工作满意度正是与组织行为有关的一种关键态度。事实上，一个人的态度与他在组织中的行为有着十分紧密的联系。此外，价值观作为工作体验中最为持久稳定的构成部分，与态度和行为之间的关系也值得探讨。

第一节 价 值 观

为何有些人几十年如一日勤勤恳恳地效忠企业，有些人却在时时寻找机会自主创业？这很大程度上反映了人们作为组织成员的价值观。价值观对人的态度和行为有着重要的影响，是我们“想”和“做”背后不可忽视的原因。

一、价值观的含义

价值观（value）是个体对客观事物及行为模式进行评价的基本信念和判断依据。人们会根据价值观做出“某种行为模式或存在形式对个人、组织和社会更加有利”的判断和选择。[2] 例如，认为工作成果重于家庭团聚的员工更能忍受长时间的加班；信奉“员工第一”的企业管理者会把员工看作是企业最重要的资源，并在实际工作中采取一系列措施保障员工的利益。

每个人都有自己独特的价值观，他们对各种事物的评价不尽相同，并且有轻重主次之分，这种轻重主次就构成了个体的**价值体系**。

人们所处的自然环境和社会环境，包括人的经验、社会地位和物质生活条件，对其价值观的形成有着决定性影响，而价值观和价值观体系又是决定人们期望、态度和行为的心理基础。因此，对管理者而言，了解员工的价值观是非常重要的。同时，人的价值观虽相对稳定持久，但也不是一成不变的。当影响价值观形成的因素发生改变时，如人的经验积累、工作环境、经济地位等发生改变，价值观也有可能随之变化。正是因为价值观的可变性，在管理实践中，管理者可以通过强化企业共同的价值观，来引导和改善员工的行为。

二、价值观的分类

价值观的分类有多种形式。美国心理学家罗克奇（Rokech）于 1973 年编制的罗克奇价值观调查表（RVS）是国际上广泛使用的价值观问卷。它由两类价值体系组成：终极型价值观和工具型价值观，每类价值体系都包含 18 个项目，如表 3-1 所示。[3] **终极型价值观**代表了存在的理想化状态或结果，是个体一生中追求的目标；**工具型价值观**则是指达到理想化状态所采用的行为方式或手段。在运用 RVS 进行价值观测试时，被测试者将对两类价值体系分别排序，以衡量不同价值观的相对重要程度。一些研究证实，RVS 价值观在不同的人群中存在很大差异，相同职业或类别的人（如公司管理者、工会成员、父母、学生）倾向于拥有相似的价值观。在价值偏好差异较大的组织里，要想对某个问题或政策达成一致意见可能相对困难得多。

表 3-1　RVS 终极型价值观与工具型价值观

终极型价值观		工具型价值观	
1. 和平的世界	10. 睿智	1. 诚实	10. 智慧
2. 幸福	11. 成熟的爱	2. 勇敢	11. 有逻辑头脑
3. 富足的生活	12. 自尊	3. 思路开阔	12. 关爱
4. 平等	13. 友谊	4. 能干	13. 顺从
5. 快乐休闲	14. 内心和谐	5. 轻松愉悦	14. 礼貌
6. 国家安全	15. 成就感	6. 宽容	15. 负责任
7. 自由	16. 令人兴奋的生活	7. 助人	16. 自我控制
8. 拯救灵魂	17. 美丽的世界	8. 有想象力	17. 雄心勃勃
9. 社会认可	18. 家庭安全	9. 独立	18. 干净整洁

施瓦兹（Schwartz）及其同事在罗克奇价值观调查表的基础上开发了一种新的价值观量表——施瓦兹价值观量表（SVS）。该量表以自我超越-自我提升、对变化的开放性-保守性两个维度为标准，归纳整理出 10 个基本价值观类型，如图 3-1 及表 3-2 所示。[4]

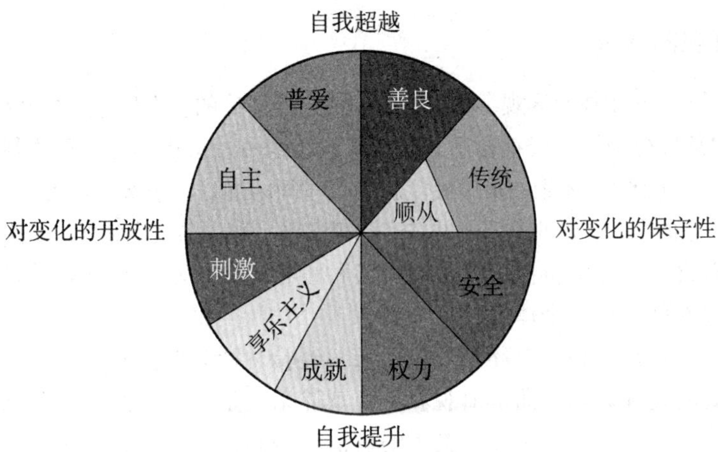

图 3-1　施瓦兹价值观量表

表 3-2　施瓦兹的 10 种基本价值观

维度	价值观类型	基本价值观
对变化的开放性-保守性	开放性（追求变化的倾向）	享乐主义（hedonism）：追求物质和心灵的快乐，如享受生活。
		刺激（stimulation）：追求新奇事物，喜欢挑战，如冒险。
		自主（self-direction）：独立的思想和行动，如自我选择。
	保守性（维持现状的倾向）	传统（tradition）：尊重传统文化的观念和习俗，如谦虚。
		顺从（conformity）：依附社会规则，如服从。
		安全（security）：维护社会和自我的安全、和谐与稳定，如家庭安康。
自我超越-自我提升	自我超越（促进他人幸福的倾向）	普爱（universalism）：对人类福祉的维护，如社会正义。
		善良（benevolence）：对身边人的关心，如助人。
	自我提升（追求自我利益的倾向）	权力（power）：对他人或资源的控制，如社会地位。
		成就（achievement）：个人在某个领域的成功，如事业心。

在价值观的类型上，除了罗克奇和施瓦兹的分类，还有人按照研究对象的不同层次，把价值观分为员工价值观、管理者价值观、群体价值观和组织价值观。组织价值观对组织文化的形成有着重要的影响，同时，组织文化也在员工、管理者、群体的价值观中得到反映和体现。我们将在以后的章节介绍组织文化的内容。

三、与组织行为相关的两类价值观

（一）工作价值观

工作价值观（work value）是指个体对自身的工作表现与工作结果所持有的看法和信念，是这个人的价值体系中极为重要的组成部分。[5]

工作价值观与组织行为联系紧密，这是因为工作价值观反映了人们如何看待工作的价值与目的所在。一位认为家庭比工作更重要的员工不会愿意经常长时间加班。

工作价值观通常可分为两大类：内在工作价值观和外在工作价值观，如表 3-3 所示。[6]内在工作价值观是指与工作本身相关的价值观。在工作中热爱挑战、主动学习、挖掘潜能的员工通常拥有内在工作价值观，他们希望从事富有挑战性的工作以充分运用自身技能，倾向于主动承担责任并渴望拥有自主决策权限。

表 3-3　两种类型的工作价值观举例

内在工作价值观	外在工作价值观
感兴趣的工作内容	高工资
有挑战性的工作	工作稳定
学习新知识	福利待遇
做出突出贡献	组织地位和社会地位
挖掘个人潜力	社会交往
工作责任与自主性	与家人相处可支配时间
发挥创造性	业余爱好可支配时间

持有外在工作价值观的员工则关注工作所带来的结果，例如维持生活、获得认可、扩大交际，当然也可能看重某项工作所带来的自由支配时间等。

工作是谋生的基本手段，因此大部分人的工作价值观都不可避免地含有外在因素。通常情况下，个体的工作价值观是内在和外在工作价值观的整合，只是二者的相对重要程度因人而异。一位热爱教学的老师为了提高经济收入转行做销售，说明其外在价值观强于内在价值观；一位致力于帮助贫困家庭并能忍受低工资和外界误解的社会工作者显然拥有更加强烈的内在价值观。

工作价值观很好地反映了员工如何看待工作的价值与目的，因而对于理解和管理员工的工作行为有着重要作用。在进行管理决策时，管理者必须充分考虑到员工的工作价值观。例如，电脑销售主管为了激励手下的销售代表，既可以提高销售提成，也可以尝试丰富工作内容，如拜访不同类型客户、负责为客户安装机器等，而这些激励手段能否成功在很大程度上取决于员工的工作价值观类型：如果员工更注重工作所带来的结果，那么丰富工作内容的举措不仅收不到效果，甚至还有可能适得其反。

（二）伦理价值观

伦理价值观（ethical values）是个体用以判断是非对错的基本信念。[7]伦理价值观帮助员工选择自己认为正确或合理的行为方式，尤其是在是非对错不明确的情况下，指导员工做出符合自身道德准则的决策。

有些伦理价值观如诚实、负责等，着重于判断个体行为本身是否正确；有些伦理价值观则在人们面临两难决策时发挥着重要作用，如某项决策可能在为某一群体带来利益的同时，损害另一群体的利益。例如，某公司利用高价赔偿使得很多老员工“自愿辞职”后，通过重新签署劳动合同和重新计算工龄，来规避新劳动法规定的“无固定期限合同”。这样的行为给公司带来了好处，但却一定程度上损害了员工的利益。

三种类型的伦理价值观能为上述类型的两难决策提供参考：功利型、权利型及公平型。功利型价值观主张为尽可能多的人谋求尽可能多的利益；权利型价值观主张保护相关利益群体的基本权利，如自由、安全、隐私等；公平型价值观则主张以公正公平的方式在利益群体中平均分配得失。

然而，即使在参考上述三类伦理价值观的情况下，要做出适当的决策也并非易事。这是因为受决策影响的不同群体之间往往具有相互冲突的利益关系，所以，怎样实现所有群体的利益最大化，怎样确定需要维护的权利和利益，以及怎样做出不偏不倚的公平决策，都是需要决策者认真思考的问题。

第二节　态　度

价值观影响着个体的态度，而态度又能反映出他的价值观，但态度相比价值观更具体、短暂和容易变化，与行为之间联系也更为紧密。在各种各样的态度中，组织行为学更多关注员工的工作满意度、组织承诺及工作投入等与工作及组织密切相关的态度。

一、态度的含义与构成

一般认为，**态度**（attitude）是个人后天经验中形成的对事物和人的一种内在心理状态，是一个人对某一对象的内心感受，常常以“我喜欢”“我讨厌”“我支持”“我反对”等方式表达。[8]态度可以是正面的、积极的，也可以是负面的、消极的。例如，员工提出报酬过低，甚至为此辞职，反映出他对自己报酬的不满意态度。

态度是多种力量作用的结果，包括个体的价值观、经验、人格等。例如，如果我们重视诚实正直的品质，那就可能对作风正派、道德感强的上级表现出友好和支持的态度。又如，如果我们与某一同事之间有过不愉快的经历，那就可能对他产生敌对的态度。人格特质也会在一定程度上影响人们的态度。

态度包含认知（cognition）、情感（affect）、行为意向（behavioral intention）三个成分。[9]

认知成分与价值观联系最为紧密，它是个体所拥有的一系列信仰、信念和其他信息的综合。“这是一家能够实现我自身价值的企业”就是一种典型的个体价值观与认知的表述。我们将在后面学到，认知是基于个体对现实的知觉，而知觉与现实的切合程度则因人而异。

情感成分指的是个体对人和事物的感受，可以是正面、负面或中立的。例如，你觉得某位同事工作偷懒、做事不认真，因而不喜欢他，这就是一种针对人的情感反应。

行为意向成分是基于认知和情感产生的、引导行为的要素，但意向并不一定总会变成实际的行动。例如，某位员工因为其工作环境差并且与同事之间的关系不好，一直有辞职的念头，但由于该工作轻松并且薪水还不错，所以并没有出现辞职的实际行动。

二、态度改变理论

态度在稳定性方面弱于人格和价值观。培训或者晋职加薪可能会使员工变得更加积极；一次糟糕的购物体验可能会降低消费者对某个产品、服务，甚至企业的好感。学者们对于态度的形成和改变提出了不同的观点和理论。

（一）认知失调理论

态度和行为之间是否具有一致性是一个重要问题。美国社会心理学家费斯廷格（Festinger）认为，个体认识到自己的不同态度之间，或者态度与行为之间存在矛盾时，就会感觉到不适。费斯廷格把这一现象称为**认知失调**（cognitive dissonance）。他指出个体会努力去缓解这种失调和不适。[10]认知失调在日常生活中以各种方式影响人们，就拿我们身边的例子来说，例如某人意识到吸烟有害健康，但他仍然吸烟，因为态度和行为的不一致，这个人可能会经历心理上的不适感。

那么人们是如何缓解这种失调和不适呢？费斯廷格提出了三种途径：改变态度，使其符合行为；改变行为，使其符合态度；引进新的认知元素，改变不协调的状况。[11]例如意识到吸烟有害健康的吸烟者，注意到某品牌的香烟焦油含量较低，于是改抽该品牌的烟，从而缓解心理上的不适感。

但人们并不是在任何出现认知失调的情况下都试图去缓解不适感。费斯廷格指出，个体缓解失调的愿望强烈与否还取决于以下三个因素：造成失调的事态是否重要、个体认为失调状态是否由自身引起、放任失调继续存在所带来的奖酬是否丰厚。

从组织行为的角度来看，认知失调理论有助于管理者预测员工在态度和行为改变方面的可能性，从而更好地了解和引导员工。

（二）认知平衡理论

心理学家海德（Heider）提出了认知平衡的P-O-X模型，他认为认知平衡是一种令人愉悦的状态，认知不平衡有向认知平衡转化的趋势。[12] 在平衡模型中，P代表认知主体，O代表其他个体，X代表态度对象，如图3－2所示。三个要素之间的关系有两种：肯定（正）与否定（负）。举个例子，P为某学生，X为嘻哈音乐，O为P的好朋友，若P开始喜欢上嘻哈音乐，且听到O也对嘻哈音乐情有独钟，那么在P-O-X模式中，三者关系皆为正，这时P的认知体系呈现平衡状态；若P喜欢嘻哈音乐，却听到O贬低嘻哈音乐，那么三者关系二正一负，呈现不平衡状态。

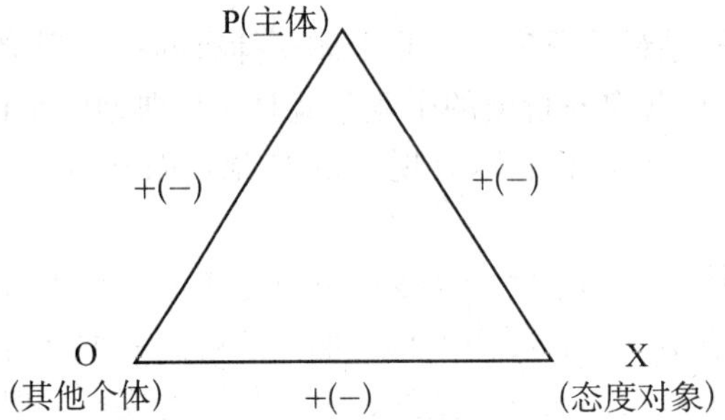

图3－2 认知平衡模型

只有当三个关系符号的乘积为正时，主体才能达到认知平衡状态。在上例中，P消除不平衡状态的办法有：疏远O；使O喜欢嘻哈音乐；P改变自己对嘻哈音乐的态度。

海德十分重视人际关系对态度的影响力，他强调主体（P）对某一对象（X）的态度，常常受到他人（O）的影响。爱屋及乌的道理就是如此。名人广告就是想把人们对名人的好感，转移到他所推荐的产品上来。

（三）态度形成与转变三阶段论

凯尔曼（Kelmen）提出了态度形成与转变的三阶段论，即服从、同化和内化。[13]

1. 服从

服从是指个体为了获得奖励或逃避惩罚而采取的、与他人表面上相一致的行为。服从不是个体自愿的，而是迫于外界的强制性压力而采取的暂时行为。在态度形成的过程中，服从是很普遍的现象，态度的初期形成很大程度上依赖于服从。

2. 同化

同化是个体自愿地让自己的态度及行为与心目中榜样的观念和态度相一致。实际上，我们很多时候都是以社会中的其他角色为模板来指导自己的态度和行为的。参见第七章“参照群体”的概念。

3. 内化

内化是人们真正从内心深处相信并接受新的观点，并彻底转变自己的态度。个体的态度只有到了内化阶段才是稳固的，因为此时，他已将新观点、新思想纳入自己的价值体系之中，成为自身态度的一个有机组成部分。

第三节 三种重要的工作态度

一、工作满意度

（一）工作满意度的概念及测量

工作满意度（job satisfaction）是组织行为学中被研究得最多的概念之一，又称为工作满足感，通常是指个人在组织内工作的过程中，对工作本身及其有关方面（包括工作环境、工作状态、工作方式、工作压力、挑战性、工作中的人际关系等）感受到的心理状态，是人们对工作环境的主观反应。[14]

工作满意度的调查方法有很多，如印象法、面谈法、问卷法等。其中，问卷法最易于实施。在此，我们介绍两种有代表性的调查问卷。

1. 明尼苏达满意度问卷（Minnesota satisfaction questionnaire，简称 MSQ）

该量表可分为短式问卷（20 道题目）和长式问卷（100 道题目）。长式问卷的特点在于对工作满意度的整体性和各个维度都予以了完整的测量，缺点在于受测者是否有耐心作答 100 道题目。因此，国内的学者使用此问卷时大多采用短式问卷。[15]

2. 工作描述指数问卷（ job descriptive index，简称 JDI）

该问卷用 72 道题目评估员工对工作本身、报酬、升迁、同事和上级五个方面的满意度。它的简化版本有 30 道题。[16]

国内学者也对工作满意度进行了开发和编制，中国科学院心理研究所的卢嘉和时勘等（2001 年）编制出适合本土应用的工作满意度调查问卷，依据填写者对满意度各维度的评价来综合衡量他们对于工作的满意程度。该问卷在测量各个维度外还让人们评价自己对工作的整体满意度。该问卷共有 65 道题目，五个维度分别为对企业形象、领导、工作回报、工作协作、工作本身的满意度。[17]

（二）工作满意度的影响因素

结合本书激励、领导等内容，影响工作满意度的因素可以归纳为以下几个方面。

1. 工作内容

如果工作本身具有挑战性，越能够充分利用和开发员工的工作技能、能力和经验，员工对工作的满意度就可能越高。有吸引力的工作内容还必须能给人以鼓舞和乐趣，这样才不会枯燥单调。工作自主权和积极的工作反馈也会对员工的工作满意度产生重要影响。工作任务如果过于艰巨和复杂，会给员工带来挫败感和失落感，因此工作任务的复杂性和难度要适中，员工才会有信心去完成。

2. 薪酬和晋升政策

薪酬对工作满意度起着极其重要的作用。组织为成员提供多样化的薪资福利以满足员工的不同需要。此外，薪酬体系和晋升政策必须要保证公平公正，这样员工才不会因为组织的不公平待遇而对工作产生不满。除财务报酬之外，组织还应该为员工提供精神上的报酬或者其他特殊的优待，以激发和维系员工高水平的工作满意度。

3. 工作条件

工作条件对工作满意度的影响虽然没有工作内容和薪酬那么显著，但却是持久存在的。干净整洁、宽敞明亮的工作环境有助于提高员工对工作的满意度；先进便利的工具或设备、方便高效的管理系统同样可以改善员工的工作状态。

4. 同事关系

同事之间良好的人际关系能够促使员工齐心协力、团结互助，从而及时高效地完成工作任务，因而提高员工的工作满意度。此外，良好的人际关系还有助于员工之间密切沟通、互相学习，这样每个成员都得到成长和发展，工作满意度也会随之提升。反之，同事之间缺乏互信，员工为了有限的资源明争暗斗，势必对员工的工作满意度产生不良影响。

5. 领导

在领导管理方面，加强领导与员工的沟通，有助于及时解决员工遇到的各种问题，提高员工的工作满意感和对组织的忠诚度。有效的领导行为主要体现在两个维度上：一是关心工作，二是关心人。关心工作包括组织设计、明确职责关系、确定工作目标等；关心人包括建立相互信任气氛、尊重采纳下属意见、满足下属多方面的需求等。领导要加强与员工的双向沟通，及时、准确地了解员工的意见、要求和情绪变化；员工也因为有了反馈意见的机会，而产生对企业管理的参与感，会更积极主动地提高自己的工作质量，他们对工作的满意度也会因此提升。

此外，其他影响员工工作满意度的因素还有企业发展前景、组织制度和政策、员工人格特质等。

专栏 1：新闻中的组织行为学

吉利入主沃尔沃一周年　员工满意度创 10 年最高[18]

吉利收购沃尔沃，这起中国汽车史上最大的跨国并购案一度受到各种争议。随着沃尔沃的赢利和业绩增长，吉利向瑞典沃尔沃汽车的高层和工会证明了实力和诚意。瑞典各方舆论也在一开始的不安和不信任后，出现中立、客观的论调。在权威的《瑞典日报》上，李书福获得了新的赞誉——瑞典虎。

记者曾来到沃尔沃总部所在地瑞典哥德堡，走访了沃尔沃的两个工厂，耳闻目睹了沃尔沃轿车融入吉利集团后一年中发生的种种，深刻地感受到了“刀叉和筷子的奇妙融合”。

沃尔沃的托斯兰达工厂坐落于哥德堡西北部，工厂面临大海，环境整洁优雅。在这里，沃尔沃仍是瑞典人心目中的骄傲，也是哥德堡向外展示的一个形象窗口，每天都有络绎不绝的旅游团队到沃尔沃参观。沃尔沃博物馆广场前，中国国旗与瑞典国旗一起迎风招展。

这座工厂从 1964 年起开始生产沃尔沃轿车，年生产能力达 25 万辆。沃尔沃博物馆馆长告诉记者，自从吉利收购沃尔沃以后，来这儿参观的中国人多了，每天大约要接待四五批来自中国的参观者，这是最明显的变化之一。

对于整天埋头在生产一线的上万名沃尔沃工人来说，并购之后的变化并不明显。马格努斯·普里姆是负责沃尔沃 S80、XC90、V60 等车型的车间主任，进沃尔沃工厂已有 20 多年，2010 年传出吉利收购沃尔沃的消息后，他的部分同事曾有过一些担忧和抵触情绪，“因为不知道接下来会发生什么，不知道中国，更不了解吉利”。

不过，“一年多的事实证明，没有什么可担心的，一切都在照常运行，更可喜的是，沃尔沃的销售和业绩都在稳步增长。”普里姆表示，“我很满意现在的新东家，能在沃尔沃工作已成为当地就业者的一种自豪。”沃尔沃员工工资在当地是非常有竞争力的。这一年来，沃尔沃的员工工资分文未降，眼下工厂生产繁忙，几条生产线均保持全负荷运转。

如果说有变化，也是在润物细无声中进行的。蒂娜女士是沃尔沃负责发动机技术的一位工程技术人员，在沃尔沃已工作了 7 年。她深有感触地说，吉利收购沃尔沃后，给了沃尔沃更大的独立运行空间，对比以前，收购后的沃尔沃让她感觉有更多的自主权。比如，现在可以大胆地提出自己在工作中的创意和意见，并且都能得到及时批复与采纳。现在能充分发挥沃尔沃的特有优势，她从内心感到吉利的运营策略很正确、很科学。

据介绍，沃尔沃的一次民意调查显示，沃尔沃员工的满意度高达 84%，是 10 年来最高的。这显示出新东家正在得到普遍认可。

与前些年的海外并购不同，沃尔沃在瑞典人民心目中的地位可以说高于任何其他瑞典品牌（包括爱立信和宜家）。因此瑞典人民非常关心中国，关心吉利，关心李书福的一举一动。

《瑞典日报》做了一期经济版封面，用“瑞典虎”做标题来形容李书福和新沃尔沃。选用李书福的一张目光深邃、神情坚定的照片做头版新闻，说明瑞典主流媒体对中国公司吉利近一年的猜疑画上了句号。

瑞典财政部部长曾会见吉利董事长李书福，对吉利投资沃尔沃运行一年来所取得的优秀业绩、专业化运作水平、给当地创造的就业机会，给予了高度评价，特别肯定了吉利集团作为一个负责任的企业公民为瑞典经济发展做出的贡献，“吉利收购沃尔沃堪称瑞中商业合作的典范，为中国印象加分”。

同样的情况也出现在沃尔沃的另一大整车厂——比利时根特工厂。廖力强是中国驻比利时大使，他刚到任时走遍了十几个省，拜会了很多官员、企业高管、媒体，每一次交谈中，提到中国企业，必提起吉利，吉利在比利时乃至欧洲已享有很高的声誉。在很多欧洲人眼中，它成了中国企业的一个符号，一个拉近中欧关系、互利共赢的纽带。这让廖力强感到很欣慰和自豪。

“收购一年多来，沃尔沃工厂没有裁减一个工人，根特工厂到年底还增加了 1 000 个就业机会。”根特工厂总经理格利特·布鲁尼很自豪地告诉记者。尤其在欧洲经济不景气的情况下，工厂产销将较上年同期提升了 25%以上，达到 27 万辆，创下根特工厂 45 年历史的最高纪录，成为比利时当地最具竞争力、发展最快的汽车制造工厂。

二、组织承诺

（一）组织承诺的概念

组织承诺（organizational commitment）由贝克（Becker）在1960年提出，他认为组织承诺是成员随着其对组织单方投入的增加而不得不继续留在该组织的一种心理现象。[19]

现在一般将组织承诺定义为员工对于特定组织及其目标的认同，并且希望保持组织成员身份的一种态度。

（二）组织承诺的维度

为了使研究更清晰化，在组织承诺概念提出的过程中，有很多学者试图对组织承诺的维度进行研究，其中加拿大学者梅耶（Meyer）和艾伦（Allen）将组织承诺划分了三个维度。他们将组织承诺定义为“体现成员和组织之间关系的一种心理状态，隐含了他们对于是否继续留在该组织的决定”。[20]组织承诺分为三个维度。

1. 感情承诺

感情承诺指成员对组织的感情依赖、认同和投入，其对组织所表现出来的忠诚和努力工作，主要是由于对组织有深厚的感情，而非物质利益。

2. 继续承诺

继续承诺指成员对离开组织所带来的损失的认知，是其为了不失去多年投入所换来的待遇而不得不继续留在该组织内的一种算计。

3. 规范承诺

规范承诺反映的是成员对继续留在组织的义务感，它是成员基于道德及伦理原因而产生的留在组织的某种责任。

此外，国内学者凌文辁、张治灿和方俐洛对中国职工组织承诺的结构进行了探索性分析，发现我国职工具有五种基本的组织承诺类型：感情承诺、规范承诺、理想承诺、经济承诺和机会承诺。[21]在他们所发现的中国企业员工的组织承诺结构中，与西方同样具有感情承诺维度和规范承诺维度。经济承诺和机会承诺的意义也体现在了三维度承诺模型中的继续承诺维度中。然而，理想承诺这一维度却是西方模型中未涉及的，值得深入探讨。

（三）组织承诺的测量

组织承诺的测量通常以问卷调查的方式进行，运用较多的主要有以下两种。

1. 组织承诺量表（organizational commitment questionnaire，简称OCQ）

本量表共有15道题目，其中有6道题目是反向题，用来测量成员对组织的忠诚，达成组织的意愿及对组织价值的解释程度。题目涵盖了态度及行为的意向，而且强调员工对组织道德上的投入。[22]

2. 三维度组织承诺量表（3-OC）

本量表包括三个分量表：感情承诺量表、继续承诺量表和规范承诺量表，分别测量三类型的组织承诺。每个分量表包含8道题目，总共24道题目。[23]

凌文辁、张治灿和方俐洛根据中国员工组织承诺的五维度模型开发了“中国员工组织承诺量表”[24]，为正确处理中国员工与组织的关系、改善人力资源管理的效能，提供了理论依据和科学方法的借鉴。

（四）组织承诺的影响因素

组织承诺的影响因素可分为三类：工作因素、组织因素和个人因素。工作因素主要有工作的挑战性、工作的明确程度、工作的难度等；组织因素包括组织支持度、公平性、企业文化等；个人因素包括性别、年龄、工龄、职位和学历等。

不同类型的组织承诺的影响因素也不同，根据国内学者凌文铨等提出的组织承诺五维度模型，影响五种组织承诺维度的因素归纳如下：

感情承诺的影响因素包括：对领导的信任度、来自组织的生活支持、领导的团体维系行为、组织的可信赖性。

规范承诺的影响因素包括：员工的社会公平交换水平、员工对同事的依赖程度、员工所处团体的集体工作精神。

理想承诺的影响因素包括：对领导的信任度、来自组织的工作支持、受教育程度、职位、领导的工作导向行为、晋升制度、对工作的满意度。

经济承诺的影响因素包括：工龄、对领导的信任度、员工的社会公平交换水平。

机会承诺的影响因素包括：对报酬的满意度、来自组织的生活支持、组织的可依赖性、员工的社会公平交换水平、对组织的总体满意度、受教育程度、年龄和改行的可能性。

根据以上分析，组织可以有针对性地制定一些政策和措施，来影响员工各个维度的组织承诺，从而消除可能降低员工组织承诺的若干因素的不良影响，增强他们对组织的忠诚度。

三、工作投入

（一）工作投入的概念

工作投入（job engagement，也有人译为“工作敬业度”）最早是由卡恩（Kahn）提出来的，定义为“组织成员控制并利用自我，从而使自我与工作角色相融合”。[25]在卡恩看来，工作投入可以使人们充分地表现出更好的自己并且完全满足工作角色的需求。谢默霍恩（Schermerhorn）认为工作投入是一种重要的工作态度，当工作投入较高时，个体会将自己的精力投入到角色行为当中，并在角色中展现自我，工作表现就较出色；相反，当工作投入较低时，个体则会将自我背离于工作角色之外，以避免自己创造出组织所需要的绩效，并可能产生离职倾向。[26]具有高工作投入的员工能够对工作、群体或组织产生认同或做出承诺，同时他们努力工作而表现出来的一系列行为会对公司的经营和绩效带来正面的影响。

（二）工作投入的维度

卡恩将工作投入分为生理、认知和情绪三个维度。[27]生理维度指个体在执行角色任务时能保持生理上的高度卷入；认知维度指个体能够保持认知上的高度活跃及唤醒状态，并能清晰地意识到自己在特定工作情境中的角色和使命；情绪维度指个体保持自己与其他人（如同事和上级）的联系及对他人情绪情感的敏感性。上述这三个方面是相对独立的，例如，个体虽然保持生理上的高度卷入，但认知和情绪却可以处于欠活跃状态。但总的来讲，个体在某一维度上的投入越高，其总体工作投入也相应越高。

肖弗利（Schaufeli）等人指出在当代企业面临各种挑战之时，保持员工高工作投入已成为企业能否生存的关键。因此了解和把握工作投入的组成，是企业获得成功和提升竞争力的关键因素。他们把工作投入划分为活力（vigor）、奉献（dedication）和专注（absorption）三个维度。其中，**活力**表示个人在工作时具有较高的能量及心理韧性，自己有意愿及能力将精力投入进工作中；**奉献**表示个人在工作中感知到工作意义、热情、灵感、自信及挑战；专注表示个人在工作中全神贯注。这一划分已经被广泛认同。[28]

（三）工作投入的影响因素

总的来讲，影响员工工作投入的因素可分为三类：个体特征因素、与工作相关的因素和与家庭相关的因素。大部分研究都表明工作投入主要受到个体因素、工作相关因素，以及个体和工作相关因素互动关系的影响，家庭因素对员工工作投入的影响较小。[29]

1. 个体特征因素

个体特征因素如个体的心理状态、人格特征及自我效能感等对工作投入存在一定的影响。卡恩的研究证明心理意义、心理安全和心理可获得性对个体的工作投入均具有显著的正面影响，其中尤以心理意义的影响为最大。布瑞特（Britt）考察了个体的人格类型对工作投入的影响，发现人格坚韧性与个体的工作投入存在着显著的正相关。此外，有研究发现高工作投入者具有低焦虑性、高外向性和高灵活性的特点。

2. 与工作相关的因素

工作本身的性质、工作资源、人际关系、领导者支持等因素对工作投入产生很大的影响。研究显示明确的绩效指导方针、个体的工作绩效控制感及个体与工作相匹配等因素均有利于个体保持高水平的工作投入。此外，可获取的工作资源、支持和公平感对工作投入也都具有显著的正向预测力；而人际消耗及冲突与工作投入呈显著的负相关。

3. 与家庭相关的因素

这类因素对工作投入的影响也不可忽视。洛斯巴德（Rothbard）研究发现，对于女性而言，工作中的消极情感会显著降低其对家庭的关注程度，而家庭中的积极情感则有利于提高女性对工作的专注程度。

专栏 2：本土组织行为探索

工作价值观和工作投入的关系——基于工作监督的调节效应[30]

近年来，越来越多的学者和管理者发现工作投入的重要性，研究表明工作投入不但影响着员工的角色内、外行为和工作绩效，而且影响着团队的表现及客户的满意度。工作价值观作为一个影响员工工作态度与工作行为的关键因素，对工作投入是否具有影响呢？

任华亮、杨东涛和李群在借鉴国内外已有的研究成果上，基于工作投入综合模型和特质激活理论，运用实证研究对工作价值观与工作投入的关系进行了深层次的研究。这一研究采用曼哈特（Manhardt）的三维度划分方法，将工作价值观划分为舒适与安全、能力与成长、地位与独立三个维度，来探讨其与工作投入之间的关系，并引入了工作监督这一调节变量来考察工作价值观是如何影响工作投入的。该研究对12个城市22家企业的245名员工进行了问卷调查。数据分析后发现，舒适与安全型工作价值观对工作投入具有显著的负面影响；能力与成长型工作价值观和地位与独立型工作价值观对工作投入具有显著的正向影响。另外，工作监督对工作价值观和工作投入之间的关系具有显著的调节效应。其中，工作监督负向调节了舒适与安全型工作价值观、地位与独立型工作价值观和工作投入之间的关系，正向调节了能力与成长型工作价值观和工作投入之间的关系。可见工作价值观影响工作投入，并且不同类型的工作价值观对工作投入的影响是有差异的，另外工作监督也在一定程度上调节着这两者之间的关系。

该研究对企业的管理实践具有重要的指导意义。例如，企业可建立科学的甄别机制，注重对员工工作价值观的测评，从而保证员工表现出更多的工作投入行为；针对不同类型的工作价值观的员工采用不同的监督策略，降低工作监督带来的成本等。

本章回顾

价值观与态度是决定个体行为差异的两个重要因素。其中价值观是个体对客观事物及行为模式进行评价的基本信念和判断依据，态度则是个人对外界的人、事、物的较为持久而一致的内在心理和行为倾向。态度包含认知、情感、行为意向三种成分。通常情况下，个体会将对外部环境的知觉与自身的价值观体系进行对比，形成相关的认知和情感，并进一步对行为意向和行为表现产生影响。

与组织行为密切相关的两类价值观是工作价值观和伦理价值观。拥有内在工作价值观和外在工作价值观的员工对工作的价值与目的持有不同的看法。与工作相关的三类关键态度是工作满意度、组织承诺和工作投入。把握这三类态度的含义、构成和影响因素对理解组织中的员工态度和行为至关重要。

关键术语

价值观 values
工作价值观 work values
伦理价值观 ethical values
态度 attitude
认知 cognition
情感 affect
行为意向 behavioral intention
工作满意度 job satisfaction
组织承诺 organizational commitment
工作投入 job engagement
活力 vigor
奉献 dedication
专注 absorption

思考题

1. 何为价值观？什么是价值体系？
2. 举例说明不同类型的工作价值观及其表现。
3. 态度包含哪几种成分？态度与价值观具有怎样的区别和联系？
4. 你认为应该怎样定义工作满意度？组织中有哪些因素会影响工作满意度？

5. 应该如何理解组织承诺和工作投入？它们在组织中扮演了怎样的角色？

组织行为学自测

你对自己的工作满意吗？[31]

想一下你现在的工作或者是你以前的工作，请根据下面的量表来进行测试，并分别用 1～7 七个数字中符合你的那个数字填写。

1＝非常不满意

2＝不满意

3＝稍微不满意

4＝既没有满意也没有不满意

5＝稍微满意

6＝满意

7＝非常满意

工作满意度量表

______ 1. 我所拥有的工作稳定性。
______ 2. 我得到的报酬和福利。
______ 3. 在工作过程中我的个人成长和发展。
______ 4. 在工作中交流的对象和同事。
______ 5. 从老板那得到的尊重度和公平待遇。
______ 6. 在工作过程中所得到的成就感。
______ 7. 在工作中了解别人的机会。
______ 8. 从我的上级那得到的支持和指导。
______ 9. 我的报酬与我为组织所做贡献的匹配程度。
______ 10. 在工作中我可以独立思考与行动的空间。
______ 11. 未来我在这个组织工作的稳定性。
______ 12. 在工作中去帮助别人的机会。
______ 13. 我工作中的挑战性。
______ 14. 在工作中我所感受到的管理活动的总体质量。

现在计算一下工作满意度方面的分数。

报酬满意度：

Q2＋Q9 ＝__________除以 2：__________

安全满意度：

Q1＋Q11＝__________除以 2：__________

社交满意度：

Q4＋Q7＋Q12＝__________除以 3：__________

监督满意度：

Q5＋Q8＋Q14＝__________除以 3：__________

成长满意度：

Q3＋Q6＋Q10＋Q13＝__________除以 4：__________

这些方面的得分为1～7分，得分小于4说明有改变的空间。这个问卷调查是工作诊断调查的缩减版，它是一种用来评估个人工作态度所广泛采用的工具。

品味经典研究

我们为何对自己撒谎?[32]

1959年，费斯廷格（Festinger）和同事史密斯（Smith）开始致力于一项研究，他们招来一批大学生志愿者，让他们做两件极端无聊和烦琐的工作：将二十几只碟子装进一个大木桶里，简单地洗一下后一个一个地拿出来，然后再放进去，这样不停地拿来拿去，一直重复半个小时。做完后，再接着做另一项工作：记分板上有48个木钉，受试者必须将每根钉顺时针方向转动1/4圈，再逆时针方向转1/4圈，48个木钉必须轮流转，不能有遗漏，这样一直转半个小时。

等每个受试者做完以后，一位研究者会告诉他说，实验的目的是观察人对某项工作是否感兴趣，以及这种态度是否影响其完成工作的效率，还询问他是否可以告诉其他人这个工作非常有趣。

费斯廷格还询问受试者是否乐意做他的助手，告知他人这个工作有趣这事本来就应该由助手来做的，如果他愿意担任他的助手的话，可以得到1美元或20美元的报酬。

实验结果：几乎所有的受试者都同意把明显是说谎的内容告诉下一个受试者。受试者们在通知下一个人时，费斯廷格会问受试者，他们自己觉得这件事到底有没有意思。显然，前面所做的放碟子、转钉子的工作根本没有任何意思，而对别人撒谎就会形成认知失调："我对别人撒谎了，可我并不是这种人。"费斯廷格进行实验的关键问题是，受试者所得的报酬是否能够引导其减少认知失调，从而认定这些工作是有趣的。

从常识看，人们以为那些得到20美元的人会比那些得到1美元的人更倾向于改变观点，因为20美元在1959年应算很大的一笔收入。但费斯廷格和史密斯所预测的却与事实相反：得到20美元的受试者当然有充分的理由来为自己撒谎；得到1美元的人既然没有充分的理由撒谎，所以他们减轻认知失调的办法是改变自己的认知——"这些工作还真的有那么点意思。"这样，他们就不用真正撒谎了。

注 释

[1] 不等了的博客．老板致员工的一封信．(2009-11-28)[2014-07-15]. http://blog.sina.com.cn/s/blog_61bea7270100gnk7.html.

[2] KONDALDAR V. G. Organizational behavior. New Delhi: New Age International Limited Publishers, 2007.

[3] VINSON D. E., MUNSON J. M., M. NAKANISHI. An investigation of the rokeach value survey for consumer research applications. Advances in Consumer Research, 1977, 4 (1): 247-252.

[4] SCHWARTZ S. H., G. SAGIE. Value consensus and importance: a cross-national study. Journal of Cross-Cultural Psychology, 2000, (31): 465-497.

[5] GEORGE J. M., G. R. JONES. Understanding and managing organizational be-

havior. New Jersey：Pearson Education，2012.

［6］［7］同［5］.

［8］徐建平．组织行为学．2 版．北京：中国人民大学出版社，2014.

［9］STROH L. K.，NORTHCRAFT G. B.，M. A. NEALE. Organizational behavior：a management challenge. New Jersey：Lawrence Erlbaum Associates，Inc，2002.

［10］FESTINGER L. A theory of cognitive dissonance. Evanston：Row Peterson，1957.

［11］［美］里基·W. 格里芬，格利高里·摩海德，唐宁玉．组织行为学．刘伟，译．北京：中国市场出版社，2010.

［12］［美］戴维·迈尔斯．社会心理学：第 11 版．侯玉波，乐国安，张智勇，等译．北京：人民邮电出版社，2016.

［13］KELMAN H. C. Compliance identification，and internalization：three processes of attitude change. The Journal of Conflict Research，1958，(62)：512－527.

［14］GRIFFIN R. W.，G. MOORHEAD. Organizational behavior：managing people and organizations. Mason，OH：South-Western Cengage Learning，2014.

［15］同［8］.

［16］SMITH P. C.，KENDALL L. M.，HULL C. L. The measurement of satisfaction in work and retirement：a strategy for the study of attitudes. Chicago：Rand McNally，1969.

［17］卢嘉，时勘，杨继锋．工作满意度的评价结构和方法．中国人力资源开发，2001 (1)：15－16.

［18］佚名．吉利入主沃尔沃一周年，员工满意度创 10 年最高．(2011－10－17)［2014－07－15］. http：//finance. people. com. cn/GB/15913713. html.

［19］BECKER H. S. Notes on the concept of commitment. American Journal of Sociology，1960，66 (1)：32－40.

［20］MEYER J. P.，N. J. ALLEN. A three-component conceptualization of organizational commitment. Human Resource Management Review，1991，1 (1)：61－89.

［21］凌文辁，张治灿，方俐洛．中国职工组织承诺研究．中国社会科学，2001 (2)：90－102.

［22］PORTER L. W.，STEERS RICFIARD M.，MOWDAY RICHARD T.，BOULIAN PAUL V. Organizational commitment，job satisfaction and turnover among psychiatric technicians. Journal of Applied Psychology，1974 (5)：603－609.

［23］MEYER J. P.，N. J. ALLEN. The measurement and antecedents of affective，continuance，and normative commitment to the organization. Journal of Occupational Psychology，1990 (63)：1－18.

［24］同［21］.

［25］KAHN W. A. Psychological conditions of personal engagement and disengagement at work. Academy of Management Journal，1990，33 (4)：692－724.

［26］SCHERMERHORN J. R.，R. N. OSBORN，M. UHL-BIEN. Organizational behavior. Hoboken：John Wiley & Sons，2012.

［27］［加］史蒂文·L. 麦克沙恩，［美］玛丽·安·冯·格里诺．组织行为学：第 7

版．吴培冠，张璐斐，译．北京：机械工业出版社，2018.

[28] SCHAUFELI W. B.，A. B. BAKKER. Job demands，job resources，and their relationship with burnout and engagement：a multi sample study. Journal of Organizational Behavior，2004，25 (3)：293－315.

[29] 李锐，凌文辁．工作投入研究的现状．心理科学进展，2007，15 (2)：366－372.

[30] 任华亮，杨东涛，李群．工作价值观和工作投入的关系：基于工作监督的调节效应．经济管理，2014，(6)：75－84.

[31] HELLRIELE D.，J. W. SLOCUM. Organizational behavior. Mason，OH：South-Western Cengage Learning，2011.

[32] FESTINGER L.，J. CARLSMITH. Cognitive consequences of forced compliance. Journal of Abnormal Psychology，1959，(58)：203－210.

第四章

知觉和个体决策

单是命意，就因读者的眼光而有种种：经学家看见《易》，道学家看见淫，才子看见缠绵，革命家看见排满，流言家看见宫闱秘事。

——鲁迅先生说《红楼梦》

学习目标

1. 掌握知觉的概念，了解知觉的过程。
2. 了解影响知觉的主要因素。
3. 能区分常见的社会知觉偏差。
4. 了解主要的归因理论。
5. 了解主要的决策模型。
6. 理解决策中常见的偏差。

引 例

马鸣的面试[1]

有个叫马鸣的研究生接到鸿达公司的面试通知。那天上午，马鸣赶到鸿达公司参加最后一轮应聘，主考官正是鸿达公司的谢老总。临到考试时间快要结束时，马鸣才满头大汗地赶到了考场。

谢老总瞟了一眼坐在自己面前的马鸣，只见他大滴的汗珠子从额头上冒出来，满脸通红，上身一件红格子衬衫，加上满头乱糟糟的头发，给人一种疲疲沓沓的感觉。谢老总仔细地打量了他一阵，疑惑地问道："你是研究生毕业？"似乎对他的学历表示怀疑。马鸣很尴尬地点点头回答："是的。"接着，心存疑虑的谢老总向他提出了几个专业性很强的问题，马鸣渐渐静下心来，回答得头头是道。最终，谢老总经过再三考虑，决定录用马鸣。

第二天，当马鸣第一次来上班时，谢老总把马鸣叫到自己的办公室，对他说："本来，在我第一眼看到你的时候，我就不打算录用你，你知道为什么吗？"马鸣摇摇头。谢老总接着说："当时你的那副尊容实在让人不敢恭维，满头冒汗，头发散乱，衣着不整，特别是你那件红格子衬衫，更是显得不伦不类的，不像个研究生，倒像个自由散漫的社会小青年。你给我的第一印象太坏，要不是你后来在回答问题时很出色，你一定会被淘汰。"

马鸣听罢，这才红着脸说明原因："昨天我前来面试时，在大街上看见有人遇上车祸，我就主动协助司机把伤员抬上的士，并且和另外一个路人把伤员送去医院。从医院里出来，我发现自己的衣服沾了血迹，于是我就回家去换衣服。不巧我的衣服还没干，我就把我二弟的一件衬衫穿来了。又因为耽误了时间，我就拼命地赶路，所以，时间虽然赶上了，却是一副狼狈相……"

谢老总这才点点头说："难得你有助人为乐的好品德。不过，以后与陌生人第一次见面，千万要注意自己给别人的第一印象啊！"

第一节　知觉概述

为什么知觉对于组织行为十分重要呢？原因很简单，因为人们知觉到的世界不一定是真实的世界；人们的行为是以他们对现实的认知，而不是以现实本身为基础的。

一、知觉的定义

知觉（perception）是指人们用来筛选、组织和解释环境中的刺激，并赋予意义的过程。[2]

通过知觉，人们试图理解自己所处的环境及环境中的事物、人物和事件。知觉有三个组成部分：知觉主体——观察解释自己周围事物的人；知觉对象——任何知觉主体所要感知的对象；情景——知觉发生时的背景（见图 4－1）。

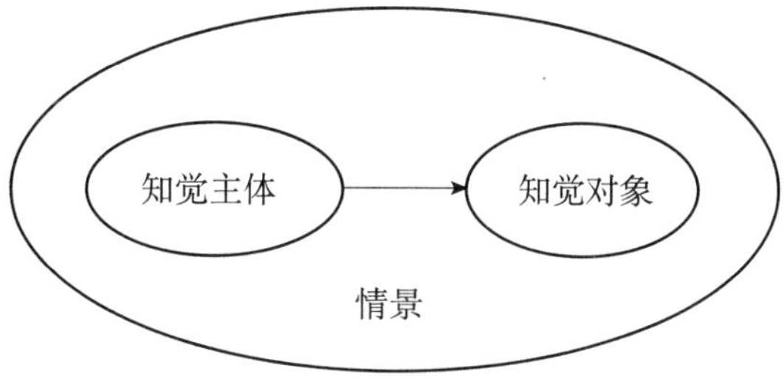

图 4－1　知觉的组成部分[3]

二、知觉过程

20 世纪 70 年代以来，心理学家们用信息加工的观点来描述知觉过程，认为知觉是接收信息、评价和处理信息的过程。主体在杂乱无章的环境信息中进行筛选、组织，厘清其中的关系，并赋予它们存在的意义。

知觉的过程模型如图 4－2 所示。

图 4－2　知觉的过程模型

外界刺激作用于人的感官，但是人的信息加工能力是有限的，大脑只能对其中很小的一部分进行加工。因此，选择注意阶段的作用相当于一个过滤器。但是尽管有了过滤，这一阶段的信息仍然杂乱无章。

在组织阶段，杂乱的信息被大脑组合成比较有意义的模块，大脑在对信息进行组织时，遵循整体性、选择性、恒常性等规律。以整体性为例，常见的知觉组织规律有：

（1）连续性规律：大脑有将对象当成是连续性的事物进行认识的倾向。我们很容易将图 4－3 看成是两条连续曲线。

（2）接近性规律：空间上彼此接近的部分易被大脑作为整体来认知。如将图 4－4 中的六条线段看成三组。

（3）封闭性规律：视野中半封闭的线段容易被我们看作是三个长方形，如图 4－5 所示。

（4）境联效应：知觉的上下联系或情景对知觉结果会产生影响。在图 4－6 中，上下看则容易把中间部分看为“B”，左右看就容易看为“13”。

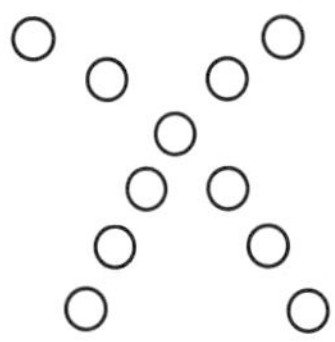

图 4－3　连续性

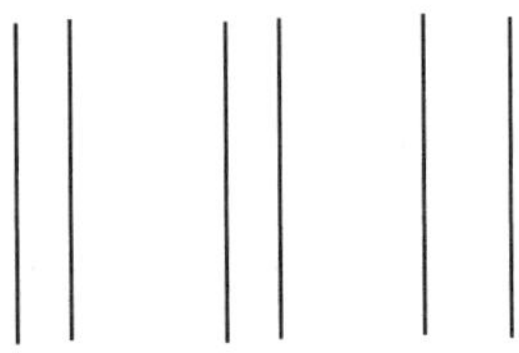

图 4－4　接近性

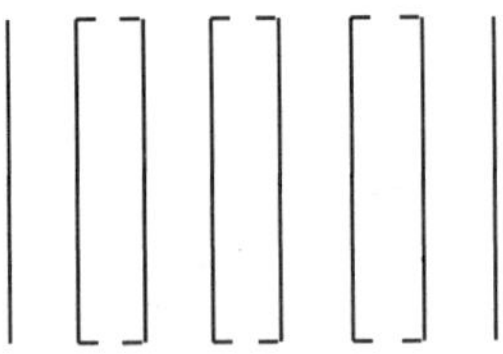

图 4－5　封闭性

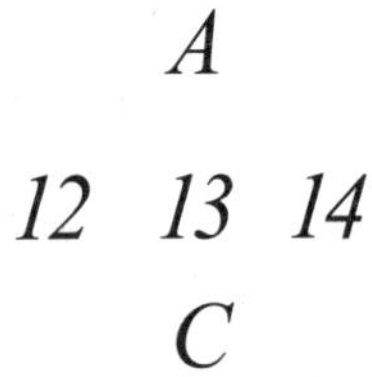

图 4－6　境联效应

在解释阶段，个人会给这些信息赋予一定的意义。例如，晚上开车时发觉前方路面出现一片深色印记，司机就会一边降低车速，一边判断黑影是积水还是障碍物。此阶段也往往用来推测及解释他人不寻常的行为产生的原因。

每个人对于相同的刺激往往有不同的选择注意和组织方式，因而就产生了不同的解释和反应。知觉的过程模型说明了在相同的情况下，人们为什么会有不同的认知和行为。

三、影响知觉的因素

请你分别判断图 4－7 中的四个图案，凳子有三条腿还是两条腿？两条竖直线段的长短一样吗？同心圆中的四条线段是直线还是弯曲的？虚线围成的圆大小一样吗？

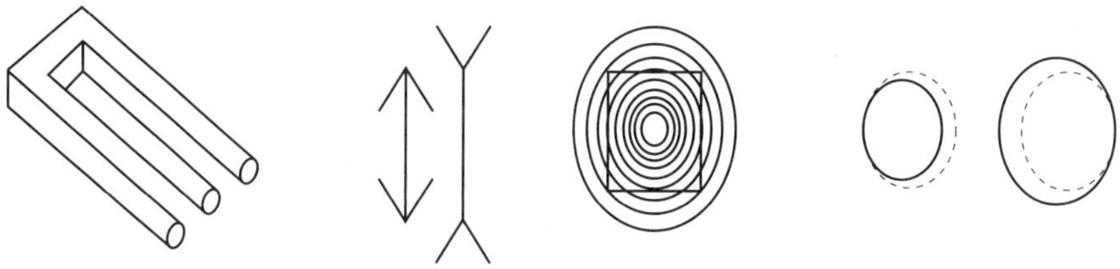

图 4-7 常见的知觉错觉

可见，人的知觉不一定是准确的，甚至会产生错觉。研究者综合归纳了影响知觉的因素，分为知觉主体因素、知觉对象因素和情景因素。[4]

（一）知觉主体因素

当人们看到一个事物并试图对它形成印象的时候，个体本身所具有的知识、经验等多方面的因素会影响知觉的过程与结果。根据研究，这方面主要的影响因素有态度、动机、知识和经验、兴趣、情绪等。

1. 态度

在组织中态度是很重要的，因为态度会影响到行为。小刘喜欢早上跑步，他认为跑步能够锻炼身体并让人保持良好的作息习惯，是一件一举多得的事情；然而小张却并不热衷于此，他更喜欢在早晨睡懒觉。当学校要求住校生必须进行早操时，两人会对此有不同的反应：小刘认为学校的政策很好，举双手赞成；小张则认为这个政策非常不合理，是对自己的一种折磨。两个人遇到的是相同的事情，但他们的感知和解释结果却不相同，这是因为他们对早操所持的态度截然不同。

2. 动机

动机可以激励和维持人的行为。未满足的需要或动机会刺激个体，并能对他们的知觉产生强烈影响，在组织管理中也有同样现象。一个急于想升职的员工会更加关注与职业发展相关的信息，比如培训、职业轮换、职业资格考试等；而一个关心现金收入的员工可能更加关注加薪信息。凡是能满足人的需要、激发人的动机的刺激都容易被人选择并纳入知觉范围。

3. 知识和经验

个体具有的知识和经验，对于知觉的选择性影响也很大。例如，对电视里的戏曲节目，外行人和内行人的知觉差别就很大，所谓“外行看热闹，内行看门道”讲的就是这个道理。

4. 兴趣

兴趣基于精神需要，人们若对某件事物或某项活动感到需要，就会热心于接触、观察这件事物，积极从事这项活动。书法家和画家一起去字画店，书法家往往会首先看有没有好的书法作品集，而画家则会在画册的柜台前流连忘返。这表明我们注意的中心受到自己兴趣的影响。个体之间的兴趣差异很大时，即使在同一情境中，人们所关注的东西也有很大差异。此外，兴趣和爱好相近的人，往往会对人对事有相近的知觉，相互容易沟通，从而形成非正式群体。

5. 情绪

情绪对知觉选择的影响是多方面的。例如，情绪的好坏会关系到知觉的视野范围。情绪好的时候，知觉的视野通常比较宽阔；而情绪不好时，似乎对什么都提不起兴趣。人的情绪还会影响到人对时间的知觉和评估。对望眼欲穿的事情，人们埋怨它来得太慢，而对想回避的事情又觉得它来得太快；当人们沉浸在欢乐幸福中时，往往感到日月如梭，即所谓“沉浸体验”（flow），而处于困顿苦难中时却感到度日如年。

所以，一个人所知觉的东西可能与客观现实差异很大。一个人所知觉到的世界与另一个人的也可能差异巨大。例如，有一家公司称得上是“最佳雇主企业”——良好的工作条件、挑战性的工作任务、优越的工资待遇、优厚的福利以及富有远见卓识的管理层，但是仍然无法做到使所有员工都对其持完全一致的看法。这就像观众对于某一部票房过亿的贺岁片的看法难以完全相同一样。要让所有人对同一事物都做出一致判断的想法是不切实际的。

（二）知觉对象因素

知觉产生的先决条件是外界刺激的存在，因此外界刺激的特点也会影响人们的知觉。

当知觉对象具有与众不同的特性时，被察觉到的可能性更大。例如，在课堂上，积极发言的学生比安静听课的学生更容易得到老师注意；外貌漂亮的人比外貌一般的人更能引起人们的注意。同样，运动中的知觉对象比静止的对象更能吸引人的注意力。此外，颜色、形状、大小、新奇性、重复性等因素都能影响我们的知觉。

（三）情景因素

情景因素主要包括物理环境和社会环境。人的知觉总离不开一定的情景，也离不开对当时情景的分析。知觉的情景因素通过影响人的感受性而改变知觉的效果。

1. 物理环境

一个事物能否被察觉到，与它在环境中是否明显有关。例如，一颗围棋黑子丢在煤堆里，我们可能很难发现，但是如果将它放到雪地上，我们一眼就看到了。

2. 社会环境

所处的社会环境不同，人们对相同事件的知觉也不相同。例如，舞会上欢声笑语，大家觉得很正常。然而，如果在图书馆里，周围人都专心阅读时，一人哈哈大笑，就会显得突兀，很容易引起周围人的侧目。

总之，人的知觉是知觉主体、知觉对象和外界环境因素相互作用、相互影响的结果，是一个主观反映客观的过程，它包括选择注意、组织、解释和做出反应等环节。由于任何知觉者自身具有这样或那样的局限性，知觉对象的特征也会千奇百怪、参差不一，加之知觉环境不断转换，当这些因素共同作用于人的知觉过程时，就会使人的知觉产生偏差，以致形成错觉。因此，在工作和生活中必须引起注意，以提高知觉的准确度。

四、社会知觉

社会知觉（social perception）这一概念是由美国心理学家布鲁纳（Bruner）首先提出的，其主要含义是指知觉过程受社会因素所制约。之后，这个概念的含义演变成对社会对象的知觉，包括一个人对另一人、个人对群体、群体对个人、群体对群体的知觉，以及对个人间、群体间关系的知觉。

社会知觉以人为对象，从不同侧面来知觉一个人，因此可以把社会知觉分为对他人的知觉、自我知觉、人际关系知觉和角色知觉。

（一）对他人的知觉

对他人的知觉是指对他人外部表情和外部行为特征的知觉。内心的情绪、态度、需求和思想活动通常通过人的外在表情表现出来。通过外在表情的知觉，就可以察觉他人内在的心理活动，了解他人的态度、愿望及人格特点，从而获取关于他人的知觉印象，并调整自己的行为。

（二）自我知觉

自我知觉是指对自己的心理与行为状态的知觉，人们通过自我知觉发现和了解自己。只要人们处于清醒状态，不论自己在想什么或做什么，都能感知到当前自己的存在、自己的思想、自己的行为表现等。自我知觉中，人会按照某种标准来衡量和评判自己。衡量评判自己的标准来源于人的理想自我或对自我的某种期望水平。如果对自我的知觉符合或基本符合标准，个体会感到满足；如果对自我的知觉是不符合标准的，就会导致自我批评，甚至自我嫌恶，产生不愉快的体验。

（三）人际关系知觉

人际关系知觉是指对人与人之间关系的知觉。这种知觉主要是在人际交往中发生的，以各种交际行为为知觉对象。交际行为指人们在交往中相互接触和交换的言语、态度与动作，包括礼节、交谈、表情、援助、侵犯等行为。在感知这些行为的基础上，借助思维的作用，使人们感知到自己与他人之间建立某种友好的、一般的或对立的关系，并伴有与此相对应的情感：人们在人际交往中发生频繁的人际知觉，使彼此在心理上相近和相似，就会形成友好的关系和情感；如果人们在交往中彼此发生过一些利害冲突的人际知觉，又未能得到妥善的处理，则会建立对立的关系和情感；如果人们相互很少往来，人际知觉淡薄，就会形成一般的关系和情感。管理人员应当与员工进行适当的人际交往，通过友好的人际知觉，建立融洽的关系和情感，这是调动员工积极性的一个重要因素。

（四）角色知觉

角色知觉是指对人们所表现出的角色行为的知觉。每个人在社会中都充当某些角色，如家庭关系中的角色、职业角色、群体角色等。人们通过人际交往、社会活动和业务活动，不断产生各种角色知觉，并借助于思维的作用，掌握各种角色的行为标准，形成角色意识。主体以有关角色的行为标准要求和评价他人角色，同时也以有关的行为标准要求自己。管理人员应当通过一定方式，特别是以身作则，使员工产生正确的角色知觉，增强角色意识，以提升工作的绩效。

五、常见的社会知觉偏差

（一）首因效应

首因效应（primary effect）也就是我们日常所说的第一印象。它并非总是正确的，但常常是最鲜明、最牢固的，会对以后的认知产生重要的影响。人们常说的“首战必胜”

“新官上任三把火”“开门红”“下马威”等，都说明了首因效应在工作和人际交往中的鲜明效果。

（二）近因效应

近因效应（recent effect）即新近留下的印象会对于后续认知发挥重要影响。俗话说，“士别三日，当刮目相看”，即是当我们知觉某个已经认识的人时受到近因效应影响的生动描述。近因效应同样也不总是准确的。

（三）晕轮效应

当我们以个体某一种较为突出的特征，如智力、谈吐或外貌为基础，而扩大到对该人的一个总体印象时，我们就受到**晕轮效应**（halo effect）的影响。如一个应聘者毕业于某世界名校，则他身上的其他品质也可能被面试官认定是优秀的，这就是典型的“一好百好”的晕轮效应。

学生在评价他们的老师时，这种效应经常出现。学生们常常分离出某种具体的特征（如热情）并使他们的整体评价受到这一单独特质的影响。比如，一名教师是文静、认真、知识丰富的，但如果他的个性不够热情，则他的整体教学效果也可能得不到学生的积极评价。

（四）选择性知觉

选择性知觉（selective perception）是个体仅仅把作用于感觉器官的全部刺激信息中的一部分刺激作为知觉对象，而忽略其他信息的知觉现象。知觉的一个重要特征就是选择性，原因何在呢？因为我们大脑处理信息的能力是有限的，在接受某些信息的同时不得不放弃其他信息。比如，你和一名儿童逛的明明是同一家商场，但你们关注的商品却可能完全不同。

（五）对比效应

我们对一个人的评价并不是孤立进行的，它常常会受到我们之前对其他人评价结果的影响，这就是**对比效应**（contrast effect）。在面试中，面试官会连续评价多个求职者。对任何一位求职者来说，评估的失真可能来自他在面试队列中所处的位置。如果排在该求职者之前的是个平庸之辈，则可能使面试官做出对他有利的评价；如果排在他之前的是位极其出色的申请人，则可能使面试官做出对他不利的评价。

（六）投射效应

投射效应（projection）是指我们在判断他人时，总是有意无意地假定别人与我们相似，因而把自己的感受态度动机投射在对他人的判断上。比如，如果你希望自己的工作富有挑战性并能够自己负责，则会假定别人也同样希望如此。

（七）刻板印象

当根据对某人所在群体的知觉为基础判断某人时，这一知觉的捷径称为**刻板印象**（stereotyping）。它对复杂世界进行了过度简化，认为属于同一群体的人们具有相同或相似的特性。

在组织中，我们也常常听到一些语言反映了以性别、年龄、种族，甚至是体重为基础的刻板印象，如“女性会把家庭置于工作之上”“英国人都具有绅士风度”“上海男人都惧内”等，尽管事实上它们可能毫无真实性或真实性未经证实。

（八）自我实现预言

自我实现预言（pygmalion effect）也称皮格马利翁效应，指个人对他人的看法会影响他人的行为，最后导致他人的表现符合自己一开始的预期，就好像印证了预言一样。在组织中，管理者对个体的预期既影响管理者本人的行为，又影响被预期对象的反应。当管理者认为某个员工有升职潜力时，就有可能花很多时间指导他，给他提供更多的挑战性任务，从而培养这一个体走向成功。由于对个体的高预期可以变成现实，管理者可以利用皮格马利翁效应来提高组织生产力。研究表明，当一名经理对一个群体持有高期望时，整个群体都会表现得更好。

第二节　归因及归因理论

一、归因理论

对人的知觉不同于对无生命体，如桌椅、机器、建筑物的知觉。无生命的知觉对象没有需求、动机和意愿，而人类却有。我们总是对人们活动背后的需求、动机和意愿进行推断，试图解释其行动的原因。例如，你看到员工迟到，你会推测他为什么迟到，这个过程就是归因（attribution）。

归因理论（attribution theory）目的在于描述人们是如何解释自身及周围其他人行为产生的原因。

奥地利社会心理学家海德（Heider）在其 1958 年出版的《人际关系心理学》中首先提出归因理论。以后一些学者如韦纳（Weiner）和凯利（Kelley）等人陆续提出一些新理论。

（一）海德的二维归因理论

海德指出人的行为的原因可分为内部原因和外部原因。内部原因是指存在于行为者本身的因素，如需要、情绪、兴趣、态度、信念、努力程度等；外部原因是指行为者周围环境中的因素，如他人的期望、奖励、惩罚、指示、命令、天气的好坏、工作的难易程度等。

当我们观察某一个体的行为时，总是试图判断它是由内部原因还是外部原因引起的。内因导致的行为是指那些个体认为在自己控制范围内的行为；外因导致的行为则是由外部原因引起的，也就是说个体因为情境因素而被迫行动。对于一名上班迟到的员工，如果你把迟到归结为他在昨天的晚会上玩到凌晨因而睡过了头，这就是内部归因；但如果你认为迟到的原因是他常走的路线交通堵塞，那么就是外部归因。

（二）凯利的三维归因理论

在海德二维归因理论的基础上，凯利提出了三维归因理论，如图 4－8 所示。

凯利认为，要找出真正的原因主要由三方面信息确定：一是行为是否与其他人相同，即共同性；二是行为是否始终一贯，即一贯性；三是行为是否与其他刺激引起的反应有所区别，即区别性。

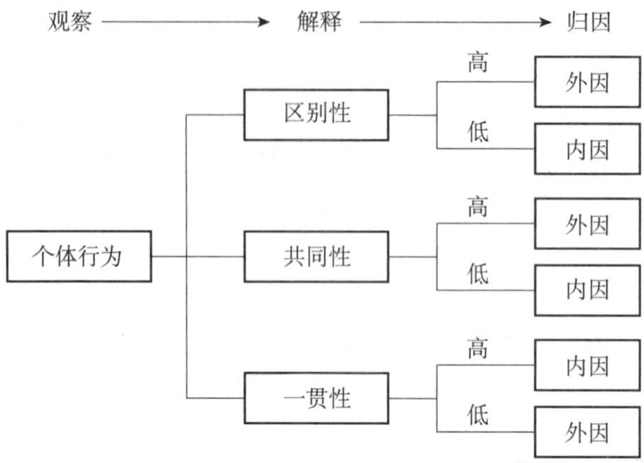

图 4-8　三维归因理论模型

以小明数学课迟到一事为例，可以使用三种不同的解释说明行为的原因：第一，归因于从事该行为的行动者；第二，归因于行动者的对手；第三，归因于行为产生的环境。我们既可归因于小明，如小明懒惰；也可归因于数学课，如数学课枯燥；又可归因于环境，如天气不好。这三个原因都是可能的，问题在于要找出一个真正的原因。

共同性（consensus）指的是如果每个人面对相似情景都有相同的反应，我们就说该行为表现出一致性。如果每个人数学课都迟到，那就共同性高。

一贯性（consistency）指不论时间怎样变化，个体都表现出相同的行为。如所有的数学课小明都迟到，则一贯性高。

区别性（distinctiveness）指个体在不同情境下是否表现出不同行为。如小明对数学课如此，而对其他课程则不如此，则区别性高。

二、归因偏见

一般来说，观察者会对影响别人行为的内部因素估计过高，而对外部因素的作用估计不足，这就是**基本归因错误**。基本归因错误常常导致经理将员工的不良表现更多地归结于内部因素，而忽略了外部因素的影响。

另外一种归因错误是**自利性偏见**，也就是一个人可能会将自己的失败归结于外部因素，而将自己的成功归结于内部因素。

两者结合到一起，会使人们对不好的工作表现产生非常强烈的内部归因的评价。这些归因偏见意味着，管理者在绩效评估时所犯的错误的概率要比人们通常认为的更高。例如，飞机失事是由于飞机的设备问题还是飞行员的驾驶失误所致？相对而言，飞行员更容易被归罪，而这一点是否与事实真相相符？又比如，企业经营的失败是由于多种因素所致还是经营者的能力低下所致？经营者经常会受到投资方的责难，但是他们或许并不是真正的罪魁。

第三节　个体决策

组织中的个体都要做出决策。高层管理者要决定组织战略、资金运作、分公司的设立等；中低层管理者要决定生产日程安排、新员工录用、奖金的合理分配等。当然，决策并不仅仅是管理者的特权，非管理层的员工所做出的决策同样影响到他们的工作和他们为之工作的组织。近年来，越来越多的组织把工作相关的决策权授予非管理层的员工。组织中的个体做出决策的方式，以及他们最终做出决策的质量，在很大程度上都受到知觉的影响。

一、决策的定义

根据罗宾斯（Robins）的描述，**决策**（decision）就是在两个及以上备选方案中进行选择的过程。决策的定义有如下几个特点。

（一）决策要有明确的目标

西蒙（Simon）认为，人们的任何有目标、有意识的行为都可以称为“决策”，没有目标的决策只能是盲目的决策。

（二）决策是在若干个决策方案之间进行比较

当管理者面临需要做出行为的情景时，往往存在多个备选方案。决策要做的是在多个可行方案中选择一个最满意的方案。

（三）决策要权衡各个方面的选项特征

既然解决方案各有特点，权衡比较的过程就是必不可少的。管理者要系统而全面地评估备选方案的方方面面。

（四）决策贯穿于决策者的行动过程中

事实上，没有决策者在一开始的时候就能够预料到事件发生过程中的各种可能情况。决策总是在行动的过程中不断遇到新的问题，并且在遇到这些问题的时候新的可行方案会不断产生，决策者要不断进行选择和权衡，采取行动解决问题。

二、决策类型

决策者面临的决策多种多样，但都可以按照决策目标的性质划分成两大类，如表 4 - 1 所示。

表 4 - 1　程序化决策与非程序化决策的区别[5]

	程序化决策	非程序化决策
决策的类型	高度结构化	低度结构化
频率	重复的、例行的	新颖的、不常见的
目标	明确清晰	模糊的
信息	容易获得	不容易获得，无明确渠道
影响	小	大
做出决策的组织层级	低层级决策	高层级决策
需要的时间	短	相对较长
解决方案的基础	决策的规则，固定的程序	判断力和创造力

第一类是指一些重复出现的例行决策，西蒙将其定义为**程序化决策**，又称例行决策、

常规型决策，即对于那些重复出现的或是例行的问题，制定出一套处理的固定程序，以至每当它出现时直接按此固定程序执行即可。如我们在企业管理中经常要解决的某些带有规律性的问题就属这一类决策。一般决策者只要凭借已有的知识、经验就能加以处理，这类决策通常有章可循、有规可依，是一种常规决策。

第二类是指一些偶然发生或首次出现的非重复性决策，被定义为**非程序化决策**，又称非常规决策。非程序化决策所要解决的问题往往事先很难预料，人们缺乏处理这一类问题所需要的知识和经验，或者问题十分复杂、十分重要，必须要进行特殊处理，因而没有现成而又合适的对策。

程序化决策大大减少了决策时间，同时可以提高决策的可操作性和准确率，在解决日常事务管理中显示了其优越性。决策者把日常事务制度化、程序化，把权力下放给下属依程序办事，从而能够提高效率。但是随着管理者地位的提高，面临的不确定性增大，需要解决不常发生的或例外的低度结构化问题时，就需要非程序化决策。此时决策的难度加大，非程序化决策的数量和重要性也逐步提高，因此管理者进行非程序化决策的能力就变得越来越重要。

三、主要决策模型

（一）理性决策模型

我们常认为决策者是理性的，他们做出的决策遵循理性决策模型。**理性决策模型**（rational model），简称理性模型，起源于传统经济学的理论。传统经济学理论以“经济人”的假设为前提，舍弃了一些次要变量，以便简化对决策问题的分析，形成了有效的分析框架，能用来解释经济中的诸多现象。

理性决策模型的特征是：决策者面临的是一个既定的问题；决策者选择决策方案的标准是明确的，而且可以依据不同标准的重要性进行排序；决策者的偏好不会随着时空的变化而变化；决策者将每一个方案在不同的自然状态下的收益值或损失值计算出来，经过比较后，按照决策者的价值偏好，选出其中最优者即可。

理性决策模型的决策步骤如表 4-2 所示。

表 4-2　理性决策模型的决策步骤

决策阶段	关键问题和行动
1. 界定问题所在	精确识别问题或机会。如需要解决哪些商业问题？市场机会是怎样的？
2. 确定决策标准	确定做出一个好决策必须满足的决策准则。如面对问题或机会，公司的目标是什么？
3. 给标准分配权重	权衡决策标准，按照重要性程度排列出决策标准的次序。
4. 产生备选方案	问题的可能解决方案有哪些？收集每个备选方案的数据，包括可能的结果及其可行性。
5. 评估备选方案	哪些方案符合有效决策的准则？这些方案的成本和效益比较性如何？
6. 选择最佳方案	哪个方案最符合公司的目标？采取行动，投入组织资源。

理性决策在实际中必须具备以下基本条件：

（1）决策过程中必须获得全部有效的信息；

（2）寻找出与实现目标相关的所有决策方案；

(3) 能够准确地预测出每一个方案在不同的客观条件下所能产生的结果；

(4) 非常清楚那些直接或间接参与政策制定的人们的社会价值偏好及其所占权重；

(5) 可以选择出最优化的决策方案。

从理论角度看，最优决策并不是不可行的，然而社会现实不等于理论假设，理性决策模型的假设条件在现实中会遭遇到诸多障碍：如决策者受到价值观的影响，选择方案往往会发生价值冲突；再有，决策中的比较分析不是万能的。决策受到时间与资源的限制，对于复杂决策一般不会做出无穷尽的长时间的分析，然后等待一切分析妥当后再做决定。更不用说，这种分析所花费的代价也会变得难以承受。

西蒙进一步补充说，决策过程中要收集到与决策状况有关的全部信息是不可能的。决策者处理信息的能力十分有限，不可能对信息做出最优化的处理与分析，因而不可能获得百分之百的最佳决策。

(二) 决策的有限理性模型

由于理性决策的假设前提在现实中常常不可能满足，人们只能在**有限理性**（bounded rationality）的范围内活动。他们建构简化的模型，从问题中抽取重要的特点，而不是抓住问题的所有复杂方面。

西蒙指出："同人类生活环境的复杂性相比，人类的思维能力非常有限。"[6]因此人类必须"找到问题的足够好的解决方法以及足够好的行动路线"。[7]实际上，人们做决策时，往往追求的是满意就好（能够满足需要）的方案而不是最优化（效用最大）的方案，一旦找到能够满足需要的方案后就不会再进一步寻找，这就是**满意标准**（satisfaction criteria），如图 4－9 所示。比如，看电视的时候，因为不能同时收看所有频道，你不大会知道所有频道在同一时间内播出的节目内容，也就不可能选择最优的频道收视了。实际情况往往是当你发现某个频道在播放一个你喜欢或不讨厌的节目时，你就不再调台了。

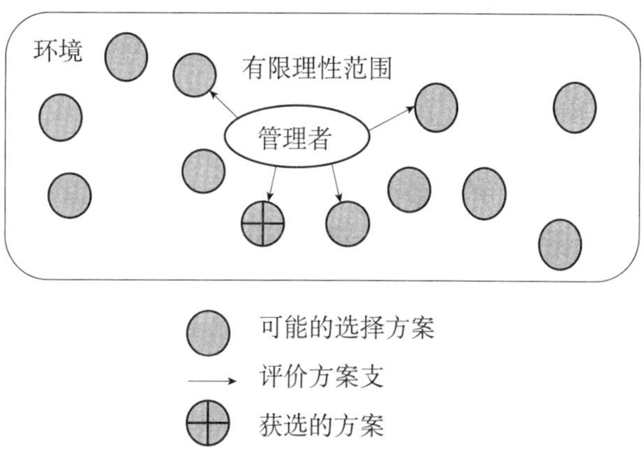

图 4－9　有限理性和满意决策[8]

四、决策中常见的偏差

尽管人们想努力做出准确和满意的决策，但是在实际决策中仍然难以避免出现各种偏差和失误。常见的决策偏差如下。

（一）锚定偏差

锚定偏差（anchoring）指的是人们在对某人某事做出判断时，把信息固定在初始阶段，一旦固定，人们就无法对接下来的信息做出全面的判断。

例如，在找工作的过程中，当老板询问你期望的工资或者前份工作的工资时，你的回答一般会让老板愿意提供的新工资锚定在此水平上。

（二）易得性偏差

易得性偏差（availability）是指决策者往往会根据一些容易想起的典型事例做出判断和决策。例如，我们通常会认为坐飞机要比坐汽车危险得多，然而事实并非如此。统计数据显示，美国人在出行同样距离的情况下，车祸导致死亡的概率是飞机失事的 26 倍。[9]之所以有这样的判断偏差，原因在于媒体对飞机失事的渲染，使人们很容易回忆起飞机失事的事例，从而高估坐飞机的危险。那些刺激情绪的、格外生动的或者最近发生的事件更容易被人们从记忆中提取出来，因而人们会高估这些事件的发生概率。例如，在进行年度业绩评估时，管理者更容易重视员工最近的行为表现，而不是半年或者 10 个月前的行为表现。

（三）框架效应

框架效应（framing effect）指人们对一个客观上相同问题的不同描述导致了不同的决策判断。框架效应的概念由特沃斯基（Tversky）和卡尼曼（Kahneman）于 1981 年首次提出。

例如，在加油站 A，每升汽油卖 7.60 元，如果使用现金付款可以得到每升 0.60 元的折扣；在加油站 B，每升汽油卖 7.00 元，如果信用卡付款则每升要多付 0.60 元。大多数人认为加油站 A 要比加油站 B 更吸引人。而实际上，从两个加油站购买汽油的经济成本是一样的。

为避免框架效应的影响，决策者有一些基本的策略可以参考：首先是不要被动地接受问题情境，而是要按照自己的框架去分析；其次在考虑各方案价值的时候，尽量综合考虑方案的收益和损失。

（四）过度自信

如果让我们去解答一些有难度的问题，并判断自己所给出答案的正确程度，多数人的判断都会过于乐观，这种现象就是**过度自信**（over confidence）。研究发现，当人们认为他们的正确度为 65%～70%时，实际上，他们的正确率只有 50%；如果是百分之百确定，则正确率只有 70%～85%。证券技术分析之父查尔斯·道曾经说过："过度自信在华尔街所造成的失败，多于其他错误观点的总和。"[10]

从组织的角度来看，一个更有趣的发现是那些智力和人际能力最弱的人最有可能高估自己的绩效和能力。因此，管理人员和雇员的知识越丰富，产生过度自信的可能性就越小。当组织的成员思考他们经验范围之外的问题时，最有可能出现过度自信的问题。[11]

（五）事后聪明

当人们获知某一事情的结果时，往往会容易错误地认为自己早已经准确地预测到了这一结果，这就是**事后聪明**（hindsight）或者称为"事后诸葛亮"。例如，很多人都会在一场足球赛之后非常肯定地认为“我早就知道 A 队会赢的”；或者在股票大跌之后懊恼（他并没有在股票下跌之前把它给抛出去）地说“我就知道这只股票要跌的”。

事后聪明会降低我们从过去中学习的能力，它会让我们认为自己比实际更善于做预测，会让我们对未来决策准确性的自信程度过高。

（六）承诺升级

承诺升级（escalation of commitment）是对过去错误的决策仍然不断增加投入的现象。常常发生在人们认为要对自己的失败负责时。管理者为了显示自己之前的决策是正确的，常常会持续投入大量资源给当初的错误决策，很多组织因此蒙受巨大损失。

（七）心理账户

心理账户（mental accounting）是芝加哥大学行为科学教授理查德·塞勒（Richard Thaler）提出的概念，指人们在做经济决策时，这种账户系统常常遵循一种与经济学的运算规律相矛盾的潜在心理运算规则，因此经常以非预期的方式影响着决策，使个体的决策违背最简单的理性经济法则。

例如，今天晚上你打算去听一场音乐会，票价是 200 元，在你马上要出发的时候，你发现你把最近买的一张价值 200 元的电话卡弄丢了。你是否还会去听这场音乐会？实验表明，大部分人仍然去听。可是如果情况变一下，假设你昨天花了 200 元钱买了一张今天晚上音乐会的门票。在你马上要出发的时候，突然发现你把门票弄丢了。如果你想要听音乐会，就必须再花 200 元钱买一张门票，你是否还会去听？结果是大部分人选择不去了。

可仔细想一想，上面这两种选择其实是自相矛盾的。不管丢的是电话卡还是音乐会门票，都是丢失了价值 200 元的东西，从损失的金钱上看，二者并没有区别。之所以出现上面两种不同的结果，其原因就是大多数人心理账户的问题。

（八）禀赋效应

禀赋效应（endowment effect）也是由塞勒提出的，是指当个人一旦拥有某项物品，那么他对该物品价值的评价要比未拥有之前大大增加。1974 年时，美国两位学者在一项调查中发现，野鸭捕猎者愿意平均每人支付 247 美元的费用去维持适合野鸭生存的湿地环境，但是如果要让他们放弃在这块湿地捕猎，他们要求获得的补偿价格是平均每人1 044 美元。禀赋效应的存在会导致买卖双方的心理价格出现偏差，从而影市场效率。禀赋效应也可以解释，为什么在二手市场上，买家总会觉得卖家要价过高，而卖家却总觉得自己的二手商品值更高的价钱。

（九）代表性偏差

代表性偏差（representativeness）是指人们在不确定性的情形下，会抓住问题的某个特征直接推断结果，而不考虑这种特征出现的真实概率以及与特征有关的其他原因。在很多情况下，代表性法则是一种非常有效的方法，能帮助人们迅速地抓住问题的本质推断出结果，但有时也会造成严重的偏差。

例如，琳达，31 岁，单身，性格外向，哲学专业毕业，在学校期间关心歧视和社会公平问题，参加过反核武器抗议示威活动。那么，她可能是个什么样的人？选项有以下两个：(1) 她既是银行职员又是个女权主义者；(2) 她是个银行职员。结果表明，绝大部分人认为她更像 (1)。虽然选项 (1) 出现的概率要比选项 (2) 出现的概率小得多。不过人们似乎认为（1）是对琳达更自然的描述，更像她的代表性特征。

（十）验证偏差

验证偏差（confirmation）是指人们倾向于按照自己的偏好来错误地解释与自己观念相左的证据。具体的表现可以有以下几方面：

（1）倾向于选择性地回忆；

（2）倾向于寻找能支持自己观点的证据；

（3）对支持自己观点的信息更加关注；

（4）忽略与自己观点矛盾的信息；

（5）对模棱两可的信息往能支持自己观点的方向解释。

例如，对于同一只股票，甲看涨，乙看空，两人都能找到很多条看涨或看空的理由，甚至对于同一条该股票资讯，甲乙都能做出相反的解释。

通过上述决策偏差可以看到，在决策过程的每一个阶段，我们都可能出现偏差。越是复杂、重要的决策越容易受到误导，因为复杂的决策往往涉及动态的情景因素、大量的假设和信息。在面临决策时，一个强烈的第一印象可能“锚定”决策者的评价，然后我们可能选择性地挑选有利的证据证明我们最初倾向的正确性。为了证明自己的最初决策是正确的，我们选择继续孤注一掷，而无法找到恰当的时机重新选择一条更好的新路，最终导致决策的失败，对此我们要提高警惕。

专栏1：本土组织行为探索

所有人都会受到框架效应的影响吗？——决策中的框架效应再探[12]

框架效应是指同样的决策问题，当描述框架不一样的时候，人们对方案的评估是不一样的，目前已有的大量研究证实了框架效应的存在。

但是框架效应是不是具有普遍性，也就是对所有人都有影响呢？会不会有些人可以意识到正面框架和反面框架实际上表述的是同样的决策问题，从而不会受到框架效应的影响？针对这个想法，张凤华等人进行了研究。他们认为对于经典的框架效应问题，如果被试是已经形成抽象思维能力的成年人，那么就具备了一定的语言转换能力，会很容易地对正负框架的两种描述方式进行转换。因此采用正反的方式对问题进行不同的描述，对被试的选择应该不会造成影响。如果被试能够理性地进行正反对照，不受外界因素的干扰，就容易突破框架的界定，反之就会受到框架的束缚。

研究者选取大学一年级本科生120人（其中男生60人、女生60人）对其发放问卷。

实验假设：对于表述简单的决策问题不存在所谓的框架效应；不同内容的决策问题（生命问题和财产问题）可能会影响决策者的决策方式；性别对决策方式可能也有影响。

生命问题：一条船因为触礁而迅速下沉，船上有600名乘客，但是救生船最多只能装200人。海水温度非常低，任何人掉进水里在半小时内就会被冻死。通信设施已经被破坏了，没有可能获得援救。提出了A、B两个建议供被试选择。

正面框架：

A 方案：200 个人上救生船，200 个人生还。B 方案：600 个人上救生船，1/3 的可能是 600 个人生还；2/3 的可能是船沉没，无人生还。

负面框架：

A 方案：400 个人不能上救生船，所以 400 个人会死掉。B 方案：600 个人都上救生船，有 1/3 的可能是没有人死亡，有 2/3 的可能是 600 个人全部死亡。

财产问题：将生命问题中的 600 名乘客替换为 600 箱贵金属。

正面框架：

A 方案：在救生船上放 200 箱贵金属，200 箱贵金属会保留下来。B 方案：600 箱贵金属都放在救生船上，有 1/3 的可能保留下所有的贵金属，2/3 的可能是一箱贵金属也保留不下来。

负面框架：

A 方案：400 箱贵金属不能存放在救生船上，所以失去 400 箱贵金属。B 方案：600 箱贵金属都放在救生船上，有 1/3 的可能是没有贵金属遗失；有 2/3 的可能是船沉没，失去所有的贵金属。

统计结果与假设相一致：第一，在生命问题和财产问题中均没有发现框架效应的存在，这可能是因为被试有一定的理解能力和语言转化能力，能够理性地进行正反对照，进而发现正面框架和负面框架表述的问题本质上的一致性。第二，在面对生命问题时，总体上人们倾向于冒险，也就是会倾向于使得更多的人获救的冒险方案。第三，在面对财产问题时，总体上倾向于保守，也就是倾向于万无一失能保留一部分财产的保守方案。第四，性别对决策方式有一定的影响。在面对生命问题时，女生比男生更倾向于冒险；而在面对财产问题时，两者均倾向于保守。

五、决策风格

一般而言，不同人会有不同的决策方式，我们把这种决策倾向上的个体差异称为**决策风格**（decision style）。

在决策的过程中，有的人关注如何不惜代价争取胜利，有的人关心决策结果对他人的影响；有的人采用逻辑分析的方法，也有人偏爱直觉和创造力。显而易见，不同的决策者采用不同的决策方法。决策风格模型（decision-style model）界定了四种主要的决策风格，如图 4－10 所示。

（一）命令型风格

命令型风格的决策者喜欢简单、清晰的解决办法。他们决策时利用的信息不多，也不会挖空心思想出许多备选方案。因此，决策的速度很快，通常利用自己的地位和权力来达到目的。

（二）分析型风格

分析型风格的决策者愿意根据模糊的信息去寻找复杂的解决方案。他们喜欢用数据进行小心翼翼的分析，并且从这一个过程中得到乐趣。

命令型	分析型	概念型	行动型

• 喜欢简单清晰的解决方案 • 迅速制定决策 • 不考虑很多可供选择的方案 • 依赖现有规则	• 喜欢复杂的问题 • 仔细分析可供选择的方案 • 喜欢解决问题 • 愿意使用新方法	• 社会导向 • 采取人道而艺术的方式 • 创造性地解决问题 • 喜欢新观点	• 关心所在的组织 • 有兴趣帮助别人 • 对建议敞开心扉 • 依赖会议

图 4-10　决策风格模型[13]

（三）概念型风格

与命令型、分析型相比，**概念型风格**的决策者倾向于广开思路，采用更人文、更艺术的方法来解决问题。他们更加有创造性和较强的未来意识，热衷于提出新想法、新理念。

（四）行动型风格

行动型风格的决策者关注他所在的组织，关注同事及合作者。他们支持他人，关注他人的成功，愿意帮助他人达到目标。他们乐于听取他人的意见建议，倾向于通过会议讨论做出决策。

总之，个体会具有不同的决策风格。人格、知觉、情绪、态度、价值观等诸多因素共同作用于个体，形成了相对稳定的决策风格。了解决策风格的差异可以帮助我们认识决策者之间的潜在冲突。[14]

专栏 2：新闻中的组织行为学

“这不公平！”有了视频助理裁判，你还会这么怒吼吗？[15]

俄罗斯世界杯首次采用的 VAR（视频助理裁判）系统真的能保证判罚准确无误吗？比利时荷兰语鲁汶大学（KU Leuven）2018 年 6 月发表于 *Cognitive Research：Principles and Implications* 的一项研究显示：对于一些需要裁判主观解读的犯规动作，裁判观看慢动作回放时的判罚，并不比观看常速录像时的判罚更准确，而且常常还更严厉。

很多规则的界限非常清晰，没有商讨的余地。如果朝对方球员吐口水，我想这个球员很难狡辩说自己不是故意的，而是别人凑过来接你的口水。要是有球员学马拉多纳在 1986 年阿根廷对英格兰那场比赛里那样，用“上帝之手”进球，被罚了球，应该也心服口服。当然，有犯规，裁判不一定都能看得到。裁判是人，不能像三面观音那样，眼观六路耳听八方。这个时候 VAR 系统就非常奏效了，因为它记录了裁判没看清，或是看漏了的犯规。当然，因为球员位置被清晰地记录了下来，越位也逃脱不掉 VAR 的法眼。

然而，不是所有的犯规都这么简单。双方队员争夺皮球时，难免产生冲撞，而这些冲撞究竟是否犯规、犯规怎么判罚，就很暧昧了。从国际足联的《足球比赛规则》中我们可以看到，无论是踢踹、绊倒、冲撞、推搡、击打，还是往对方身上跳（或试图做这些动作），裁判都需要对这些行为的严重程度进行判断：是无心的，还是鲁莽的，还是侵犯性的？他的判断会带来不同的判罚结果。如果是无心的，则不判罚；如果是鲁莽的，则会给黄牌；如果有侵犯性，甚至有违体育道德，则给红牌。怎么判断这些行为的严重程度，就要裁判自己拿捏了——这时，判罚便有了些主观性。

这种主观性不可避免，所以问题是，观看 VAR 系统的慢速视频会使裁判的判断主观性减少，因而更准确呢？还是让主观性的影响更大，因而产生更多偏差呢？

研究者让来自欧洲五个不同国家的 139 名精英裁判充当被试，他们都在欧洲职业足球赛中效力。他们需在观看一次回放视频后，做出判罚相关的判断：是否犯规？如果犯规，是否发牌？发什么牌？这些视频都从真实比赛中截取，它们所记录的疑似犯规的行为虽然需要裁判判断、解读，但在视觉上并不模糊。它们所展示的球员行为以及球员所处的位置都清楚而完整，两个球员的身体也清晰易辨。

研究者在实验中发现了两个重要的现象：第一，裁判们判断慢速视频的准确率并不比判断常速视频的准确率高。观看慢速视频的准确率中位数为 63%，标准差为 12；观看常速视频的准确率中位数为 61%，标准差为 12。第二，数学模型显示，如果裁判观看的是慢速视频，那么他们的判罚比参考判罚更严重的可能性便会增加。比如说，如果参考判断对一个情形给出了黄牌警告，多数被试者在观看常速视频时，也会给出黄牌警告，然后才是不给牌和给红牌。但当被试者观看的是慢速视频时，不给牌和给黄牌的数量便减少了，给红牌的数量增加了。

因此，在更严密的研究结果出来之前，我们至少敢确定，即使有了 VAR 系统，裁判的判断依然充满主观性，而且可能会受 VAR 慢放镜头的影响。

所以，在裁判吹响点球哨时，我们依然可以对着电视怒吼：“这不公平！”

本 章 回 顾

知觉指的是个体为了对自己所在的环境赋予意义而组织和解释他们感觉印象的过程。受多种因素的影响，不同人的知觉会表现出很大的差异，影响知觉的因素主要有知觉主体、知觉对象和情景因素等。在知觉的过程中，由于认知主体与认知客体及环境因素的作用，社会知觉中往往会发生这样或那样的偏差，常见的有首因效应、近因效应、选择性知觉、晕轮效应等。通过认识这些常见的偏差，可以使我们在进行社会知觉时保持清醒。

决策是在两个或多个备选方案中进行选择的过程。决策理论经由完全理性决策理论向有限理性决策理论的发展而不断完善。尽管我们努力想做出准确和满意的决策，但是在实际中极易出现决策偏差和失误，常见的决策偏差有锚定偏差、易得性偏差、框架效应、承诺升级等。为了提高决策质量，我们需要通过客观地分析数据，全面地把握决策情景，不断反思在决策中的偏差，才能更有效地实施决策。

关键术语

知觉 perception
首因效应 primacy effect
晕轮效应 halo effect
选择性知觉 selective perception
对比效应 contrast effect
投射效应 projection
刻板印象 stereotyping
理性决策模型 rational model
有限理性 bounded-rationality
锚定偏差 anchoring
易得性偏差 availability
框架效应 framing effect
过度自信 over confidence
事后聪明 hindsight
承诺升级 escalation of commitment
心理账户 mental accounting
禀赋效应 endowment effect
代表性偏差 representativeness
验证偏差 confirmation

思考题

1. 什么是知觉？
2. 简单描述知觉的过程。
3. 影响知觉的因素有哪些？
4. 什么是归因理论？
5. 社会知觉中可能发生哪些偏差？
6. 主要的决策模型有哪些？
7. 常见的决策偏差有哪些？

组织行为学自测

决策风格测试[16]

不同的人拥有不同的决策风格。了解自己如何收集信息和评估备选方案可以帮助你做出更好的决策。

回答下列问题，选择最能反映你日常生活状况的选项：

1. 在工作中，我通常会去追求：

A. 实实在在的结果　　B. 问题的最佳解决方案
C. 新观点、新方法　　D. 令人愉快的工作环境

2. 当我面对一个问题时，我通常会：

A. 用我过去用过的方法解决　　B. 仔细地进行分析
C. 试图找到创造性的新方法　　D. 凭感觉解决问题

3. 在制订计划时，我通常会强调：

A. 当前面临的问题　　B. 现有目标的达成
C. 远期的目标　　D. 让自己的事业获得发展

4. 在各种类型的信息中，我通常会更相信：

A. 具体的事实　　B. 完整准确的数据

C. 涵盖了各种观点的综合信息　　D. 篇幅不长、容易看懂的数据

5. 当我不知道该怎么做的时候，我会：

A. 依靠直觉做出判断　　B. 搜集更多的信息

C. 寻找折中的解决方案　　D. 等一等，以后再做出决策

6. 我最好的工作伙伴是：

A. 雄心勃勃，精力充沛　　B. 自信

C. 思路广阔，思想开放　　D. 值得信任，彬彬有礼

7. 我做出的决策通常是：

A. 直接的，现实的　　B. 抽象的，有计划的

C. 自由的，可变通的　　D. 能照顾到他人的需要

计分：

分数反映了你的决策风格倾向的相对强度。

如果你选择了一个A，请在"命令型决策风格"上加1分；

如果你选择了一个B，请在"分析型决策风格"上加1分；

如果你选择了一个C，请在"概念型决策风格"上加1分；

如果你选择了一个D，请在"行动型决策风格"上加1分。

问题讨论：

根据测量结果，你的决策风格属于哪一类？这与你想象中的自己有什么异同？

品味经典研究

上司与下属对奖励的知觉差异[17]

李克特（Likert）所进行的翔实的调查研究清楚地表明，管理者和下属往往在对奖励的知觉上存在不同。在工作中，下属获得了高绩效就会得到奖励。奖励有不同的类型，例如晋升机会、培训机会、奖金，甚至拍拍肩膀等。李克特调查了上司和下属对于这些奖励的知觉。在调查中，李克特分别对上司和下属进行询问，让他们表达上司对于高绩效员工奖励的数量和类型。调查发现，上司和下属对于奖励的数量和类型方面的知觉存在很大差别。下表呈现了上司与下属对奖励的知觉差异。

上司与下属对奖励的知觉差异

奖励的类型	上司对频率的知觉	下属对频率的知觉
特权	52%	14%
更多的职责	48%	10%
鼓励	82%	13%
真诚的赞美	80%	14%
培训	64%	9%
更有趣的工作	51%	5%

从上表可以看出，上司和下属对于奖励的感受是存在很大差别的。在绝大多数情况下，下属认为上司只给了数量很少的奖励，而且频率也很低 。但是上司却认为自己给予了高绩效的下属种类广泛的奖励，而且频率很高。李克特的这项研究表明了上司和下属对

于同一个事件的知觉差异显著。

注释

[1] 王迪．总经理要弄懂的63条管理定律．北京：中国言实出版社，2013.

[2] [美] 乔伊斯·奥斯兰，大卫·库伯，欧文·鲁宾，等．库伯 & 奥斯兰组织行为学：第8版．王永丽，何敏，叶敏，译．北京：中国人民大学出版社，2011.

[3] GEPRGE J. M.，G. R. JONES. Understanding and managing organizational behavior. New Jersey：Pearson Education，2012.

[4] JOHN R. SCHERMERHORN，MARY UHL-BIEN，RICHARD N. OSBORN. Organizational behavior. Hoboken：John Wiley & Sons，2012.

[5] GRIFFIN R. W.，G. MOORHEAD. Organizational behavior：managing people and organizations. Mason，OH：South-Western Cengage Learning，2014.

[6] SIMON H. A. Administrative behavior. New York：Free Press，1997.

[7] AUGIER M. Simon says：bounded rationality matters. Journal of Management Inquiry，2001，10 (3)：268－375.

[8] 严进．组织行为学．2版．北京：北京大学出版社，2012.

[9] [美] 戴维·迈尔斯．社会心理学：第11版．侯玉波，乐国安，张志勇，等译．北京：人民邮电出版社，2016.

[10] PLOUS S. The psychology of judgment and decision making. New York ：McGraw Hall，1993.

[11] [美] 斯蒂芬·P. 罗宾斯，蒂莫西·A. 贾奇．组织行为学精要：第13版．郑晓明，译．北京：机械工业出版社，2016.

[12] 张凤华，邱江，邱桂凤，等．决策中的框架效应再探．心理科学，2007，30 (4)：886－890.

[13] [美] 杰拉尔德·格林伯格，罗伯特·A. 巴伦．组织行为学：第9版．毛蕴诗，译．北京：中国人民大学出版社，2011.

[14] [美] 杰拉尔德·格林伯格，罗伯特·A. 巴伦．组织行为学：第7版．范庭卫，译．南京：江苏教育出版社，2009.

[15] 蒋海宇．“这不公平!”有了视频助理裁判，你还会这么怒吼吗?（2018－08－30）[2019－08－02]. http：//china. caixin. com/2018－06－23/101283660. html，2018－08－30.

[16] 同 [13].

[17] LIKERT R. New patterns in management. New York：McGraw-Hill，1961.

第五章 激　励

在学校和生活中，工作的最重要的动力是工作中的乐趣，是工作获得结果时的乐趣以及对这个结果的社会价值的认识。

——爱因斯坦

学习目标

1. 了解激励的概念和工作中激励的重要性。
2. 掌握马斯洛需要层次理论。
3. 掌握奥尔德弗 ERG 理论，了解马斯洛需要层次理论与 ERG 理论的区别。
4. 区分赫茨伯格双因素理论中的保健因素与激励因素。
5. 掌握亚当斯公平理论，了解组织公平的四种形式。
6. 了解弗鲁姆期望理论模型，并讨论它在员工激励方面的意义。
7. 解释各个激励理论之间的互补性。

引　例

海底捞董事长张勇：三招让你的员工死心塌地跟你干[1]

在当今的经济模式下，没有哪一位老板不想把自己的企业做强做大，然而企业的发展离不开员工，如何激励员工使其更好地为企业做事是许多企业面临的难题。在许多企业还在为员工做事效率或是忠诚度不高而惆怅时，海底捞董事长张勇是怎么做的呢？

1. 服务员工

张勇认为就餐的顾客是人，管理的员工也是人，只有把员工服务好了，他们才会真正快乐地工作，用心地去服务他人。因此海底捞在为员工提供更好的生活、工作条件等各方面做出了许多努力，如为员工租住的房子全部是正式住宅小区的两、三居室，且都配备空调；出资千万元在四川简阳建了一所寄宿学校，让员工的孩子免费上学；设立了专项基金，每年会拨 100 万元用于治疗员工及其直系亲属的重大疾病等。虽然这样的福利和员工激励制度让海底捞的利润率缩水很多，但张勇觉得这些钱花得值当。

2. 事业承诺

在张勇看来，每个人都有理想，虽然海底捞的员工大多数来自农村，学历不高，但他们一样渴望得到一份有前途的工作，也愿意为追逐梦想而努力，用双手改变命运。海底捞具有很完善的晋升机制，绝大多数管理人员包括店长、经理等都是从一线员工提拔上来的。因此张勇说："你们只要好好干，我们一定会提拔你们，这是我们的承诺。"这让员工相信海底捞这个平台，是能够帮助他们去实现这个梦想的。

3. 放权管理

用人不疑，疑人不用，这是张勇的原则。在海底捞公司，从管理层到普通员工，都拥有超过一般餐饮店员工所能得到的权力。如 200 万元以下的开支，副总可以签字；100 万元以下的开支，大区经理可以审批；而 30 万元以下的开支，各个分店的店长就可以做主。普通的一线员工也有一定权限：他们可以给客人赠送水果盘或者零食；如果客人提出不满，他们可以直接为客人打折，甚至免单。

海底捞是如何激励员工的？海底捞员工死心塌地为公司尽力的原因究竟是什么？这些问题都需要我们对激励进行深入的探讨。

第一节　激励概述

一个企业能否获取竞争优势，除了具备先进的技术与生产设备外，还必须拥有一支士气高昂、兢兢业业的员工队伍。然而采用什么样的激励方式使员工表现出更优秀的行为是许多管理者所关心乃至困惑的问题，因此了解激励的相关概念及激励的内在机制，有助于管理者根据员工的需要和行为，制定有针对性的激励措施，从而提高企业绩效及可持续竞争力。

一、激励的含义

要想使企业的人力资源人尽其才、才尽其用，就必须使人力资源的能动性得到充分的激发。

激励（motivation）是影响个人自愿行动的方向、强烈程度和持久程度的内在力量。[2]其中行动方向是指当一个人面对多种选择时所做出的抉择（如追求质量、产量或是两者都有）；强烈程度是指一个人在完成任务时付出的努力水平（多还是少）；持久程度是指在执行一项任务时个体的努力能够维持的时间长度（如在完成任务的过程中发现难以达到目标时，是继续坚持还是选择放弃）。受到有效激励的员工会更愿意朝着组织既定的目标付出持久的努力。有效的激励是组织发展的动力源泉，是组织实现目标的保障。

二、激励的重要性

激励在组织中发挥着重要的作用。早期福特公司的利润分享计划、爱迪生电力照明公司向员工提供网球场和保龄球馆，以及当时一些公司组建员工图书馆和培训机构等，可以看到激励很早就已深入企业的各个方面并越来越受到重视。在当今知识经济时代，激励的重要性更是不言而喻，具体表现以下几个方面。

（一）提高组织整体绩效水平

确保每个员工受到高水平的激励是管理者应尽的职责。管理者应该及时向下属员工提供金钱或非金钱形式的激励。受到有效激励的员工会对工作更尽责，对组织有更高的归属感。他们在工作中会尽可能减少资源浪费，会想方设法提高产品和服务的数量和质量。当然，工作绩效是由个人能力、工作环境及激励共同决定的，但缺少激励势必会影响工作绩效水平，具体关系表示如下：[3]

$$P=M+A+E$$

式中：P 为绩效；M 为激励；A 为能力；E 为环境。

（二）降低员工缺勤率和离职率

当员工对工作任务甚至对组织感到不满时，就可能产生怠工旷工等行为，更有甚者一旦有了其他合适的工作机会，员工就可能会离开组织，另谋他就。高离职率对任何组织来说都是不利的，它需要组织重新选拔合适的人才补充空缺岗位，这会带来企业用人成本的增加。怠工旷工行为会带来生产效率下降、资源浪费、产品质量降低和生产计划延迟等负面影响。对员工的有效激励会通过留任优秀人才、调动员工的积极性和发挥员工的潜力从而达成组织的目标，所以说激励是一项非常重要的管理工作。

（三）减少组织变革的阻力

管理活动必须不断根据组织内、外部环境的变化来策划和实施组织变革。为使组织变革取得成功，管理者们就必须激励组织内的每一个员工主动投身到变革活动中来，使他们参与到工作任务的重新设计、向员工授权、运营流程再造及组织结构重组等变革活动中。

三、激励的类型

在组织中，激励员工的措施和方式有很多，按不同的标准可以把激励划分为不同的类型。根据激励的内容不同，可划分为物质激励与精神激励，如增加工资与口头表扬；根据激励的形式不同，可划分为内部激励与外部激励，如获得上级认可与获得奖金；根据激励的性质不同，可划分为正向激励与负向激励；等等。不同的激励类型会对行为过程产生不同的影响，具体表现如下。

（一）物质激励与精神激励

物质激励作用于人的生理方面，是对人的物质需要的满足。**精神激励**作用于人的心理方面，是对人的精神需要的满足。随着物质生活水平的不断提高，人们对精神与情感的需要越来越迫切。比如期望得到尊重和认可、追求工作乐趣、看重工作和生活平衡等。虽然物质激励和精神激励的作用对象不同，但是它们的目标是一致的。

（二）内部激励与外部激励

所谓**内部激励**是指由工作内因引发的、源自工作者内心的激励。工作内因是指工作任务本身的刺激，即在工作进行过程中所获得的满足感。追求成长、锻炼自己、获得认可、自我实现等工作内部因素所引发的内部激励，会产生一种持久性的作用。

所谓**外部激励**是指由工作外因引发的、与工作任务本身无直接关系的激励。工作外因是指工作任务完成之后或在工作场所以外所获得的满足感，它与工作任务不是同步的。常见的工作外因有奖金或额外补贴。一旦工作外因消失，工作的积极性也就可能不存在了。所以，单纯由工作外因所引发的外部激励是难以持久的。

（三）正向激励与负向激励

正向激励是指通过制定一系列行为标准及与之配套的人事激励政策，如奖励、提薪、晋级等，鼓励员工更加积极主动工作的策略。正向激励可以是物质性的，也可以是精神性的，它不仅直接作用于个人，而且会间接地影响到周围的个体与群体，良好的典型模范能够起到“以点带面”的作用，有助于健全和完善企业内部竞争机制，在员工中营造良好的组织文化氛围，从而提高组织的整体绩效。

与正向激励相反的策略是**负向激励**，也可以称为反向激励。它是指对个体违背组织目标的非期望行为进行惩罚，以防止和克服这种行为，使个体积极地朝正确的目标方向转变。惩罚的手段主要有扣发工资奖金、降薪、调任、免职、解雇、除名及开除等。[4]负向激励虽然能在一定程度上有效地提高组织绩效，但更容易给员工造成工作不安定感，导致员工与上司或同事间关系不和睦，挫伤员工的积极性和创新能力等，因此对企业来说不宜过多使用。

四、激励的内在机制

需要（needs）是指个体在某个特定时间所体验到的对有价值物的匮乏状态，这些所谓有价值物可以是生理上的（如食物），也可以是心理上的（如自尊）。[5]需要能驱动及改变人们的行为，麦克沙恩（McShane）认为需要是人们所经历的目标导向的动力。[6]可以说激励过程是在识别出一个人的需要后开始的，其实质就是一种对行为的诱发和强化过程，具体可用图 5-1 来表示。

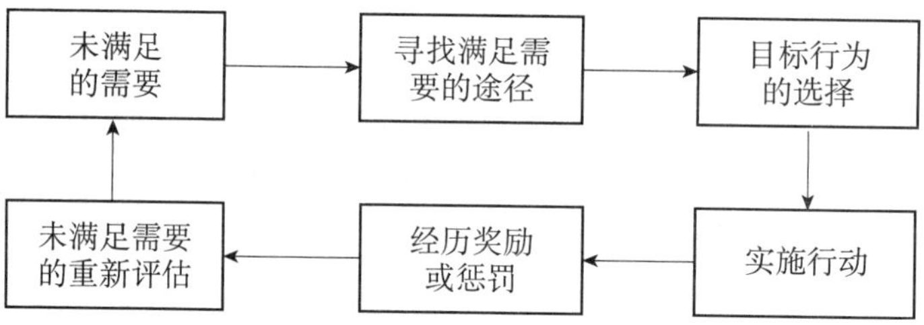

图 5-1　激励的基本过程[7]

由图 5-1 可以看出，当人们有需要且没有满足时，就会驱使他们采取行动，去寻找达成这种需要的途径，如某个员工觉得自己的薪水或职位过低，他将可能做出三种选择：去和上司交谈，要求加薪和晋升；更加努力工作从而奠定薪水增长或职位晋升的基础；放弃这份工作去寻找符合自己需要的工作。接下来就是目标行为的选择，尽管有多种途径，但他一般会选择其中一个途径去实现自己的目标，然后开始实施行动，这个过程可能会经历很长一段时间，之后该员工会根据行为导致的后果（奖励或惩罚）来评估该行动的价值。如该员工希望自己工资涨 10%或职位升到部门经理，通过努力工作后实际工资仅涨了 7%，而职位晋升也没到达到自己预期，那么他的行为将发生改变（选择另一条途径），从而使得这个过程又重新开始循环。

从以上激励过程可以看出，激励是围绕人的需要展开的，因此对于组织来说，在预测和了解员工的需要的前提下，再进行激励势必会取得事半功倍的效果。下面首先介绍以人们的需要为研究对象的内容型激励理论。

第二节　内容型激励理论

学者们对激励研究的角度和立场不同，产生了多种不同的激励理论。内容型激励理论一般关注个体的需要类型，试图探讨通过满足个体的哪些需要才能激励他们的工作动力。内容型激励理论主要包括马斯洛需要层次理论、奥尔德弗 ERG 理论、麦克利兰需要理论和赫茨伯格双因素理论。

一、马斯洛需要层次理论

马斯洛（Maslow）是美国著名的心理学家，他认为人类在任何情况下都有一系列复杂的需要，而其中最为强烈的需要决定了人的行为。他提出了著名的需要层次理论。

需要层次理论（hierarchy of needs theory）把人类的需要分成以下五个层次：

（1）生理需要，主要包括衣、食、睡眠和性等需要。这些需要分布在需要层次的最底层，如果这些需要得不到满足，人类就难以生存。在这个意义上说，生理需要是推动人们行动最首要的动力。

（2）安全需要，包括对人身安全、生活稳定及免遭痛苦、威胁或疾病等的需要。马斯洛认为，只有生理方面的需要得到满足以后，人类的安全需要才会随之而来并逐渐成为主导人类行为的最主要的需要。

（3）社交需要，包括对友谊、爱情及归属感的需要。如在组织中同事间建立的亲密友谊及和谐团队气氛等，会满足员工的社交需要。

（4）尊重需要，包括对成就或自我价值的个人感觉（内在），也包括他人对自己的认可与尊重的需要（内在）。有尊重需要的人希望别人认为他们有能力，能胜任工作。他们关心的是成就、名声、地位和晋升机会。

（5）自我实现需要，指对自我实现或是最大限度地发挥自身潜能的需要。[8]

该理论认为，已经得到满足了的需要就不再起激励作用。人们总是在力图满足某种需要，一旦这种需要得到满足，就会转而追求满足另外更高层次的需要。一般来说，只有在较低层次的需要得到基本满足之后，较高层次的需要才会有足够的活力驱动人的行为。马斯洛将人类的需要层次从低到高排列，如图 5-2 所示。[9]

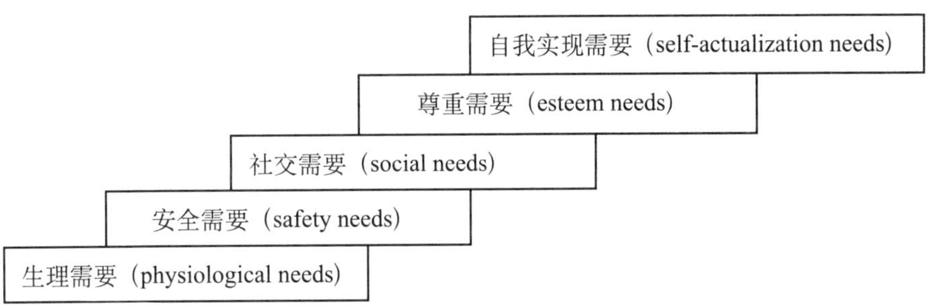

图 5-2　需要层次理论示意图

这五种层次的需要像阶梯一样从低到高，按层次逐级递升，但这种次序不是完全固定的。五种需要可以分为两类：其中生理需要、安全需要和社交需要都属于低层次需要，这些需要通过外部条件就可以满足；而尊重需要和自我实现需要是高层次需要，它们必须通过内部因素才能满足的，并且一个人对于满足尊重和自我实现的需要是无止境的。同一时期，一个人可能有几种需要，但总有一种需要占支配地位，对行为起决定作用。任何一种需要都不会因为更高层次需要的出现而消失。各层次的需要相互依赖和重叠，高层次的需要出现后，低层次的需要仍然存在，只是对行为影响的程度大大减小。五种需要的关系如图 5－3 所示。[10]

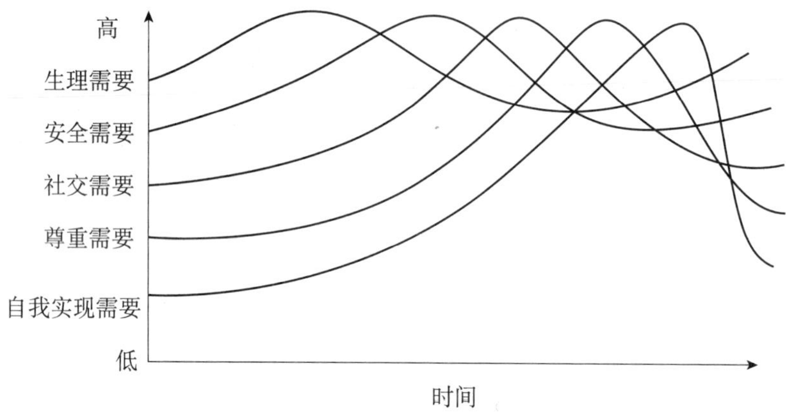

图 5－3　五种需要的关系

马斯洛从人的需要出发研究人的行为和探索人的激励，抓住了问题的关键；指出了人的需要是由低级向高级不断发展的，这一趋势基本上符合需要发展规律。因此，需要层次理论对于企业管理者如何有效地调动人的积极性具有启发作用。

二、奥尔德弗 ERG 理论

美国耶鲁大学的奥尔德弗（Alderfer）在需要层次理论的基础上，进行了更接近实际经验的研究，提出了一种新的人本主义需要理论。奥尔德弗认为，人们共存在 3 种核心的需要，即生存（existence）需要、社会关系（relatedness）需要和成长发展（growth）需要，因而这一理论被称为“ERG 理论”。[11]

（一）生存需要（E）

生存需要与人们基本的物质生存所需有关，它包括马斯洛提出的生理需要和安全需要。

（二）社会关系需要（R）

社会关系需要指人们对于保持重要的人际关系的要求。这种社会和地位需要的满足是在与其他需要相互作用中达成的，它与马斯洛需要层次理论的社交需要和尊重需要中的外在部分是相对应的。

（三）成长发展需要（G）

成长发展需要指的是个人谋求发展的内在愿望，它对应着马斯洛需要层次理论的尊重需要中的内在部分和自我实现需要。

与马斯洛需要层次理论刚性的阶梯上升式需要结构不同，ERG 理论并不认同需要层次是刚性结构，比如一个人的生存和社会关系需要尚未得到较好满足，他仍然可以为满足成长发展需要而努力工作，这意味着这 3 种需要可以同时起作用。[12]

此外，ERG 理论还提出一种“受挫-回归”的思想。[13]马斯洛认为当一个人的某一层次需要尚未得到满足时，他可能会停留在这一需要层次上，直到获得满足为止。而 ERG 理论认为，当一个人在满足某一更高需要层次受挫时，作为替代，他的某一较低层次的需要有可能变得更为凸显。例如，如果一个人社会关系需要得不到满足时，可能会增强他对得到更多金钱或更好工作条件的需要。

三、麦克利兰需要理论

麦克利兰需要理论（McClelland's needs thcory）是由美国心理学家麦克利兰（McClelland）提出的，他把人的需要分为成就需要、亲和需要和权力需要，具体内容如下。[14]

（一）成就需要（need for achievement，简称 nAch）

麦克利兰将成就需要定义为“渴望表现卓越的需要”。[15]在组织中，当员工具有高成就需要时，其追求成功的欲望非常强烈，希望通过努力达成自己的目标。一般他们乐于接受具有挑战性的工作，善于表现自己，当他们的表现超过某一实际的标准（标准定得既不是轻而易举，也不是高不可攀）时，就会感觉很棒。另外，高成就需要者希望得到明确的关于自己成就的反馈和认可。金钱对于他们而言激励作用很小，除非金钱能够提供反馈和认可。

（二）亲和需要（need for affiliation，简称 nAff）

高亲和需要者喜欢得到他人的关怀和支持，并同时关心他人的感受，他们希望别人能像自己一样，积极寻求友爱。具有高亲和需要的人通常喜欢做能与很多人接触的工作（如销售员和教师），而且他们喜欢合作的而非竞争的工作环境，渴望相互理解的关系，对他人的看法比较敏感。

高亲和需要的人如果和其他人没有形成牢固的关系，就容易感到孤独和不满，特别是在工作中，这种孤独感容易使他们产生焦虑和不安，从而降低他们的工作效率以及工作满意度。盖洛普的一项调查表明，一旦工作伙伴之间建立紧密的朋友关系，员工满意度会大幅提高。

（三）权力需要（need for power，简称 nPow）

权力需要是指希望能够影响和控制他人，并关心如何维持自己领导地位的需要。麦克利兰认为权力需要分为两种类型：一种是服务于他人利益的社会权力需要；另一种是满足于自己利益的个人权力需要。[16]具有高社会权力需要的人有服务他人的欲望，谋求与组织共同发展，在运用权力的时候有高度的责任感。相反，具有高个人权力需要的人喜欢围绕个人需要来行使权力，他们在运用权力时更多的是为了满足个人利益，而且很在乎自己威望和地位的稳固。相比成就需要，高社会权力需要对于管理者来说更加重要，因为具有高社会权力需要的人能提高群体士气，并为组织的利益及他人做出更多贡献。从某种意义上说，高社会权力需要是成为成功领导者的一个重要前提。

四、赫茨伯格双因素理论

美国行为科学家赫茨伯格（Herzberg）的双因素理论认为引起人们工作动机的因素主要有两个：一是保健因素；二是激励因素。只有激励因素才能给人们带来工作上的满意感，而保健因素只能消除人们的不满，不会带来满意感，故又称激励-保健理论（motivator-hygiene theory）。[17]

（一）保健因素

保健因素（hygiene factors）是指造成员工不满的因素。当保健因素情况较差时，则容易使员工产生不满情绪、消极怠工，甚至引起罢工等对抗行为；但在保健因素得到一定程度改善以后，不论再对保健因素进行何种改善，都很难使员工感到满意，因此也就难以激发员工的工作积极性。所以就保健因素来说，“不满意”的对立面是“没有不满意”。由图 5-4 可以看出其中的各个因素不是工作本身所固有的，这些涉及工作的消极因素其实与工作的氛围和环境有关。对于员工的工作本身而言，这些保健因素是外在的因素。

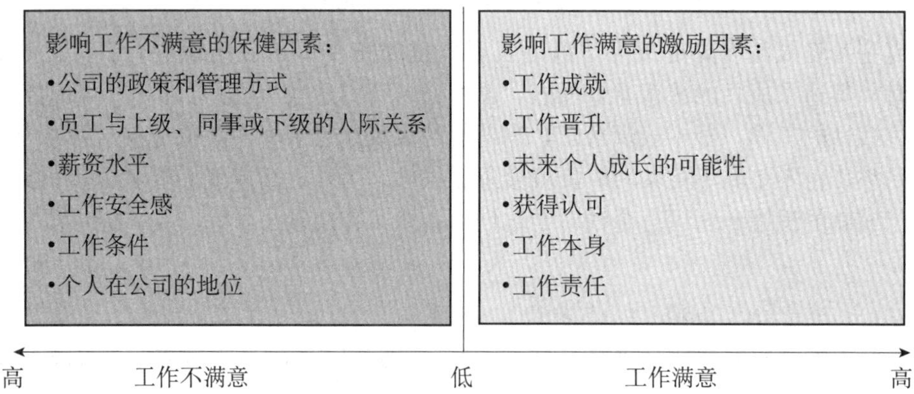

图 5-4　保健因素与激励因素[18]

（二）激励因素

激励因素（motivators）是指能让员工感到满意的因素。激励因素的改善，能够极大地激发员工工作的热情，提高生产效率；但即使激励因素未得到改善，也不会因此使员工感到不满意。所以就激励因素来说，“满意”的对立面是“没有满意”。图 5-4 中的这些因素是与工作相联系的内在因素，能够给人们带来工作满意感和激励作用。

传统的观点认为，满意的对立面是不满意，赫茨伯格却认为满意的对立面是没有满意，而不是“不满意”；不满意的对立面是没有不满意，而不是“满意”。他认为不是所有的需要得到满足都能激起人的积极性，只有那些被称为激励因素的需要得到满足才能调动人们的积极性，而保健因素的需要得到满足只能消除人们的不满，但不会带来满意感。我们在现实中往往也会看到类似现象，比如当公司在过年前给员工发福利时，往往见不到员工因此在工作上会有什么积极反应；但若公司在某年取消这一福利政策，就极可能会造成员工的不满甚至因此消极怠工。所以，企业为了调动员工的积极性，不应只依靠物质利益和工作条件等外部因素的改善，而更应该从内部因素入手，在不断改善保健因素的前提下，不断满足员工对激励因素的需要，如扩大工作丰富程度、加大工作自主性和增加工作趣味性等。总之，有效的管理者既要注意保健因素，以消除员工的不满，又要重视激励因素，让员工满意从而提高他们的工作积极性。

本书编者依据双因素理论提出了一个四种类型工作模型，见图 5－5。Ⅰ型工作的任职者满意度高、不满度低，他们的幸福感最强；Ⅱ型工作的任职者虽然对于工作环境及待遇的不满度低，但满意度也低，感到工作不能实现自身价值；Ⅲ型工作的任职者不仅对于工作环境及待遇的不满度高，并且对所从事工作本身的满意度低，他们继续工作的理由只是出于经济原因；Ⅳ型工作的任职者对所从事工作本身的满意度高，但对于工作环境及待遇的不满度也高。

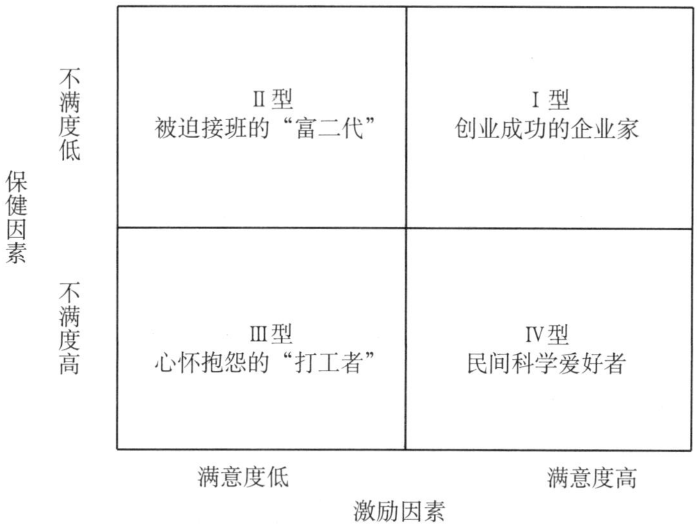

图 5－5　四种类型工作模型

第三节　过程型激励理论

与内容型激励理论相比，过程型激励理论偏重于关注个体的思想和认知过程，更注重探讨为什么人会受到激励。该理论主要包括亚当斯（Adams）的公平理论、弗鲁姆（Vroom）的期望理论及洛克（Locke）的目标设置理论。

一、亚当斯的公平理论

公平理论（equity theory）又叫作社会比较理论，是由美国心理学家亚当斯所提出的，其基本要点是：人的工作积极性不仅与个人实际报酬多少有关，还与人们对报酬的分配是否感到公平有关。人们总会自觉或不自觉地将自己的工作投入及其所得到的报酬与他人进行比较，并对公平与否做出判断。公平感直接影响员工的工作动机和行为。[19] 因此，动机的激发过程实际上是人与人进行比较，做出公平与否的判断，并据以指导行为的过程。

（一）公平理论

公平理论可以用公平关系式来表示。设当事人 a 和被比较对象 b，则当 a 感知到公平时有下式成立：

$$O_a/I_a=O_b/I_b$$

式中：O_a为自己对个人所获报酬的感知；O_b为自己对他人所获报酬的感知；I_a为自己对个人所做投入的感知；I_b为自己对他人所做投入的感知。

当上式为不等式时，可能出现以下两种情况。

1. $O_a/I_a<O_b/I_b$

在这种情况下，第一种办法是他可能要求增加自己的报酬或减小自己今后的投入程度，以便使左边比值增大，力图与右边相等；第二种办法是他可能要求组织减少比较对象的报酬或者让其今后增加投入程度，以便使右方比值减小，力图与左边相等。此外，他还可能另外找人作为比较对象，以便达到心理上的平衡。

2. $O_a/I_a>O_b/I_b$

在这种情况下，他可能要求减少自己的报酬或自觉多做工作。但久而久之，他会重新估计自己的技术和工作情况，可能最终觉得他确实应当得到那么高的报酬，于是产量便又会回落到过去的水平。

除了横向比较之外，人们也经常做纵向比较，即把自己目前的投入与所获得报酬的比值，同自己过去投入与过去所获报酬的比值进行比较。只有二者相等时他才认为公平，如下式所示：

$$O_c/I_c=O_p/I_p$$

式中：O_c为自己对现在所获报酬的感知；O_p为自己对过去所获报酬的感知；I_c为自己对个人现在投入的感知；I_p为自己对个人过去投入的感知。

因此，公平与否是员工根据自己在工作中的报酬与投入相对比得到的，这里的工作报酬不仅包括组织给予的物质报酬（如工资和奖金等），还包括工作上带来的精神报酬（如个体的职业发展与成长）。员工在工作中的投入与报酬如表 5-1 所示。

表 5-1　投入与报酬的种类[20]

投入	报酬
年龄	工作分配
出勤	额外福利
人际技巧	工作特权
工作努力	工作保障
技能水平	工作单调性
工作经验	晋升
绩效状况	认可
个人外表	责任感
资历	工资
社会地位	资历福利
技术能力	地位符号
培训状况	工作条件

（二）如何看待“公平”

公平本身是一个相当复杂的问题，这主要是由于以下几个原因。

1. 公平与个人的主观判断有关

上面的公式中无论是自己的或他人的投入和报酬都是个人知觉，而一般人总是对自己的投入估计过高，对别人的投入估计过低。

2. 公平与个人所持的公平价值观有关

有的人看重“贡献”，也有人看重“需要”，还有人视“平均分配”为真正的公平。例如，有的大学生认为助学金应改为奖学金才公平，也有人认为平均分配才公平，还有人认为按经济困难程度分配才公平。

3. 公平与绩效的评定有关

我们主张按绩效付报酬，但如何评定绩效？是以工作成果的数量和质量，还是按工作中的努力程度和付出的劳动量？是按工作的复杂、困难程度，还是按工作能力、技能、资历和学历？不同的评定办法会得到不同的结果。如果以工作成果的数量和质量为标准，该标准固然明确、客观、易于核实，但在实际工作中因为各种原因往往难以按工作成果来评定绩效，有时也不得不采用其他的评定方法。

4. 公平与评定人有关

绩效由谁来评定，是领导者评定还是群众评定或自我评定？不同的评定人会得出不同的结果。由于绩效往往不是由同一个人评定，所以会出现松紧不一、回避矛盾、姑息迁就、抱有成见等现象。

公平理论对于管理者有着重要的启示：首先，影响激励效果的不仅有报酬的绝对值，还有报酬的相对值。其次，激励时应力求公平，使等式在客观上成立，尽管有主观判断的误差，也不致造成严重的不公平。最后，在激励过程中应注意对被激励者公平心理的引导，使其树立正确的公平观。

（三）组织公平的四种形式

1. 分配公平

公平理论解释了管理者视为公平的激励举措有可能被员工知觉为不公平。**分配公平**（distributive justice）是个体在组织环境下，对分配的结果和数量进行评估，判断其是否公平。简单来讲，分配公平就是这样一个信念，每个人应该得到“他们自己所应得的”，体现的是一种结果公平感。

2. 程序公平

除了考虑分配公平之外，还应考虑**程序公平**（procedural justice），即判断资源分配的决策过程是否公平。[21]当个体感到资源分配结果不公平，但认为过程是公平的，同时自己有机会表达自己的意见，那么他们也能接受这个结果。程序公平能帮助管理者理解员工对报酬分配方式所做出的反应，也能更好地让员工知晓分配程序的公正，从而激励员工付出更多的努力。

3. 人际公平

人际公平（interpersonal justice）也是组织公平的一种形式，其关注的是上级对待下属的方式是否公平。对管理者来说，对待下属是否有礼貌、是否尊重对方等对于促进人际公平非常重要，特别是不要诽谤或贬低下属，即避免采用所谓辱虐型（abusive supervision）领导风格。

4. 信息公平

信息公平（informational justice）主要指下属对上级向其传达必要信息时是否公平。例如，当一个销售经理向其下属告知这个月他们的工资将上涨5%而非他们预期的8%时，及时、坦率地与所有员工面谈，比与一部分员工面谈而给另外一部分员工发邮件的做法更能让他们感知到信息公平。

以上四种组织公平可以解释为什么员工对不公平的结果、不恰当的程序、不平等的对待或是不平等的信息传递进行反抗。如果管理者能够理解和把握这四种公平形式，就能够更好地确保把组织公平转化成一种激励效应，从而创造出更高水平的绩效。

二、弗鲁姆的期望理论

期望理论（expectancy theory）是由美国行为科学家弗鲁姆所提出的，弗鲁姆所说的期望是指个人预测特定行为达到预期结果的可能性。

（一）期望模式

弗鲁姆认为，人总是渴求满足一定的需要并设法达到目标。这个目标在尚未实现时，对个人的动机是一种激发力量，而这个激发力量的大小，取决于目标价值（效价）和期望概率（期望值）的乘积。[22]用公式表示就是：

$$M = V \times E$$

式中：M 为激发力量，是指调动一个人的积极性，激发人内部潜力的强度。V 为目标效价，是指达到目标对于满足该人需要的价值。同一目标，由于各人所处的环境不同、需要不同，目标效价也就不同。同一个目标对每一个人可能有三种效价：正、零、负。效价越高，激励力量就越大。即使是地位、名牌服装、奢侈品等，如果个体不喜欢、不愿意获取，它们的目标效价就低，对人的行为的拉动力量就小。再比如糖果对幼儿的目标效价就要大于金钱的目标效价。E 为期望值，是人们根据过去的经验来判断自己达到某种目标的可能性的大小，即能够达到目标的概率。目标效价反映人的需要动机强弱，期望值反映人实现目标和满足需要的信心强弱。如果个体相信通过努力肯定会取得优秀成绩，期望值就高。

这个公式说明：假如一个人非常看重达成某种目标的价值，同时，他评估自己实现目标的概率也很高，那么这个目标对该人动机的激发力量就会非常强烈。

怎样使激发力量达到最大值，弗鲁姆提出了期望模式，如图5-6所示。

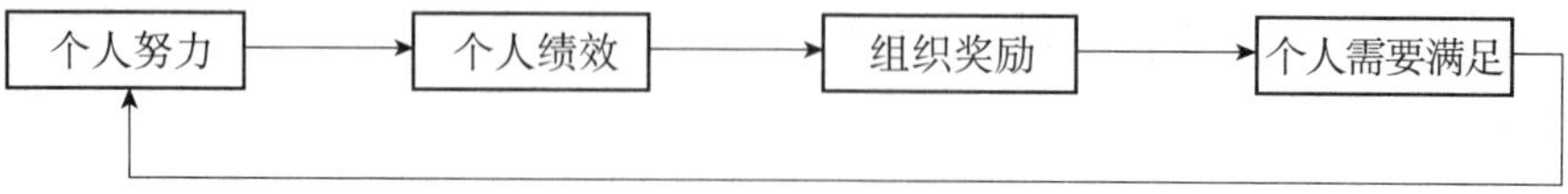

图5-6　期望模式图[23]

（二）期望模式的启示

在这个期望模式的四个因素中，需要兼顾这些因素之间的下列关系。

1. 努力和绩效的关系

个人是否相信自己通过一定程度的努力可以达成某种绩效水平。除了员工自身的能力外，他对于完成任务的自我效能感也是影响努力和绩效之间关系的一个重要的预测变量。

2. 绩效与组织奖励的关系

个人是否相信自己在达到预期绩效后，能够得到组织的公平奖励。毕竟，一些组织对于员工的奖励不仅仅基于绩效，还会基于资历、头衔或者政治行为技能等。

3. 奖励和个人需要的关系

个人是否认为组织的奖励对自己具有吸引力。比如奖励的力度未达到员工的预估，或者员工需要晋升奖励，却被给予金钱奖励。

可见，管理者对于员工能否实施有效激励同时取决于员工个人对自己顺利完成任务的信心、对组织公正奖励原则的信任，以及组织奖励员工时奖励物的吸引力。

三、洛克的目标设置理论

目标设置理论（goal-setting theory）是洛克提出的，该理论指出恰当设置的目标会提高人的绩效，因为目标影响了行为的努力程度、持续性和方向性。[24] 例如，当目标设定后，个体很有可能就致力于这些目标的达成，并持续地进行努力直到目标实现。该理论以有效地设置工作目标为出发点，认为目标是影响工作动机的主要来源，目标可以告诉员工需要做什么事情以及为此需要多大努力。然而如何有效设置目标才能给员工、部门乃至整个组织带来更高的绩效呢？管理者需要考虑以下几个要点。

（一）目标的具体性

与笼统的、泛泛的“尽力而为”目标相比，具体的目标能带来更大的激励效果。例如，“在接下来的数学测试中，你要考 95 分以上”，相比模棱两可的目标更能激励优等生考出更好的成绩。对企业来说，具体的目标表明了更精确的绩效期望，从而使员工更加有效、精准地找到自己的努力方向。

（二）目标的困难性

具有一定挑战性的目标可以使人提高努力的强度和持续性。试想在准备一次容易的考试和一次困难的考试过程中，你会同样努力学习吗？很可能不会。目标难度太小满足不了个人的成就和成长需要，从而达不到激励的效果。而当目标具有一定难度时，可以使我们的注意力更加集中并保持精力充沛，因为我们必须更加努力地学习或工作以实现这些目标。

（三）目标的可接受性

在理想的状态下，目标应该是具有挑战性的，但不能过于困难，否则可能被拒绝，因为员工会认为他们无论怎么努力也达不到目标。因此在设置目标的时候要保证目标处于“跳起来够得着”的范围内。

（四）目标设置的参与性

员工参与目标的设置会带来更高的绩效。换句话说就是，如果员工对目标有一定程度的控制，而不是被动接受指定的目标，会使其对目标更加满意、更加投入，从而产生更高的绩效。[25]

（五）目标的反馈性

反馈可以让员工衡量自己朝目标努力的真实进展情况，如自己当前处于什么位置、方向是否正确，并做出相应的调整。反馈是目标设置的另一个必需步骤。[26]

总之，在组织管理中应用目标设置理论时，首先要保持目标的具体明确；其次在设置目标时难度要适中，应具有一定的挑战性，但不是越难越好；再次在可能的情况下，使行动者参与工作及行为目标的设置，保持一定的可接受性，使行动者能够理解它之后再执行；最后要及时对目标行为给予反馈，这样更能激励他们从而提高绩效。

专栏1：本土组织行为探索

目标设置对工作记忆成绩影响的实验研究[27]

目前关于目标设置理论的实证研究较多，但大多数研究都集中在体育教学领域。曹蓉和刘鹏从认知心理学的角度对目标设置理论进行了检验，并得出了一些新的发现。

该研究在综合认知神经科学对激励脑区的研究后，推测目标设置可能对工作记忆的加工过程产生激励作用。因此，两位研究者采用工作记忆的实验任务对目标设置理论进行研究。首先采用分层随机取样，从在校各个专业的本科生中抽取被试250人，再运用专业的设备及相关材料，利用视空间工作记忆广度任务和数字工作记忆广度任务方法对被试进行了测试，其中涉及的三个变量分别为：任务难度变量，又分为高任务难度、中等任务难度与低任务难度三个水平，任务难度变量作为调节变量；目标难度变量，又分为无难度目标、低难度目标、中等难度目标和高难度目标；目标可接受性变量，又分为高可接受性目标、中等可接受性目标与低可接受性目标三个水平。最后通过每个任务难度下被试答对的题目数来分析结果。

结果表明，设置明确且有一定难度的目标比设置模糊或一般性目标会使被试产生更高水平的努力，从而提高成绩。另外被试对目标的可接受性程度越高，成绩越好，这些结论与目标理论的观点一致。同时得出的结论又对目标理论进行了补充，即设置明确但难度偏低的目标与设置模糊目标的成绩间并无显著性差异；任务难度变量对目标难度与成绩之间的调节效应，通过被试对策略的发掘和使用及在时间方面给予一定的压力才能得到体现。

第四节　激励理论的综合应用

一、波特-劳勒综合激励理论

这是美国行为科学家波特（Porter）和劳勒（Lawler）综合了多种激励理论后提出的。本书编者修改过的模型如图5-7所示。[28]

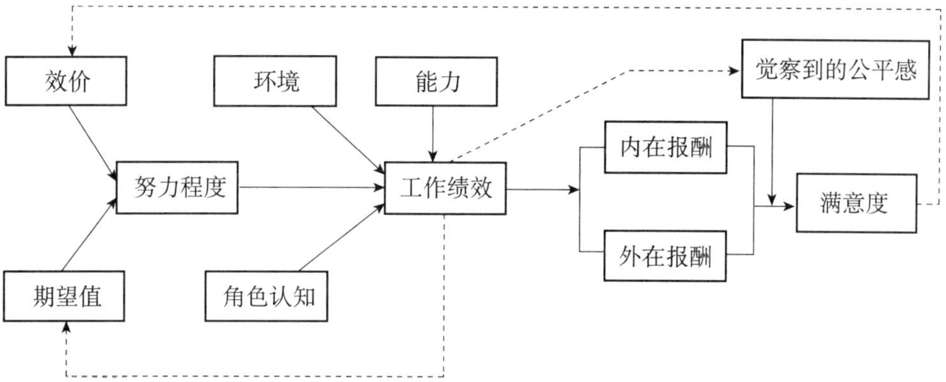

图 5－7　波特-劳勒综合激励理论模型示意图

这种模型的具体内容是，一个人对工作的努力程度取决于该工作的效价和员工能够完成该工作的期望值。当一个人经过努力取得了成绩后，会得到两类报酬：一种是外在报酬，包括工资、地位、提升、安全感等。按照马斯洛需要层次理论，外在报酬往往满足的是一些低层次的需要。另一种是内在报酬，即一个人由于工作成绩良好而给予自己的报酬，如感到对社会做出了贡献、对自我存在意义及能力的肯定等。它对应的是一些高层次的需要的满足，而且与工作成绩是直接相关的。然而，并不是"内在报酬"与"外在报酬"就可以决定个体是否满意。我们注意到，在其间必然要经过"觉察到的公平感"来调节。也就是说，一个人要把自己所得到的报酬同自己认为应该得到的报酬相比较。如果他认为相符合，他就会感到满意，并激励他以后更好地努力。如果他认为自己得到的报酬低于"所理解的公正报酬"，那么，即使事实上他得到的报酬量并不少，他也会感到不满意，甚至失落，从而影响他以后的努力。

波特和劳勒认为，从开始激励到取得工作绩效之间有三个因素非常重要：

（1）能力。一个人的能力对完成任务起着巨大的作用，因此，作为管理者必须慧眼识才，把人才放在最能发挥其长处的岗位上，如果放错了岗位，不仅浪费了人才，还直接导致不良的工作效果。

（2）环境条件。选好人才后，还必须为其发挥才干创造必要的条件，配备必要的资源。

（3）角色认知。为了让员工做出优异的绩效，作为管理者必须要帮助员工充分了解该角色、该岗位或任务对他的具体要求，也就是说，让员工充分地把握好岗位的目的和要求。

波特-劳勒综合激励理论在 20 世纪 60—70 年代是非常有影响的激励理论，在今天看来仍有相当的现实意义。它告诉管理者们，不要以为设定了适当的激励目标、采取了相应的激励手段，就一定能获得所需要的行动和努力，并使员工感到满意。要形成"激励—努力—绩效—奖励—满意—反馈—努力"这样的良性循环，还取决于奖励内容、奖惩制度、组织分工、目标导向行动的设置、管理水平、考核的公正性、领导作风及个人心理期望等多种综合性因素，管理者在对员工进行激励时，应该系统分析、全面考虑，才能收到预期的激励效果。

二、激励理论在组织中的应用

随着经济全球化的推进和知识经济的迅猛发展，人力资源的开发程度成为制约组织发展的关键因素。激发潜能，最大限度地发挥员工的主观能动性和创造力，调动员工的工作积极性，促进组织目标和个人目标的双赢，是开发人力资源的重要途径。这一工作的关键就在于组织是否具有一个系统的、良好的员工激励机制。

（一）工作再设计

工作再设计（job redesign）是企业为了有效地达到组织目标、提高工作绩效，在工作职能和工作关系等方面进行的变革和设计。工作再设计主要有以下三种形式：工作轮换、工作扩大化和工作丰富化。[29]

1. 工作轮换

工作轮换（job rotation）是指通过调动员工到新的岗位来改变员工的工作任务而不增加责任和复杂程度。我们知道，一项工作重复太久对员工而言就不再具有新鲜感和挑战性，如果轮换到同一个层次、具有相似技能要求的其他工作岗位上，有助于降低员工的不满情绪和增加工作积极性。当然工作轮换也有缺点，如可能因为调到新岗位而带来生产率的降低。

2. 工作扩大化

工作扩大化（job enlargement）是指横向扩展员工的工作内容范围，使其从事的工作种类更为多样化。通常每个人除了担负原来自己所做的工作之外，还扩大担负部分其他相关的工作。例如，让数据录入的员工额外承担文件存档任务，该任务要求该员工使用另一技能，但文件存档的复杂性和常规数据录入的复杂性大致相当。

3. 工作丰富化

工作丰富化（job enrichment）是指对员工工作权责上的纵向拓展。工作丰富化是根据赫兹伯格的双因素理论提出的，它扩大了对任职者能力和技能的要求，提高了任职者的自主性和责任心，符合双因素理论把责任、成就和工作本身当作激励因素的思想。工作丰富化的原理还与马斯洛需要层次理论、ERG 理论关于满足更高层次需要及与麦克利兰需要理论中的成就需要的观点相一致。管理者可以通过以下方式使员工工作丰富化：

（1）组合工作。管理者可以把零散的工作组合起来形成一个较复杂的工作。

（2）建构自然工作单位。把员工正在完成的任务组合成一个统一而又充满意义的整体，有利于提高员工的主人翁意识和工作整体感，增强员工对自己工作重要性的认识，而不是把工作视为枯燥乏味的应付。

（3）纵向拓展工作。让员工参与工作的计划与设计，赋予员工责任感和一定的控制权，从而增强员工的自主性。

（4）拓宽反馈渠道。构建反馈平台，加强信息交流，及时了解和向员工反馈目前工作进展情况。

（二）如何在组织中有效应用激励理论

激励机制的不断创新是组织不断提升管理水平的重要内容。组织只有建立全方位的激励机制，并在组织管理实践中随着客观形势的变化而不断进行改革和完善，才能最大限度地激发员工特别是核心员工的潜能与工作热情。在众多的管理者看来，“管理大事，奖罚二字”，似乎只要“奖惩”到位了，就没有抓不好的管理。但是，真实的情况并非我们想象的那样简单。

那么在组织中应如何有效地进行激励呢？

1. 让每个人都有自己的目标

要把组织的目标与个人的需要相结合，用目标来体现每个人的价值、能力和愿望，让人们有一种努力的方向感和使命感，让人感觉自己从事的工作是有意义的。

2. 奖励最好在任务完成后给予

不是“如果……就……”，而是“既然……就……”。出其不意的奖励让人有一种惊喜感，一些预想到的奖励会减弱激励的效果。实际上，过多地依赖“程式化”的奖励就等于没有奖励。

3. 满足需要的奖励就是最好的奖励

要针对不同的人实施不同的奖励，没有哪两个人对“奖励”会有同样的要求。只有奖“对”了，才能激发对方的兴趣和积极性；奖“错”了，有可能适得其反。

4. 不要忽视金钱的作用，但不要过度依赖它

没有金钱，一切奖励都会黯然失色，但这是一把双刃剑，管理者依赖它，下属也会依赖它。更多的称赞和正面反馈可以降低奖励成本，减少诸如金钱一类奖惩带来的危害性，激发人们的内在动机。

5. 不要放弃惩罚，但要辅之以教育

要清楚哪些错误是必须进行惩罚的，哪些错误是可以通过教育来改正的。只要教育能够达到目的，就不要过度地依赖惩罚，过多的惩罚会带来负面影响。

6. 让下属能够按照自己的想法做事

人的积极性来自人的兴趣，让他们去做自己喜欢做的事，可以发挥他们更大的潜力。同时，要给予下属更多的有价值的信息反馈，让他们知道自己做得怎么样，不断增加他们的信心和自豪感。

7. 依据不同的任务类型实施不同的奖励

不同的人要实施不同的奖励，不同的工作也要有不同的奖励方式。对一些需要机械技巧、重复型的工作多依赖外部奖励和惩罚；对一些需要思维技巧、创新型的工作就要多考虑非物质性的奖励。

专栏2：新闻中的组织行为学

钱多难买快乐
——人均GDP 3.6万美元为幸福感节点[30]

俗话说，“金钱买不来爱情”，但一项新研究发现，金钱可以买来快乐，不过这快乐是有限度的，只有最初的3.6万美元能带来这样的效果。

据报道，英国华威大学（The University of Warwick）的研究人员发现，当人均GDP提高时，国民幸福指数也会上升；但是随着财富继续增加带来了更高的欲望，幸福感反倒减少了，而且常常会导致失望。

该校和明尼苏达大学发表的联合报告指出，在富裕国家，这个“甜蜜节点”是人均GDP大约3.6万美元；在这个数值之上，随着想要更大的房子、更好的教育和更多的消费，导致紧张和焦虑增加，幸福的感觉反倒降低了。

该调查发现，在人均GDP低于6 700美元的国家里，获得最高幸福指数的人数，会比人均GDP达1.8万美元的国家少12%。但是，一旦国家跨入人均GDP 2.04万美元的门槛，财富带来的幸福感的提升就不那么明显了。在人均GDP为2.04万美元和5.4万美元的国家，宣称获得最高幸福指数的人数仅仅相差2%。

本章回顾

激励是影响个人自愿行动的方向、强烈程度和持久程度的内在力量。它可以提高组织的整体绩效水平、降低员工缺勤率和离职率，以及减少组织变革的阻力，对组织来说非常重要。激励按照不同的分类方式可以分为多种类型，如物质激励和精神激励、内部激励和外部激励、正激励和负激励。企业要有效地实行激励，就需要把握激励的内在机制，以及借助于激励理论来考虑对员工的激励措施。

激励理论分为内容型激励和过程型激励理论。内容型激励理论注重研究个体的需要结构。该理论主要包括马斯洛需要层次理论、奥尔德弗ERG理论、麦克利兰需要理论和赫茨伯格双因素理论。过程型激励理论偏重于关注个体的思想和认知过程，更注重探讨为什么人会受到激励。该理论主要包括亚当斯公平理论、弗鲁姆期望理论及洛克目标设置理论。这些激励理论都在不同的立场上对组织管理的激励工作提出了观点和对策，至于各个理论模型如何应用还需要管理者因地制宜、因人制宜，选择最合适的管理对策。

波特-劳勒综合激励理论是一个激励理论的综合框架，对管理者的激励工作提出了更全面的参考建议。激励理论在组织中应用时可以采用工作再设计，以及综合运用不同的激励方法。

关键术语

激励 motivation
需要 needs
需要层次理论 hierarchy of needs theory
生理需要 physiological needs
安全需要 safety needs
社交需要 social needs
尊重需要 esteem needs
自我实现需要 self-actualization needs
成就需要 need for achievement
亲和需要 need for affiliation
权力需要 need for power
激励-保健理论 motivator-hygiene theory
保健因素 hygiene factors
激励因素 motivators
公平理论 equity theory
分配公平 distributive justice
程序公平 procedural justice
人际公平 interpersonal justice
信息公平 informational justice
期望理论 expectancy theory
目标设置理论 goal-setting theory
工作再设计 job redesign
工作轮换 job rotation
工作扩大化 job enlargement
工作丰富化 job enrichment

思考题

1. 比较马斯洛需要层次理论与 ERG 理论的异同点。
2. 解释亚当斯公平理论，它在管理实践中有什么作用？
3. 你认为对你目前最有激励性的报酬是什么？为什么？
4. 弗鲁姆期望理论给管理者带来了什么启示？
5. 根据你所学的激励理论，你认为企业在激励员工的过程中应注意哪些问题？

组织行为学自测

组织公平的四种形式量表[31]

请根据下表的五个程度回答下列问题：

1 分	2 分	3 分	4 分	5 分
极少	较少	一般	较多	完全

下列这些问题与你的回报相关，它们在哪种程度上：

1. 你的回报反映了你对工作的投入程度吗？
2. 你得到的回报与你所完成的工作相符吗？
3. 你得到的回报反映了你对这个组织所做出的贡献吗？
4. 考虑到你的工作表现，你得到的回报公平吗？

下列问题与决定你的回报的组织程序有关，它们在哪种程度上：

5. 在这些组织程序中你是否有机会表达你的观点和感受？
6. 你能影响这些决定你的回报的组织程序吗？
7. 这些程序在执行中是前后一致的吗？
8. 这些程序是否能做到不掺杂任何歧视？
9. 这些程序是建立在精准的信息基础之上的吗？
10. 在这些组织程序决定了你的回报之后，你能够申诉吗？
11. 这些程序与伦理道德标准相符吗？

下列问题与参与此程序的权威人物有关，它们在哪种程度上：

12. 他/她是否以礼貌的方式对待你？
13. 他/她是否将你看作有尊严的人？
14. 他/她是否尊重你？
15. 他/她是否抑制不当的言论和意见？

下列问题与参与此程序的权威人物有关，它们在哪种程度上：

16. 他/她在与你的交流中是否坦诚？
17. 他/她是否向你详细地解释过该程序？
18. 他/她对该程序的解释是否合理？
19. 他/她在细节问题的沟通上是否及时？
20. 他/她是否会针对人们的不同需要而对沟通进行调整？

得分：分配公平 ＝1～4 题得分相加
程序公平 ＝ 5～11 题得分相加
人际公平 ＝ 12～15 题得分相加
信息公平 ＝ 16～20 题得分相加

品味经典研究

匹兹堡调查[32]

20 世纪 50 年代末期，赫茨伯格和莫斯纳、斯奈德曼一起合作进行了一项试验研究，这就是诞生出双因素理论的匹兹堡调查。作为心理学家，赫茨伯格以西方人人皆知的《圣经》故事为喻，指出人类有两种需要：一种是亚当的需要，另一种是亚伯拉罕的需要。所谓亚当的需要，是指亚当吃了苹果被逐出伊甸园之后，他不得不面对各种苦难，人的本质遭到谴责和扭曲，所以他要拼尽全力去摆脱环境造成的痛苦。所谓亚伯拉罕的需要，是指上帝赐福于他并承诺给予他的子孙大片土地，使他成为上帝的使者，足智多谋，富有想象力和创造性。从本质上讲，亚当的需要是动物性的，而亚伯拉罕的需要才反映了真正的人性。赫茨伯格称："人类在工作中有两类性质不同的需要，即作为动物避开和免除痛苦的需要，以及作为人类在精神上不断发展、成长的需要。"

为了验证这两种需要的假设，赫茨伯格展开了调查。他与同伴在号称"世界钢都"的工业城市匹兹堡选取了 11 个组织的 200 多名样本展开调查，主要对象是来自各行各业的工程师和会计师。研究人员与这 200 多名工程师、会计师逐一进行访谈，了解他们对于工作的态度是怎样的。在面谈中，询问访谈对象以下问题：

（1）在你过去的工作中，哪些事让你感到十分满意？

（2）让访谈对象对这种满意做出解释，为什么当时会感到满意？这种满意是否影响了工作状况？是否影响了自己与他人的关系？是否影响了个人的幸福？

（3）在你过去的工作中，令你特别不快的事情是什么？

（4）这种不快对你的工作、人际关系和个人幸福有什么影响？

为了保证调查资料的可靠性和客观性，赫茨伯格对访谈内容有着明确的限定，要求访谈对象所列举出的事件必须是与工作直接相关的，从而把工作以外的事件排除在外。同时，谈到的事例必须是具体的，有时间、有地点、有情节，从而把由想象产生的幻觉排除在外。

通过调查统计，研究人员发现工作中使员工感到满意的往往是这样五种因素：工作中的成就（achievement）、对工作成绩认可和赞赏（recognition，注意：这种赞赏必须是对工作的实际成绩而言，不包括为了改善人际关系而进行的所谓工作赞赏）、工作本身的魅力（work itself）、工作的责任感（responsibility）、因工作取得的进步（personal growth）。其中前两种因素的即时效应往往较为明显，而后三种因素的持久程度更强。

调查的真正突破在于，上面这五种使员工感到满意的因素，即便缺少也不会引起员工不快。令员工感到不快的不是这五种因素的力度不足，而是另外五种因素在起作用。统计表明，员工的不满往往是下面的因素引起的：公司政策与管理方式（company policies）、上司的监督（supervisors）、工资（pay and security）、人际关系（interpersonal relationships）、工作条件（working conditions）。这些因素的作用时间都很短，并且很难成为员工满意的因素。即便这些因素已经充分具备并且强度很大，也只能消除不快，很少能增加满意。

注 释

[1] 佚名．海底捞董事长张勇：三招让你的员工死心塌地跟你干．(2013-12-18)[2014-07-15]. http://finance.ifeng.com/a/20131210/11243469_0.shtml.

[2] [加] 史蒂夫·L. 麦克沙恩，[美] 玛丽·安·冯·格里诺．组织行为学：第7版. 吴培冠，张璐斐，译．北京：机械工业出版社，2018.

[3] GRIFFIN R. W., G. MOORHEAD. Organizational behavior: managing people and organizations. Mason, OH: South-Western Cengage Learning, 2014.

[4] 全清华，杨晓华．正向激励在企业管理中的运用．人力资源管理，2011, 6: 109-110.

[5] GIBSON J. L., JOHN M. I., JAMES H. D., R. KONOPASKE. Organizations: behavior, structure, processes. New York: McGraw-Hill, 2012.

[6] 同 [2].

[7] 同 [3].

[8] MASLOW A. H. A theory of human motivation. Psychological Review, 1943, 50: 370-396.

[9] V. G. KONDALKAR. Organizational behavior. Delhi: New Age International Limited Publishers, 2007.

[10] 同 [9].

[11] ALDERFER C. P. Existence, relatedness and growth: human needs in organizational settings. NewYork: Free Press, 1972.

[12] GEORGE J. M., G. R. JONES. Understanding and managing organizational behavior. San New Jersey: Pearson Education Inc., 2011.

[13] SCHERMERHORN J. R., RICHARD N. OSBORN, MARY UHL-BIEN. Organizational behavior. New York: John Wiley & Sons Inc., 2012.

[14] MCCLELLAND D. C. The achieving society. Princeton. New York: D. Van Nostrand, 1964.

[15] MCCLELLAND D. C., ATKINSON J. W., CLARK R. A., L. OWELL E. L. The achievement motive. New York: Appleton-Century-Crofts, 1953.

[16] MCCLELLAND D. C., D. H. BURNHAM. Power is the great motivator. Harvard Business Review, 1976, 54 (2): 100-110.

[17] [美] 斯蒂芬·罗宾斯，蒂莫西·贾奇．组织行为学：第16版．孙健敏，王震，李原，译．北京：中国人民大学出版社，2016.

[18] HELLRIEGLE D., J. W. SLOCUM. Organizational behavior. Mason, OH: South-Western Cengage Learning, 2011.

[19] ADAMS J. S. Inequity in social exchange. Advances in Experimental Social Psychology, 1965, 2: 267-299.

［20］LUTHANS F. Organizational behavior：an evidence-based approach. New York：McGraw-Hill，2011.

［21］ROCH S. G.，SHANOCK L. R. Organizational justice in an exchange framework：clarifying organizational justice distinctions. Journal Management，2006，32：299－322.

［22］VROOM V. H. Work and motivation. NewYork：John Wiley & Sons Inc.，1964.

［23］同［17］.

［24］LOCKE E. A.，LATHAM G. P. A theory of goal setting and task performance. NJ：Prentice Hall，1990.

［25］徐建平．组织行为学．2 版．北京：中国人民大学出版社，2014.

［26］BECKER L. J. Joint effect of feedback and goal setting on performance：a field study of residential energy conservation. Journal of Applied Psychology，1978，63：428－433.

［27］曹蓉，刘鹏．目标设置对工作记忆成绩影响的实验研究．心理科学，2011，34（2）：332－336.

［28］周三多，陈传明．管理学原理．2 版．南京：南京大学出版社，2009.

［29］李爱梅，凌文辁．组织行为学．2 版．北京：机械工业出版社，2015.

［30］佚名．钱多难买快乐：人均 GDP 3.6 万美元为幸福感节点．（2013－12－05）［2014－07－15］. http：//finance. eastmoney. com/news/1365，20131205343432675. html.

［31］GEORGE J. M.，G. R. JONES. Understanding and managing organizational behavior. New Jersey：Pearson Education Inc.，2012.

［32］王肖婧，闻华．双因素理论的大师赫茨伯格与匹兹堡调查．管理学家：实践版，2009，6：54－60.

第六章

情绪与压力

事情常常从愤怒开始，以羞辱结束。

——本杰明·富兰克林

学习目标

1. 区分情绪和心境。
2. 了解情绪的功能。
3. 理解情绪智力。
4. 了解情绪管理的方法。
5. 了解压力的概念和压力的过程。
6. 识别与压力有关的个体差异。
7. 识别和描述压力的常见来源。
8. 掌握压力管理的各种方法。

引 例

抑郁袭来——当代人心理压力调查[1]

据世界卫生组织预测，到2020年，抑郁症将跃至仅次于心脑血管疾病的全球第二大疾病。另据估算，中国抑郁症患者已达9 500万。在某医院精神卫生科门诊和住院部，有1/3的患者是抑郁症患者。在这些抑郁症患者中，有10%～15%的人最终可能死于自杀。

压力过大，精英人群患病率高

近年来，精英人群抑郁自杀的消息频频传来，“这究竟是怎么啦？”人们心中充满了疑惑。很多时候，压力和抑郁是互为因果的，比如患者已处于抑郁状态，意志薄弱、工作倦怠、完不成任务时，再给予指责、免职等外因刺激，便成了压死骆驼的最后一根稻草。值得注意的是，文化程度越高的人考虑事情越缜密、对环境变化越敏感，所以患抑郁症的风险越大。这就是当下有很多领导干部、精英人物患病的原因。相关部门公布的数据显示，由于工作、婚姻、升学等各种压力的存在，人们的心理问题愈发严重，名列前三的依次为抑郁、焦虑、失眠。

负性认知，受外因刺激易自杀

“抑郁症就像一个吸力强大的黑洞，一个不留神就会被吸进去。”32 岁的张琳（化名）将头埋在胸前，懊恼地说道。

张琳，一家企业公司总经理，性格开朗、好强，追求完美。6 个月前，因工作业绩优秀，职位得到晋升。工作岗位调整后她深感工作压力较大，同时因工作中的事情与一位同事产生分歧，并为此苦恼，渐渐出现情绪低落，几乎每天大部分时间都高兴不起来。张琳发现自己的脑子像生锈了一样，思考问题时注意力难以集中，不能静下心来，工作效率明显降低；记忆力减退，多次遗忘原先的工作计划日程。于是逐渐对自己的能力产生怀疑，自信心下降，不时自责，难以自控，甚至放声哭泣。1 个月前，张琳情绪再次波动，趁家人不备自行服用阿普唑仑片 100 片，被家人及时发现后送医抢救，脱离危险。

知晓率低，易被生理不适掩盖

早在 2003 年，世界卫生组织把“抑郁影响每个人”确定为世界卫生日的主题，其目的主要在于提醒人们对这个已严重危害人类心身健康的疾病引起关注。调查显示，在我国，自杀人群中因为抑郁症没有得到及时、系统治疗，最后导致死亡的人占 40%。相关数据显示，在我国抑郁症患病人数呈逐年上升趋势。

引发抑郁症的病因有很多种，一般认为抑郁症是一种功能性疾病，即遗传因素、生理因素、环境因素等综合因素互相作用下的结果。但因为很多抑郁症是隐匿性的，身体上的不舒服其实潜伏着情绪问题。如大部分抑郁症患者有睡眠障碍，有些患者还会出现呕吐、抽搐等症状。由于情绪问题被生理不适所掩盖，很多患者常年就诊于综合门诊其他科室而忽略了精神检查，从而延误了病情的最佳治疗时期。抑郁症早期症状如情绪不佳、失眠、无缘由的躯体疼痛等都应当受到重视，尽早发现、尽早治疗，以免酿成悲剧。

第一节　情绪概述

想象一下，如果你身处以下情形，会是什么感觉：

梅雨季节，在连续几个星期的阴雨后，迎来了阳光灿烂的一天。

明天要提交的策划案，现在还没有完成，甚至还没有思路。

你在一件重要的事情上被心爱的人误会了。

生活中，我们时而开心、时而焦虑、时而难过……所有这些感觉，我们称之为情绪。

一、情绪的概念

要正确理解情绪，我们首先需要弄清三个密切关联的概念：情感、情绪和心境。

情感（affect）是一种通称，包括人们体验到的所有感情。这个概念中包含了情绪和心境两个成分。**情绪**（emotion）是针对内部或外部的重要事件所产生的心理体验和生理状态。**心境**（moods）则是一种比情绪更弱且经常（虽然并不总是）缺乏背景刺激的情感。

大多数专家认为情绪比心境更迅速。[2] 例如，如果有人对你粗鲁，你会生气。这种愤怒的强烈感觉或许来去都特别快，或许只是几秒钟的事情。不过，当你心境不好的时候，就有可能持续几个小时甚至几天。

情绪是对人或事的反应。当你对某件事感到快乐时，对某个人感到愤怒时，害怕某样东西时，你就是在表达自己的情绪。相反，心境则并不指向具体的人和事。但是，当你不关注产生情绪的人和事时，情绪就会转变为心境。反过来说，无论是好的还是坏的心境都会让你对某一事件的反应更加情绪化。当客户错误指责你时，你可能会对他感到愤怒。也就是说，你针对一个具体的对象（客户）表达你的情绪（愤怒）。当具体的情绪烟消云散，你或许只是整体上感觉有些沮丧。这种情感状态描述的就是心境，你不能把这种感觉归因于任何一个单独事件。但接下来，受心境的影响，你或许对孩子不肯吃饭大发雷霆，反应过度。图 6－1 展示了情绪和心境之间的关系。

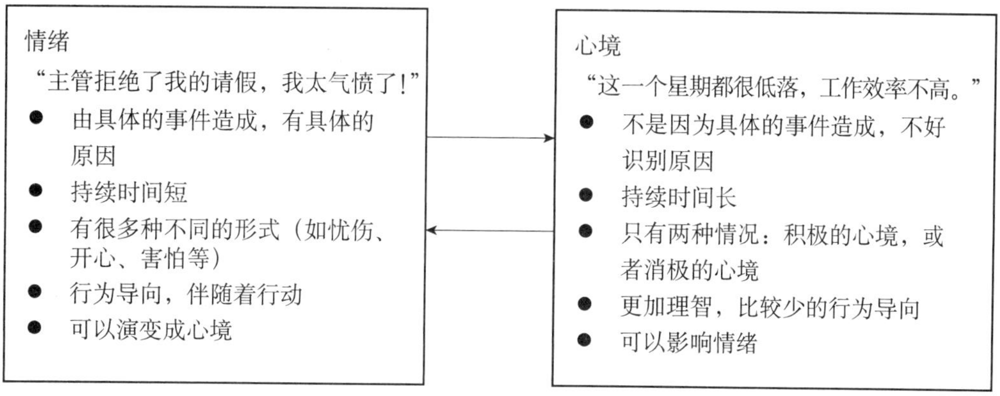

图 6－1　情绪和心境的关系[3]

总之，情绪与心境是不同的。情绪更有可能被具体事件引起，并且情绪比心境更迅速。与心境不同，情绪可以通过面部表情很清楚地表露出来（愤怒、喜悦）。研究人员推测，情绪更加具有行动导向——引导我们立即采取行动。而心境更具有认知性，会让我们思考或沉思。如图 6－1 所示，情绪和心境可以互相影响。例如，得到你梦想中的工作会让你产生高兴的情绪，同时也会让你连续几天都有一个好的心境。同样的，如果你心境很糟，就会对同事的评论暴跳如雷，而通常情况下，你的反应不会如此强烈。

二、价值观、态度与情感之间的关系

价值观、态度与情感涵盖了构成工作体验的各种思想和感情，其中任何一类因素都会影响其他两类，如图 6－2 所示。因为价值观是最为稳定也是最为持久的，所以它会强烈地影响工作态度和情绪。例如，一个人的价值观如果特别看重权力和地位，那么对于目前还看不到晋升机会的工作，他的态度和情绪自然就是消极的。

工作态度也会以类似的方式影响工作中的情绪和心境。一个对自己的工作非常满意，并喜欢与顾客交往的销售员在工作中往往心情不错。在这个例子中，工作态度（工作满意度）影响了他在工作中的情绪和心境。

一个人的价值观也可能因为态度和情感的变化而发生改变，但这需要一个较长的过

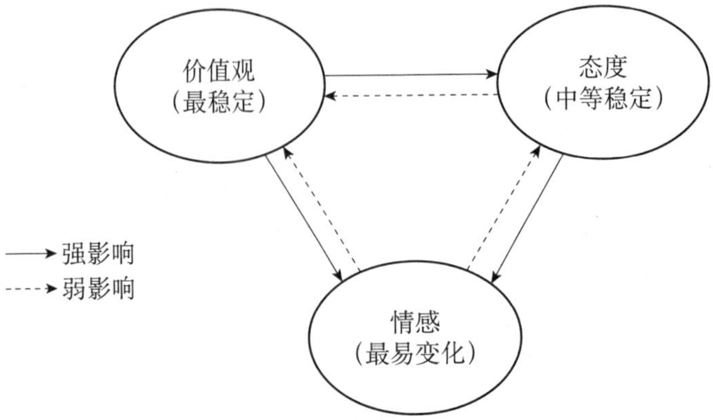

图 6-2　价值观、态度和情感之间的关系[4]

程。一个原本事业心很强的员工，也可能因为工作中经常体验到不良情绪（如讨厌某个上级），久而久之也对工作不满意，最终变得事业心淡薄，整天以家庭琐事为中心。换而言之，持续存在的情绪和心境，对于较为稳定的态度和价值观也可能会带来改变。

三、情绪的功能

（一）适应功能

许多情绪都具有调控群体间互动关系的功能。例如，羞怯感可以加强个体与社会习俗的一致性；当个体对他人造成伤害时，内疚感可修复人际关系。其他的情绪，诸如同情、喜欢、忧虑等，也能起到构建和保持社会关系的作用。它们可以增强群体的凝聚力，而且有提高个体社会适应能力的作用。

（二）动机功能

情绪具有激励作用。动机功能又称为情绪的调节功能，指情绪对人的活动起发动、促进和调控的作用。适度的情绪兴奋，可以使身心处于活动的最佳状态，进而推动人们有效地完成任务。有时我们会努力去做某件事，只因为这件事能够给我们带来愉快与喜悦。从情绪的动力特征看，情绪分为积极的情绪和消极的情绪。快乐、热爱、自信等积极的情绪会提高人们的活动能力，而恐惧、痛苦、自卑等消极的情绪则会降低人们活动的积极性。

（三）组织功能

情绪对心理活动具有组织的作用。积极的情绪对活动起着协调和促进作用。消极的情绪对活动起着瓦解和破坏作用。其组织作用还表现在人的行为上，当人处在积极、乐观的情绪状态时，容易注意事物的美好方面，愿意接纳外界的事物。当人处于消极情绪状态时，容易失望、悲观，放弃自己的愿望，甚至产生攻击性行为。成功的培训师会利用授课前的热身活动（warm-up）调动受训者的积极情绪，为其参与培训活动打下基础。

（四）信号功能

情绪的信号功能表现在个体将自己的愿望、要求、观点、态度通过情感表达的方式传递给别人以影响他们，它是非言语沟通的重要组成部分，在人际沟通中具有信号意义。如点头微笑、轻抚肩膀表示赞许；摇头皱眉、摆手表示否定；面色严峻表示不满或者问题严重等。在人际交往中，人们除借助言语进行交流之外，还通过情绪的流露来传递自己的思想和意图，比如听朋友叙述不幸遭遇时，会一同落泪或表现出悲伤的情绪，传达自己的同情和理解的情绪。

心理学家艾伯特（Albert）在对英语国家人们的交往状况进行研究后发现，在日常生活中，55%的信息是靠表情（如姿势、表情等）传递的，38%的信息是靠辅助语言（如语音、语调等）传递的，只有7%的信息是靠语言传递的。表情是比语言产生更早的心理现象，婴儿在会说话之前，主要是靠表情来与他人交流的。表情比语言更具生动性、表现力和敏感性。特别是在语言信息暧昧不清时，表情往往具有补充作用，人们可以通过表情准确而微妙地表达自己的思想感情。

第二节　情绪智力和情绪劳动

一、情绪智力

美国心理学家萨洛维（Salove）和梅耶尔（Mayer）首先提出了“情绪智力”（emotional intelligence）的概念，然而使情绪智力受到广泛关注的却是戈尔曼（Goleman）。他认为，人类的自我意识、自我约束和持之以恒等对一个人一生的影响，在大多数时间里都要比智力更为重要。

戈尔曼把**情绪智力**定义为控制情绪冲动、解读他人情感和处理各种关系的能力。他认为情绪智力决定了我们怎样才能充分而又完美地发挥自己所拥有的各种能力，包括先天的智力。[5]这些能力可概括为五个方面：自我意识、自我管理、自我激励、换位思考和社交技能。

戈尔曼的五维度情绪智力模型如表6-1所示。

表6-1　戈尔曼的五维度情绪智力模型[6]

情绪智力的维度	维度的特点	举例
自我意识	● 能了解自己的情绪及可能产生的结果 ● 认识自己某个时刻的真实感受	A感觉到自己很生气，所以他打算冷静一下，等到收集更多的信息之后再做一项重要的决定
自我管理	● 调控自我的情绪，使得情绪不影响任务的完成 ● 摆脱消极情绪，使自己可以有效地解决工作中的问题	面对客户的长时间抱怨，B努力控制自己的情绪，不要明显地提高音调，表现出不耐烦，把注意力集中于收集更多的信息上
自我激励	● 即使经受打击挫折仍能始终如一地追求目标 ● 克服产生消极情绪的冲动和拖延，以达到预期的绩效水平	尽管缺乏足够的资源和高层管理的支持，C还是努力坚持完成了自己的项目
换位思考	● 能觉察他人的感情 ● 能理解他人的观点 ● 能察觉并满足他人的需要	团队的负责人D知道她的成员身体和精神上都很疲惫，她带着大家在一个下午玩保龄球，并且给他们买了点心

续表

情绪智力的维度	维度的特点	举例
社交技能	● 能理解社会情景，通情达理 ● 能卓有成效地引导他人的情绪和行为方式 ● 能缓解和解决分歧，培养和谐的人际关系	E从他的员工的非语言线索中感觉到他们对新制定的福利政策并不领情，所以会议后，他和每位员工进行面谈，来解释他们将如何从新政策中受益

戈尔曼指出建立在情绪智力基础上的工作能力比其他的智力和技术因素在企业中都更为重要，个人和企业都能够从培养这种能力中获益。对于企业领导来说，情绪智力就更为重要。处于高挑战性工作岗位的企业领导人通常都拥有高于常人的智商，而拥有高情商可使他们在工作中更胜人一筹。

目前，情绪智力的研究已成为心理学和组织行为学领域的前沿课题。情绪智力在人们成长和成功过程中的重要作用越来越受到人们的重视。情绪智力的测量和培养广泛应用于心理咨询和治疗、人力资源管理和开发、人格形成和训练、学习能力发展、领导力开发等多个领域。

二、情绪劳动

当员工在工作上的人际交往中表现出令组织满意的情绪时，他就是在进行**情绪劳动**（emotional labor）。[7]情绪劳动有别于体力劳动和脑力劳动，被称为“第三种劳动”，它是员工通过管理自己的情感来显示公众可见的表情、语调和姿势，从而获得报酬的一种劳动方式。

这一概念是在对服务业工作的研究中发展起来的。例如，客户服务中心的接线员应该是热情愉快的；护士需要对病人表现出关爱和慈祥；警察在犯人面前则需要表现出严厉和冷淡；医生应该是镇静和理性的等。

组织的研究者和实践者以往认为情绪是理性的对立面，工作中需要依靠理性来提高效率。而实际上，情绪劳动几乎与每一份工作都息息相关。例如，管理人员希望你在与同事交往的过程中亲切友善而不是面无表情。挑战在于，需要员工展现出来的情绪与他当下内心的真实情绪感受可能完全不同。这种不一致称为**情绪失调**（emotional dissonance），会对员工造成伤害。把沮丧、愤怒和怨恨封装起来，置之不理，最终会导致情绪衰竭（emotional exhaustion）和情绪倦怠（emotional burnout）。组织中的情绪管理已经成为组织行为学研究的前沿课题。

情绪劳动是员工按照组织的要求对自己的情绪加以控制和表达的过程。那么，在工作中员工应如何进行情绪控制呢？有研究者提出了四种策略。[8]

（一）自主调节

自主调节（automatic regulation）策略把情绪看作是一种自主的体验过程，如护士看见一个受伤的孩子会自然表现出对孩子的同情。这种同情心是一种自然的反应，当事人没有必要去扮演。扮演理论认为，在这种情况下情绪劳动是以自动模式来完成的。在感觉到某种情绪时就自然流露，产生相应的情绪反应，在这种情况下，完成情绪劳动就不需要付出有意识的努力。

（二）表面扮演

大多数情绪理论学者都承认情绪是由主观感受、心理反应和表情行为等几个部分构成的。表情行为包括面部表情、语调和姿势等。**表面扮演**（surface acting）就是指员工尽量调控表情行为以表现组织所要求的情绪，而内心的感受并不发生改变。表面扮演意味着内心的感受与外部表情之间的分离，但不失为一种策略。因为在无法改变现有的内心感受时，就需要以表面的装扮来开展工作，这就是我们常说的“赔笑脸”。对于一个“演技高超”的员工来说，掩饰情绪是一件很容易的事。但是，如果演技拙劣的话，就容易被对方识破。

（三）深层扮演

深层扮演（deep acting）策略指要求员工进入角色内心，尽可能去体验需要产生的情绪。在这种情况下，表情行为是发自内心的。此时，不仅要对表情行为，而且要对内心感受进行管理。深层扮演策略要求雇员付出努力，精心调控情绪，做到表里如一。深层扮演是一个积极主动的过程，要求员工尽可能努力激活那些能够引起某种情绪的思想、想象和记忆等心理活动。

（四）失调扮演

失调扮演（disorder acting）策略要求员工保持平静的中性心情去应对各种环境刺激，以便能集中精力去完成主要任务。这种策略要求员工表面上表现出职业所需的情绪，而内心仍保持中性。虽然内心的体验与外部的情绪表达不一致，但这种内外失调更有利于工作，这就是常说的“职业范”。例如，一名银行经理在为一个几百万元的贷款项目开展谈判时，尽管在谈判过程中会有各种各样的职业表情，但在内心却一直保持镇静和中性。

三、情绪在组织行为中的应用

最后我们来考察情绪在组织管理中的具体应用，看看情绪对于各种组织行为所发挥的影响。

（一）员工甄选和领导者选拔

情绪智力的研究表明，对情绪的表达及管理在组织环境中有着非常重要的价值。情商高的人在工作中可以保持良好的身心状态并与他人保持和谐的人际关系，对周边环境的适应能力也更强。因此在强调人际交往的工作中，甄选员工需要考虑增加对候选人情绪智力的考察。事实上，情绪智力测试在招聘活动中使用得越来越多。

一般而言，积极、兴奋的情绪可以使人的工作效率和效果提高，消极、悲观的情绪则会降低员工的工作效率和效果。因此，如何激发员工的积极情绪，使其产生更高的工作投入已成为管理者的一项重要职责。领导者同样需要依赖情绪表达来有效传递许多信息。当领导者表现出兴奋、热情、活跃时，他们更可能调动下属的积极性，并传递出胜任、喜悦的感受；当企业面临重大变革和不确定时，员工需要领导调动和唤醒他们积极乐观的情绪。[9]

（二）决策

情绪与人的活动时刻相伴，自然也渗透于人们决策的方方面面。处于积极情绪状态的人在投资决策中更容易规避风险，而处于消极情绪状态的人在投资决策中更容易表现出风险趋向的行为。有关消极情绪的研究表明，愤怒情绪会使人更倾向于高风险的投资项目，而恐惧情绪使人投资更加保守。[10]

（三）激励

激励理论的基本观点认为，人们“由动机驱使去完成那些能带来预期结果的行为，这是一种合理的交换：实质上员工们是在用自己的努力去换取薪水、保障和提升等”。但是人并不是冷冰冰的没有感觉的机器。人们对环境的认识和理解充满感情色彩，会大大地影响他们付出的努力，而且那些在工作中干劲很足的人往往情绪饱满。工作投入的人“在体力上、智力上和情感上完全沉浸在对工作行为的体验和对目标的追求中”。[11]

（四）创造性

心境或情绪积极的人似乎更灵活，思想开放。有研究认为，心境好的人比心境糟的人更有创造性。他们会有更多的想法，别人也认为他们的想法很新颖，他们倾向于找出更具创造性的备选方案。管理人员要努力使员工感到快乐，因为这样不仅会使员工们有更好的心境，而且会提高他们在工作中的创造力。[12]

（五）人际关系

情绪稳定、风度得体的人，容易跟交往对象在感情上相通，在看法上相容，这样便能保证交往的高质量。而要有良好的情绪状态，必须对情绪加以控制，方能适应千差万别的交际情境。可见，对情绪的有效控制已成为人们在工作和生活中必须具备的心理素质之一。

（六）工作场所中的越轨行为

负面情绪会导致大量的非正常工作场所行为。在某些组织里，人们有时会故意违反规章制度或者故意采取危害组织或组织成员的行为，这些行为统称为**越轨行为**。[13]这些行为分为以下几种类型：生产型（如早退、上班睡觉）；财产型（如偷窃、破坏公物）；政治型（如造谣、污蔑同事）；人身攻击型（如身体或语言攻击）。情绪消极的人，尤其是感到愤怒或敌对的人，更有可能在工作中表现出越轨行为。[14]

专栏1：本土组织行为探索

情绪对危机决策质量的影响[15]

危机决策是指决策主体在有限时间、资源、信息和人力等条件下对危机做出判断和快速行为的过程。在面对各类突发危机事件时，危机决策主体除了要有面对危机的勇气之外，更需要有全面处理危机事件的决策能力。

为了探究情绪在危机情境下对决策质量的影响，杨继平和郑建君通过影片诱发实验情绪，运用实验室实验考察了以情绪变量为主导、包括性别和任务难度等在内的相关因素对危机决策的作用机制。本实验被试以招募自愿被试的形式从某高校的本科生、研究生中获得。

对于情绪的诱发采用电影短片的方式。其中负性情绪的诱发材料选用美国影片《死神来了2》中的片段，该片段全长8分钟26秒，主要通过影片的视觉冲击诱发被试的负性情绪。中性情绪的诱发影片选用法国雅克·贝汉摄制组拍摄的《迁徙的鸟》中的片段，该片段全长6分钟41秒，90%以上的画面均为鸟类的活动及飞行，且无人类或灵长类的清晰面部表情出现。

研究结果发现：

(1) 个体用于危机决策的时间随着决策任务难度的提升而显著增长。

(2) 负性情绪条件下男性被试用于危机决策的时间明显少于女性。

(3) 女性被试在负性情绪条件下，其危机决策的时间明显长于在中性情绪条件中，但是男性被试在不同情绪类型下的决策时间无显著差异。

(4) 男性产生新方案率要明显高于女性。

四、管理者如何影响员工的情绪

管理者可以通过以下方式在组织中营造积极的情绪。

(一) 经常表达积极情绪

管理者在工作中要经常表达积极情绪，如感谢、慷慨、乐观和信任。开会时要用发自肺腑的感谢作为开场白。记住，积极的情绪是可以传染的，特别是那些由直接上司和组织领导者表达出来的积极情绪，能让员工明白他们的工作是对组织的贡献和对他人的帮助。

(二) 给予人们出乎意料的关心和帮助

管理者表现出对下属的关心和帮助，同时也不忘对帮助过自己的人表示感谢，这样做往往会有震撼力和影响力。这既能加强人们对管理者的信任，也能为他人树立行为榜样。此外，管理者也要为员工创造互相帮助的机会。

(三) 庆祝取得的成就，分担共同的忧虑

管理者带领下属庆祝取得的成就，让大家找到日常工作和生活的积极意义，员工就会感受到成功的快乐及随之产生的积极情绪。同样，当危机来临时，让员工来体验并表达自己的感受，引导他们认识到自身拥有的巨大力量和丰富资源。

第三节　压力概述

你为了完成第二天要交的作业熬了一夜却毫无思路；毕业时你可能四处奔波却难以找到理想工作；加班加点精疲力竭回到家后老婆却还因琐事与你吵闹……想想吧，真是“压力山大”啊，会不会让你有一种心力交瘁的感觉？面对这些情况，大多数人都会有和你一样的感受，甚至还会伴随着头痛、胃痛、背痛或失眠等生理症状。压力已经成为导致现代人亚健康的一个主要因素。我们该如何面对压力呢？

一、压力的概念

美国生理心理学家坎农（Cannon）最早使用压力的概念。坎农观察了实验条件下处于

寒冷、缺氧、失血状态中的人表现出的战斗-逃避反应（fight-flight reaction），认为此时个体处于“压力”之下。其后学者们将**压力**（stress，又可称为应激）定义为当人们去适应由周围环境引起的刺激时，身体或者精神上产生的一种适应性反应，它会对人们的心理和生理健康状况产生积极或消极的影响。

可以从以下方面来理解压力的含义：

（1）压力来源于那些使人感到紧张的事件或者环境。如赶航班却遇大堵车；休假时突然接到重要的电话面试；走进陌生的酒吧，周围人似乎都不怀好意地盯着你……刺激只要具备超负荷、冲突、不可控三个特点，就可能成为一个压力源。

（2）压力是一种主观的反应。压力是个体内部出现的解释性的、情感性的、防御性的反应过程。因此，一件事情是否造成压力会因人而异。

（3）压力可能造成生理、心理和行为上的不良影响。如全身发冷、手心或脚心出汗、脸颊发热、双手颤抖，甚至出现抑郁症及工作耗竭等。

压力可以分为积极压力（eustress）和消极压力（distress）。压力并不都是消极的，有时候压力也会带来积极的影响。比如生病时，压力会促使身体产生激素，来对抗疾病给身体造成的威胁。

二、压力的过程

假如你并不擅长当众发言，却突然被要求第二天一早做一次公开的演讲，这对你是一次考验也是一次重大的机会，你会怎么做呢？一般适应综合征（general adaptation syndrome，GAS）常被用来分析人们处理压力的过程，见图 6－3。

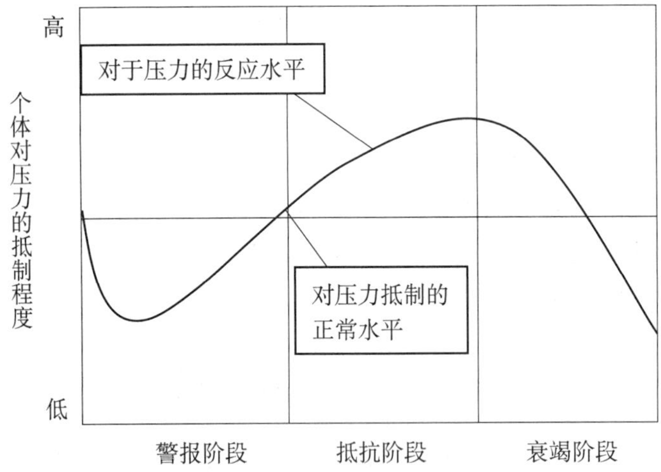

图 6－3　面对压力的反应阶段[16]

第一阶段称为**警报阶段**。在这一阶段，面对压力源（stressor），个体因感受到威胁而产生警觉反应：生理上，由于肾上腺素等激素的分泌，呼吸、心跳加速，血压、体温升高，出现“怒发冲冠”“毛骨悚然”等状况；心理上，担心如何应对威胁而紧张焦虑。这时，你的第一反应可能是：“时间这么紧，我又害怕当众发言，我该怎么办啊？”又或者是：“我该如何抓住这个机会？”你会有紧张、兴奋、恐惧等多种情绪交织在一起的复杂微妙的感受，从而手心冒汗、坐立不安，甚至茶饭不思。

接下来，你可能努力说服自己镇定下来，开始在电脑上收集资料，准备讲稿，对着镜子练习如何发言。其间，妈妈喊你吃饭，你却很不高兴地说道："我忙着呢，别来烦我！"然后"呼"的一声摔上了门。也就是说，在**抵抗阶段**，个体集中精力（包括生理的和情绪的）开始抵抗压力源的作用和消极影响。由于这种抵抗消耗了精力，个体变得敏感、脆弱，会因一点琐事而情绪反应强烈。好在一切顺利，努力没有白费，你对自己的演讲准备相当满意，心情逐渐变得放松、愉快，信心满满。接下来，就是好好睡一觉，养精蓄锐，期待着第二天的超水平发挥了。如果是这样，第二阶段就是 GAS 的结束。

但是，如果随着时间流逝，演讲准备却毫无头绪，你会越来越焦虑烦躁。"见鬼，到底该怎么说？""我真是没用！""万一搞砸了，我该如何面对观众？""冷静，冷静！""时间不多了！""算了、算了，随便说几句交差就行了。"各种念头纷繁而至，直至完全无法静下心来继续准备。那么，你将进入 GAS 的第三阶段——**衰竭阶段**。在这一阶段，由于无法继续抵抗压力，个体完全放弃努力。结果是你在凌晨 5 点钟的时候，带着"随它去吧"或者"随便找个借口不去演讲了"的自暴自弃的念头，趴在桌子上睡着了。

第四节　压力的来源和影响

对组织中的个体来说，压力源大体可以分为两个类型：组织压力源和生活压力源。

一、组织压力源

组织中，可能导致压力的因素主要有以下几种。

（一）任务要求和工作条件

任务要求（task demand）是同工作任务有关的压力源。急救医生、消防员等很多职业，要么需要在模糊情景下做出快速决策，要么面临危险的工作环境，要么需要为失误承担重大责任，要么需要投入过多的情绪……这些职业从业者因其承担的工作任务和工作条件的特殊性，会感受到更大的压力。表 6-2 列出了部分职业的工作压力。

表 6-2　不同职业压力水平[16]

低压力工作	高压力工作
1. 精算师	1. 外科医生
2. 营养师	2. 商业航空公司的飞行员
3. 计算机系统分析师	3. 摄影记者
4. 统计员	4. 广告客户经理
5. 天文学家	5. 房地产经纪人
6. 数学家	6. 医生（全科实习）
7. 历史学家	7. 报纸记者
8. 软件工程师	8. 医师助理

注：压力水平得分是通过计算 21 类因素，包括最后限期、竞争力、环境条件、速度要求、准确率要求、首创精神要求、身体要求、面临的危险等得出的。

此外，当一个人的工作量或工作对能力的要求超过了他能够承受的限度，就会发生工作超负荷（overload）的情况。需要注意的是，如图 6-4 所示，当没有足够的工作要做时，即工作负荷不足（underload），也会导致厌烦和冷漠。

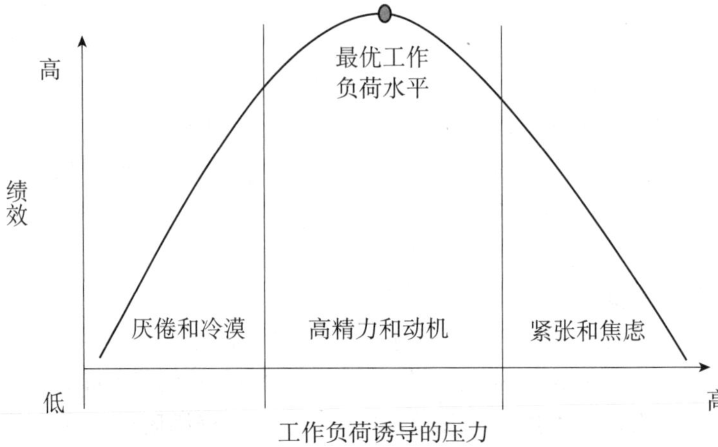

图 6－4　工作负荷、压力和绩效[17]

（二）角色模糊和角色冲突

员工对自己承担的角色缺乏明确的理解和认识时，**角色模糊**（role ambiguity）就出现了。例如，刚加入某项工作的新成员往往对自己应该做什么和应该怎么做感到非常困惑；又比如组织变革时，很多员工因工作方式、职责权限的变更，体验到不同程度的角色模糊。

角色冲突（role conflict）是角色的要求相互矛盾的情形。同一角色收到不同来源相互冲突的要求，就会产生角色内冲突。例如，人力资源部的上级为了某位求职者能入职而做了暗示，但这位求职者明显达不到入职要求。这时，这位人力资源部的员工会觉得这项招聘的工作难以处理。又如，老板要求你周末加班，但孩子们却热切地盼望你周末带他们去动物园游玩。这时，你作为员工和作为父母的角色间的冲突就会产生。

（三）组织制度和组织氛围

当员工与组织中的其他人格格不入时，每一次的交流就成了一件让人倍感压力的事。有些组织的薪酬、晋升制度过于强调与绩效挂钩，造成人际关系紧张。那些不善于竞争的员工在这样的氛围下常会感觉不适应。下属面对专制式的领导，容易产生紧张焦虑和恐惧的情绪。糟糕的人际关系、不适应组织文化和领导风格等都是员工主动离职的原因。

（四）其他因素

很多人会为职位的升迁和获得富有挑战性的任务而兴奋、欣喜，但对那些自我效能感低、缺乏自信的员工来说，这却会是一种压力来源。

经济状况和工作稳定性也给员工带来压力。许多研究表明，失业的压力对员工及其家人伤害巨大。这种压力有可能导致各种生理、心理和行为问题，包括酗酒、抑郁、家庭暴力、家庭解体，严重的甚至会导致自杀与他杀。即使那些幸免于裁员的员工，也可能会因感到内疚、愤怒或害怕自己会成为下一次裁员的目标而体验到很大的压力。

二、生活压力源

生活变化（life change）是个人和工作环境上意义重大的变化。这些变化由于需要应对而产生压力。霍尔姆斯（Holmes）和瑞赫（Rahe）等学者列出了一些常见的生活变化事件，如表 6-3 所示。

表 6-3 生活变化和生活变化单位量[18]

排名	生活事件	平均值	排名	生活事件	平均值
1	丧偶	100	23	儿女离家出走	29
2	离婚	73	24	配偶家人矛盾	29
3	分居	65	25	卓越的个人成就	28
4	入狱	63	26	配偶开始或停止工作	26
5	家属去世	63	27	入学或毕业	26
6	人身伤害和疾病	53	28	生活条件改变	25
7	结婚	50	29	个人习惯改变	24
8	被开除	47	30	与老板发生矛盾	23
9	复婚	45	31	工作时间和条件改变	20
10	退休	45	32	住所改变	20
11	家属健康状况变化	44	33	学校改变	20
12	怀孕	40	34	消遣改变	19
13	性苦恼	39	35	宗教活动改变	19
14	出现家庭新成员	39	36	社会活动改变	18
15	企业调整	39	37	小型抵押和贷款	17
16	财务状况变化	38	38	睡眠习惯改变	16
17	家庭密友去世	37	39	家庭合住人数改变	15
18	工作调整	36	40	饮食习惯改变	15
19	与配偶争吵次数改变	35	41	休假	13
20	大宗抵押	31	42	圣诞节和其他大型节目	12
21	抵押或贷款丧失赎回权	30	43	微小的违法行为	11
22	工作责任改变	29			

注：在一定时期内的生活压力用总生活改变单位量（LCU）测量，通过右列显示的平均值的加总可以得出目标期间内生活改变事件的 LUC。

表中 6-3 既有消极的事件（家属去世、与老板发生矛盾），也有积极的事件（结婚、卓越的个人成就）。因为即使是积极事件，也需要人们付出努力去应对。霍尔姆斯和瑞赫假定表中事件对应的平均值数值能够反映该事件对个人生活影响的大小，称之为生活改变单位量（LCU）。其中，丧偶是对个人生活影响最大的，平均值为 100。

研究发现，在一段时期内，人可以承受一定量的 LCU，但当超过个人能应付的限度时，就会导致问题甚至疾病。

三、压力的影响

有一种观点认为，无论对个体还是组织，保持适当的压力有其积极的一面，所谓“生于忧患，死于安乐”。但在这里，我们更多讨论的是压力的消极影响。

（一）压力的个体后果

压力会给个体在生理、心理和行为方面带来不良后果。

1. 生理后果

尿频、缺乏食欲、头晕头痛、睡眠紊乱、神经衰弱、血压升高、心脏病、过敏性皮炎等疾病是压力所导致的常见健康问题。这些疾病虽以躯体症状表现为主，但其发生发展与心理社会因素密切相关，被称为心身疾病。

2. 心理后果

面对无法应付的压力，人们可能会陷入沮丧、抑郁、焦虑紧张、意志消沉、情绪萎靡等负面状态中。有些人变得敏感、多疑、暴躁，使得人际关系和家庭生活出现问题。

3. 行为后果

压力可能带来吸烟、酗酒、吸毒，甚至自杀或杀人等不良行为，伤害着感受到压力的个体及周围的人。有些人会通过暴饮暴食、疯狂购物、沉溺于网络或者偷窃等方式来舒缓压力，结果常使自己的生活变得一团糟，无疑形成了压力的恶性循环。

（二）压力的组织后果

前面所讨论的每一种个体后果显然也会影响到组织。同时，作为个体集合的组织，压力的影响还表现在以下方面。

1. 态度和情绪

过大的压力损害工作满意度、工作投入和组织承诺。人们可能在工作时不求有功只求无过，激励的效果因而下降。研究表明，当员工工作过多，过于单调，工作反馈机制不健全，对工作缺乏控制感，又常伴随角色模糊及角色冲突时，其压力感和不满感会同时增加。

2. 退缩和倦怠

工作压力大的员工更有可能缺勤或离职。其他一些退缩（withdraw）行为表现为拖延工作任务，对同事、组织漠不关心，甚至捣毁机器、辱骂殴打他人的暴力行为。

压力的另一个后果是**工作倦怠**（job burnout）。工作倦怠包含以下三个维度：**情感衰竭**，指没有活力，没有工作热情，感到自己的感情处于极度疲劳的状态；**去人格化**，指刻意和工作对象保持距离，对工作对象和环境采取冷漠、忽视的态度，对工作敷衍了事，个人发展停滞等；**成就感降低**，指倾向于消极地评价自己，并伴有工作能力体验和成就体验的下降，认为工作不但不能发挥自身才能，而且是枯燥无味的烦琐事物。

3. 绩效下降

以上态度和行为方面的消极后果又会导致绩效下降。在员工身上，常常表现为工作品质和生产力下降；在管理者身上，通常表现为决策失误或因易怒、难以相处而使得工作关系受损。这些问题汇聚在一起，使得组织总体绩效下降。

四、导致压力影响差异的个体因素

同样的事情，因各人的人格特点、应对方式和所拥有的能力、资源不同，造成的影响也不同。

（一）人格

在前面的章节中我们已经介绍过 A 型人格和 B 型人格的典型特征。A 型人格由于对完美的追求，抱着“只能成功，不能失败”的信念，源源不断地产生并积累着内部的紧张和压力，以致在心理和生理上的负担都十分沉重。医学统计表明，85%的心血管疾病与 A 型人格有关。A 型人格的人患心脏冠状动脉硬化的比例要比 B 型人格的人高 5 倍。[19]

大五人格中，情绪稳定性强的人的特点是平静、放松、果敢、安全、自我陶醉，因而能承受较大压力。由于责任心和绩效的正相关关系，责任心强的人往往被赋予更多更困难的任务，因而会面临较大压力。

（二）对压力的认识和态度

耐受力（hardiness）是个体能承受压力的程度。耐受力高的人在经受高度压力和紧张时相对不容易生病。相反，耐受力比较低的人则较难对付紧张和压力。同时，自我效能感高的人因自信而更有把握应对压力。

有人把工作任务看作是学习和成长的机会，有人却将其看作是一种惩罚。**乐观**（optimism）是个人积极地或消极地看待生活的程度。乐天派可以苦中作乐，“天塌下来也不怕，反正有高个顶着”。他们往往能够看到事情的积极方面，并且认为事情最终会好转，因而能更好地应对压力。悲观主义者则更多地看到事情的负面因素，倾向于认为事态会越来越糟糕，于是给自己带来更多的压力。

还有些人倾向于做重复的、有明确规定的事。在这些人看来，模糊的、需要创新的任务就构成了很大的压力。

（三）社会支持

社会支持是指个体感受到的来自上级、同事和亲朋好友的帮助。它可以是直接有助于处理压力的**工具性支持**，也可以是如关注、理解和同情的**情感性支持**。不管是哪一种支持，都能够有效地缓解压力。

第五节 职场压力管理

由于压力可能产生的种种消极后果，个人和组织都应当努力限制其损害效应。

一、个人管理压力的方法

（一）认识和理解压力

“恐惧源于无知”，了解压力及其可能带来的各种影响，特别是认识到压力的积极方面，将有助于我们正确地应对压力。

（二）体育锻炼

经常锻炼的人由于身体状况良好而更为自信乐观。参加集体运动项目的人还因适当的竞争合作获得良好的人际体验。瑜伽、慢跑、游泳、打球都是很好的宣泄和缓解压力的运动项目。

（三）休息和放松

放松的形式有许多种，如定期休假、听音乐、按摩等。研究发现，休假之后人们对工作的态度有显著改善。专家建议在一天的日常工作中不时穿插短时休息，常见的方式是工间操、下午茶等。

（四）时间管理

时间管理通过对事情轻重缓急的安排和适当的授权等方式，有助于完成重要的事情。如果个体时间管理得当，可以消除许多压力。

（五）角色管理

个体应当通过角色管理，努力避免角色过载、角色模糊和角色冲突。假如你不清楚自己在团队中的分工，你不要坐在那里一味地猜测和担忧。相反，你应当主动找上级和同伴要求澄清。角色管理的另一种方法是学会拒绝。许多人因为不会拒绝而给自己带来了许多本职工作之外的任务，平白无故地增加了压力。其实，在很多情况下，只要简单地说"不"就可以解决问题。

（六）寻求社会支持

寻求他人的支持和帮助也是管理压力的方法之一。向朋友倾诉心中的烦恼，可以帮助人们应对持续的压力或危机。向有经验的同事请教，获得顺利完成任务的诀窍，更是对解决问题有实质性的帮助。

（七）心理防御机制

积极的心理防御能够使我们在面对挫折和威胁时，减轻精神压力，恢复心理平衡，甚至变压力为动力。其中，升华是将自己内心的痛苦以社会赞许的好的方式表达出来；补偿则通过别的事物对因挫折和威胁带来的损失给予补偿；幽默容易缩短人与人之间的心理距离，从而使自己更好地寻求到社会支持。

二、组织管理压力的方法

从组织角度来看，**压力管理**主要是为被管理者营造一个能充分发挥所长的、有适度压力的工作环境，同时要避免过度压力的产生。组织本来就是压力的来源之一，它也应当承担缓解压力的责任。很多组织已经开始认识到它们应当帮助员工应对压力。综合起来，管理者可以运用以下几个策略来改善管理模式，满足员工的合理化需求，缓解和消除员工的压力。

（一）任务管理

任务管理主要从工作本身和组织结构入手，使任务清晰化、工作丰富化，增加工作的激励因素，提高工作满意度，从而减少压力及紧张产生的概率。工作再设计可以给员工更大的工作自主性、更强的反馈，使员工对工作活动有更强的控制力，有助于减轻员工的压力感。减轻压力的工作再设计包括工作轮换、工作扩大化和工作丰富化。

如果员工的工作过于标准化，就可以选择工作轮换。当员工觉得一种活动已不再具有挑战性时，就把员工轮换到技术水平要求相近的另一个岗位上去工作。工作轮换的优点在于，通过丰富员工工作活动的内容，减少员工的枯燥感，使员工积极性得到提高。如果工作内容单一、工作任务单调是工作压力的来源，工作扩大化可以发挥作用。通过工作的横向扩展，增加员工的任务数量，丰富工作内容，使工作本身更具有多样性，这种方法可以克服专业化太强、工作多样性不足给人带来的压力。工作丰富化是指对工作内容的纵向扩展，通过主管对下属适度授权可以提高员工对工作计划、执行和评估的控制程度。

（二）身心健康方案

身心健康方案（wellness programs）从改善员工的身心状况入手，其理论假设是，员工应该对自己的身心健康负责，组织则为他们提供达到目的的手段。例如，资生堂公司非常重视指导员工如何保持良好的身心健康，平衡生活和工作。他们为每个员工精心制定健康管理方案，为每个人发放《心灵和身体健康手册》。在手册中，资生堂员工可以将自己一天的作息、饮食、心情、感受到的压力等记录下来，一段时间后与健康管理的专业人士进行谈话，从而制定出一套个性化的身心健康管理方案。[20]

（三）员工帮助计划

员工帮助计划（employee assistance programs，简称 EAPs）最初用于解决员工酗酒、吸毒和不良药物影响带来的心理障碍。它是由企业为员工设置的一套系统的、长期的福利与支持项目。员工帮助计划服务内容目前已扩展到包括压力管理、职业心理健康、裁员心理危机、职业生涯发展、健康生活方式、家庭问题、情感问题、理财问题、饮食习惯等各个方面，全面帮助员工解决个人问题。通过专业人员对组织的诊断、建议和对员工及其直系亲属提供专业指导、培训和咨询，能帮助解决员工及其家庭成员的各种心理和行为问题，使员工在纷繁复杂的个人问题中得到解脱。

（四）建立合作支持的组织文化

增强员工间相互合作和支持的意识，当面临激烈的市场竞争或者艰巨任务的时候，大家作为一个群体彼此支持，士气就会比预期的更加高涨；同时，上下级之间要积极沟通，可以采取面谈、讨论会或者设立建议邮箱等多种形式开展上下级沟通。

（五）参与管理

员工对工作目标、工作预期、上级对自己的评价等问题会有一种不确定感，而这些方面的决策又直接影响到员工的工作绩效。因此，如果管理人员让员工参与决策，就能够增强员工的控制感，帮助员工减轻因角色模糊而产生的工作压力。

专栏 2：新闻中的组织行为学

戴上谷歌眼镜，就能直接读懂对方的情绪[21]

谷歌眼镜作为热门的可穿戴设备，一直以来都受到了广大第三方开发人员的青睐。由脸部识别技术公司 Emotient 推出的一款谷歌眼镜专用应用，可以根据脸部表情的不同，识别人们喜怒哀乐等各种情绪。据悉，这个应用并不仅仅局限于谷歌眼镜使用，它还可以通过摄像头收集人们的面部表情，再把这些数据进行分析和处理，最后通过数据库匹配来告知佩戴者结果。通过分析之后，他人的整体情绪（喜悦、愤怒、惊恐等）将简洁地显示在设备的显示屏上。

在演示中，表情识别速度非常快，无论是微妙的表情（如略带忧伤的表情）还是一闪即过的笑容，处理起来都毫无问题。Emotient 的终极目标就是将其面部跟踪技术用于不同的设备和服务上。该公司再三保证该技术不支持图像数据存储功能，但顾客无论身处什么环境下，其面部表情都会被扫描分析。需要明确的是，该公司多次强调，整合的这些情绪反应是唯一被储存起来的数据。一旦捕捉到的情绪被接收处理后，相关数据便会消失，也不会为个人所掌握。

另外，该公司的这款应用将主要针对的是企业领域，而并非个人用户。该公司首席执行官登曼（Denman）说："这是一项突破性的技术，可以通过匿名分析面部表情的方式，帮助企业搜集客户情绪。我们相信，这项服务对于改善客户体验大有裨益，尤其是在零售领域。它可以让商家在隐蔽状态下通过对顾客面部情绪的分析来获取他们的情绪反应。同时我们相信该技术非常适合零售行业，能够帮助零售业显著提升顾客的逛店体验。"

除了在零售业的应用之外，在诸如机场安检等环节，这项技术同样可以起到比较大的作用。另外在医疗领域，医务人员同样可以根据病人的表情来分析其当前的精神状态，继而决定采取最适合的措施。

本章回顾

情绪和心境是相似的，因为它们本质上都是情感。但是，它们也是不同的——心境比情绪更一般化，语境更少。如果管理者了解了情绪和心境的作用，则对于个体行为的解释和预测能力将会更强。

压力是个体对刺激的适应性反应，这些刺激对个体提出了超出正常水平的心理和生理要求。根据一般适应综合征（GAS）理论，压力反应的三个阶段是警报阶段、抵抗阶段和衰竭阶段。压力可能由多种因素引起。主要的组织压力源是任务要求、角色模糊、角色冲突、职位的升迁、富有挑战性的任务、员工经济状况和工作稳定性等。生活压力源主要指各种生活变化事件，其中既有消极的事件，也有积极的事件。

压力会带来多种后果。个体后果包括生理后果、心理后果和行为后果。在组织后果方面，压力会影响员工的态度和情绪，导致退缩和工作倦怠，最终降低个体、群体乃至整个组织的绩效。

面对压力产生的消极后果，个人管理的主要方法有锻炼、休息、时间管理、角色管理和寻求社会支持等。组织可以通过任务管理、身心健康方案和员工帮助计划，建立合作支持的组织文化和参与管理的领导风格等，来缓解和消除员工的压力。

关键术语

情感 affect
情绪 emotion
心境 mood
情绪智力 emotional intelligence
情绪劳动 emotional labor
情绪失调 emotional dissonance
自主调节 automatic regulation
表面扮演 surface acting
深层扮演 deep acting
失调扮演 disorder acting
压力 stress
积极压力 eustress
消极压力 distress
一般适应综合征 GAS
压力源 stressor
身心健康方案 wellness programs
员工帮助计划 EAPs
任务要求 task demand
工作超负荷 overload
工作负荷不足 underload
角色冲突 role conflict
角色模糊 role ambiguity

生活变化 life change　　　　乐观 optimism

耐受力 hardiness

思考题

1. 情绪和心境的异同是什么？
2. 如果你是一名管理人员，你会采取什么措施改善员工的情绪？
3. 描述最近两次对你构成正反两方面影响的压力事件。
4. 举例描述某次你如何避免 GAS 中的第三阶段，以及某次你不得不陷入第三阶段。
5. 学生的主要压力源有哪些？对学生会有什么影响？
6. 组织压力源和生活压力源分别有哪些？

组织行为学自测

Wong 和 Law 开发了适合于工作场所中的情绪智力测量量表（workplace emotional intelligence test，简称 WEIT），该量表将情绪智力分为自我情绪评价、利用情绪、调控情绪和他人情绪评价四个维度，其信度值分别为 0.89、0.88、0.76、0.85。[22] 每个维度对应 4 个项目，共 16 个项目，对每一个项目使用七点李克特量表来进行测度，"1" 表示非常不同意，"7" 表示非常同意。请你根据自己的实际情况，选出对以下描述的同意程度。

题项	非常不同意	不同意	较不同意	不确定	比较同意	同意	非常同意
1. 通常我能知道自己为什么会有某些感受。	1	2	3	4	5	6	7
2. 我很了解自己的情绪。	1	2	3	4	5	6	7
3. 我真的能明白自己的感受。	1	2	3	4	5	6	7
4. 我常常知道自己为什么觉得开心或不高兴。	1	2	3	4	5	6	7
5. 遇到困难时，我能控制自己的脾气。	1	2	3	4	5	6	7
6. 我很能控制自己的情绪。	1	2	3	4	5	6	7
7. 当我愤怒时，我通常能在很短的时间内冷静下来。	1	2	3	4	5	6	7
8. 我对自己的情绪有很强的控制能力。	1	2	3	4	5	6	7
9. 我通常能为自己制定目标并尽量完成这些目标。	1	2	3	4	5	6	7
10. 我经常告诉自己我是一个有能力的人。	1	2	3	4	5	6	7
11. 我是一个能鼓励自己的人。	1	2	3	4	5	6	7
12. 我经常鼓励自己要做到最好。	1	2	3	4	5	6	7
13. 我通常能从朋友的行为中猜到他们的情绪。	1	2	3	4	5	6	7
14. 我观察别人情绪的能力很强。	1	2	3	4	5	6	7
15. 我能很敏锐地洞悉别人的感受和情绪。	1	2	3	4	5	6	7
16. 我很了解身边的人的情绪。	1	2	3	4	5	6	7

分数解释：将每题得分加总求和，最后得分范围为 16～112 分，分数越高表明你的情绪智力越高。

品味经典研究

不同文化中情绪表达的普遍性[23]

埃克曼（Ekman）是一位美国心理学家，是研究情绪和面部表情的先驱。他被认为是二十世纪最杰出的100位心理学家之一。如果你看了美剧《别对我说谎》(Lie to Me)，就会对埃克曼更了解，因为那个观察力超常的“人肉测谎仪”莱特曼博士的原型，正是埃克曼。

1966年，埃克曼得到美国国防部给他的一笔研究经费，用于分辨哪些表情和姿势是人类普遍共有的、哪些是基于文化而特有的。

当时的普遍观点是，表情和姿势都是由文化决定的，但这一观点缺乏具体数据和论据支撑。而另一位芝加哥大学教授汤姆金斯（Tomkins）则对当时的主流观点持明确的否定态度，作为达尔文主义者的他坚决认为，表情是人类共有的。

埃克曼足足花费了一年的时间，看完了在新几内亚的两个部落里拍的长达10万英尺（约3万米）的胶片。这两个部落完全与现代文明隔离，仍停留在石器文化时代。那些部落中的孩子们完全没有被媒体及外面的世界所影响，保有着人类与生俱来的本真。他发现，10万英尺的胶卷里所记录下的原始部落人类的所有表情都无一例外地在文明世界里看到过。可见，无论基于怎样的语言和文化，基于情绪引发的面部表情是一致的。在随后的研究中，埃克曼发现无论何种语言与文化，这7种基本情绪引发的面部肌肉变化大致是一样的：愤怒（眉毛下垂，前额紧皱，眼睑和嘴唇紧张）、厌恶（嗤鼻，上嘴唇上抬，眉毛下垂，眯眼）、轻蔑（嘴角一侧抬起，做讥笑或得意状）、恐惧（嘴巴和眼睛张开，眉毛上扬，鼻孔张大）、惊讶（下颚下垂，嘴唇和嘴巴放松，眼睛张大，眼睑和眉毛微抬）、快乐（嘴角翘起，面颊上抬起皱，眼睑收缩，眼睛尾部会形成鱼尾纹）和悲伤（眯眼，眉毛收紧，嘴角下拉，下巴抬起或收紧）。

全世界不同地区的人所使用的“面部表情语言”大体上是相同的。埃克曼的团队所做的研究证明，人类拥有一套相同的情绪表达方式。

既然人类的面部表情是共通的，那就应该可以有一个科学的方法将这些表情整理分类。这便是埃克曼后来的研究成果——面部动作编码系统（FACS)。埃克曼根据人脸解剖学特点，将其划分成若干相互独立又相互联系的运动单元（AU)，比如第12号AU包括两块颧肌、第6号AU则是眼外侧的轮匝肌。分析这些运动单元的运动特征及其所控制的主要区域，以及与之相关的表情，就能得出面部表情的标准运动。面部动作编码对表情的捕捉准确率高达90%。

注释

［1］佚名．抑郁袭来：当代人心理压力调查．(2014－06－09)［2014－06－20］. http://www.psy.com.cn/detail.aspx? flag=35190&name=MentalHealth_.

［2］EKMAN P.，R. J. DAVISON. The nature of emotions ：fundamental questions. Oxford UK：Oxford University Press，1994.

［3］SCHERMERHORN J. R.，JR. J. G. HUNT，R. N. OSBORN，M. UHI-BIEN.

Organizational behavior. Hoboken：John Wiley & Sons Inc.，2012.

[4]［美］詹妮弗·M. 乔治，加雷思·R. 琼斯. 组织行为学：第5版. 于欣，等译. 北京：北京大学出版社，2010.

[5]［美］丹尼尔·戈尔曼. 情感智商. 耿文秀，查波，译. 上海：上海科学技术出版社，1997.

[6] LUTHANS F. Organizational behavior：an evidence-based approach. New York：Mc-Graw-Hill，2011.

[7] MORRIS J. A.，D. C. FELDMAN. Managing emotions in the workplace. Journal of Managerial Issues，1997，9（3）：257-274.

[8] ASHFORTH B.，R. HUMPHREY. Emotional labor in service roles：the influence of identity. Academy of Management Review，1993，18（1）：88-115.

[9] 胡君辰. 组织行为学. 2版. 北京：中国人民大学出版社，2014.

[10] 李爱梅，凌文辁. 组织行为学. 2版. 北京：机械工业出版社，2015.

[11] 孟昭兰. 情绪心理学. 北京：北京大学出版社，2005.

[12]［美］斯蒂芬·罗宾斯，蒂莫西·贾奇. 组织行为学：第16版. 孙健敏，王震，李原，译. 北京：中国人民大学出版社，2016.

[13] 丁宁，王馨. 组织行为学. 北京：清华大学出版社，北京交通大学出版社，2010.

[14] LEE K.，N. J. ALLEN. Organizational citizenship behavior and workplace deviance：the role of affect and cognition. Journal of Applied Psychology，2002，81（7）：131-142.

[15] 杨继平，郑建君. 情绪对危机决策质量的影响. 心理学报，2009，141（16）：481-491.

[16] GRIFFIN R. W.，G. MOORHEAD. Organizational behavior：managing people and organizations. Mason，OH：South-Western Cengage Learning，2014.

[17] 同[16].

[18] THOMAS H.，R. H. RAHE. The social adjustment rating scale. Journal of Psychosomatic Research，1967，11（2）：213-218.

[19] GOMER K. O.，N. SCHNEIDERMAN. Behavioral medicine approaches to cardiovascular disease prevention. Mahwah，New York：Erlbaum，1996.

[20] 佚名. 给每个员工定一套健康方案.（2014-03-18）[2014-07-02]. http：//paper. people. com. cn/smsb/html/2014-03/18/content_1402866. htm.

[21] 佚名. 戴上谷歌眼镜，就能直接读懂对方的情绪.（2014-03-13）[2014-06-24]. http：//tech. qq. com/a/20140313/007133. htm.

[22] LAW K. S.，C. S. WONG，L. J. SONG. The construct and criterion validity of emotional intelligence and its potential utility for management studies. Journal of Applied Psychology，2004，89（3），483-496.

[23]［美］菲利普·津巴多，罗伯特·约翰逊，薇薇安·麦卡恩. 津巴多普通心理学：第7版. 钱静，黄珏萍，译. 北京：中国人民大学出版社，2016.

第七章

群体行为基础

同类相从，同声相应。

——《庄子》

学习目标

1. 掌握群体的概念，了解群体行为的特征。
2. 描述群体发展的四阶段。
3. 能区分常见的群体类型。
4. 理解群体的静态特征。
5. 掌握群体凝聚力的影响因素。
6. 掌握群体决策和个体决策的特点。

引例

艾比林悖论[1]

管理学教授哈维（Harvey）和他的妻子一起到得克萨斯州小城柯曼（Coleman）探望岳父母。当时室外的气温高且非常闷热，沙漠的焚风更让人感到不舒服。到了柯曼，外头气温高达40℃，哈维夫妇和岳父母待在阳台阴凉处吹电风扇，还好有冰凉的饮料，大家一起玩骨牌游戏打发时间。哈维的岳父突然提议说："我们不如开车出去走走，到艾比林（Abilene）吃点东西好不好？"

哈维在心中嘀咕道："这真是个坏主意，这样的大热天加上沙漠焚风，来回要走106英里（大约170千米）的路程，而且还要搭乘那辆没有空调的老别克汽车。"哈维的妻子却回答道："这真是个好主意，如果能去那里走走真是再好不过了。"哈维此时只好附和道："当然行，只要岳母也同意就可以了。"哈维的岳母回答："当然好了，我已经好久没有去艾比林走走了。"

成行后，哈维当初在心中嘀咕的预言成真了——闷热，皮肤沾满了细微的灰尘，一切都令人难以忍受。他们到一家快餐店用餐，但是里头平淡无味的食物令人难以下咽。4个小时后，一行人精疲力竭地回到家中，他们被外面的太阳热坏了。

每个坐在客厅摇椅上的人都累得不想说话，哈维为了打破众人的沉默，于是开口说："这次艾比林之行还不错吧，不是吗？"

没有人回答这句话，最后他岳母说道："要不是你们三个人都想出去，我还是情愿留在家中。"

哈维的妻子回应："这不是我的错，是你们三个人想去的。"

最后哈维的岳父说道："其实我本来也不想去，但你们很少来我们家玩，我怕你们在家里感到无聊。我其实比较情愿待在家中玩玩骨牌、吃吃冰箱内的东西。"

这四个人当初所同意做的事，恰好是每个人心中所不乐意做的事。

哈维教授将这段家庭的小插曲称为"艾比林悖论"（Abilene paradox）。

第一节 群体概述

"物以类聚，人以群分"，这是自然界的普遍现象。社会是有组织的，组织是由群体构成的，而群体又是由个体组成的。群体行为并非每个人、每个行动的简单相加。也就是说，一个人独处和加入群体之中，其行为表现是不尽相同的。

现代企业中管理者所面对的是群体而不是个人，每个人都在不同的群体中工作和生活。一个人又可以同时参加若干个群体，所以，研究各种群体对人们心理形成和发展的不同影响，对于在管理工作中掌握人的心理活动规律，提高工作效率，有着非常重要的意义。

一、群体的定义

对于群体的定义，现在还没有一个统一的认识。本书把**群体**（group）定义为：为了实现特定目标，由两个或两个以上相互联系、相互作用、相互依赖、相互影响的个体组成的集合体。要准确把握群体的内涵和外延，必须仔细理解群体的四个特征，如图7－1所示。[2]

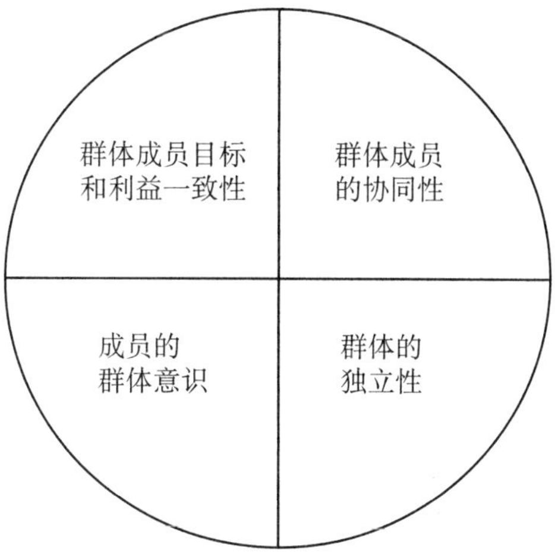

图7－1　群体的特征

（一）群体成员目标和利益一致性

群体目标是群体得以建立和维系的基础。人们组建一个群体的动力在于群体能够更加有效地满足人们的需要。正是为了一个共同的目标，群体内部各成员之间才会相互影响、相互作用。

（二）成员的群体意识

群体成员意识到他们都属于同一个群体。他们之间具有工作、信息、思想及情感上的交流，群体内部成员相互认识，并且意识到彼此的存在，感觉到他们是一个群体。此外，作为群体成员，无论单独时还是在群体内时，都与其他成员有着相互影响的关系。这种心理共识成为群体成员工作行为和社会行为的基础。

（三）群体成员的协同性

群体成员之间具有社会-工作关系，有一致的群体目标和共同的群体利益作为行动向导，能对不利于群体的内外部因素做出一致的反应。此外，群体不是个体特性的简单相加，而是一个有机的结合体。每个成员都在群体中扮演一定的角色，有自己的职责，并在成员之间的相互行动中主动配合、相互影响，使群体成为一个具有凝聚力的集体。

（四）群体的独立性

群体形成并正常运转后，就会在群体行为规范、群体行动计划、群体价值取向等方面表现出自身的独立性，不会因个别成员的去留而发生频繁变化。

因此，判断一个人群是不是群体，需看其是否具备上述四个方面的特点。例如，飞机上的乘客、剧院里的观众等不能称为群体；而一个办公室的工作人员、企业的研发小组等是群体。另外，群体不能过大，否则群体中的成员无法意识到对方的存在，也不可能发生交互作用。一个万人大厂中的成员可能彼此不认识，即使见过一面也没有后续交往。

二、群体发展的四阶段

随着群体的发展，成员会认同或修改预先规定的群体任务，明确个体在群体中的角色，并协商形成群体规范等。研究表明，这些变化一般通过四个发展阶段表现出来，分别是开始、分化、整合和成熟，如图 7－2 所示。[3]

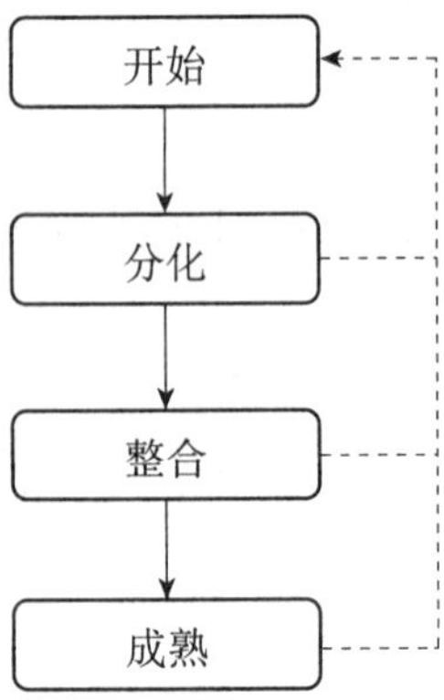

图 7－2　群体发展的四阶段

（一）开始（initiation）阶段

这是群体发展的初始阶段，充满了不确定性和焦虑。群体成员初次走到一起，大家都专注于了解彼此的观点和能力，并讨论一些与组织目标无关的中性话题，如天气和体育比赛等。随着他们对彼此逐渐熟悉，群体成员开始讨论一般性的工作问题和每个人与预定的组织任务的关系。这时的注意力集中于确定行为的正当性和成员被期望能为组织做出的贡献上。随着观点的交流和讨论，个体自行决定是留下还是离开该群体。

（二）分化（differentiation）阶段

此阶段以群体内部的冲突为主要特点。群体成员在就群体目标达成一致的过程中会发生冲突，在探讨应怎样完成群体任务时也会出现观点碰撞。此时，明确个体在何时、何地、为何、做何事以及如何奖励的问题通常是最难达成一致的议题。很多时候，群体成员间的冲突便足以威胁到群体的存在。但是，如果能成功解决这些问题，分化阶段将形成群体角色和规范。

（三）整合（integration）阶段

这一阶段，群体成员必须解决在一些重要事情上存在的冲突。在分化阶段形成的角色结构的基础上，重新确立群体的主要目标。群体成员通常会对正式的群体目标进行修改，重新达成一致的群体目标有助于提高群体成员的认同感和群体凝聚力，同时能够为形成协调群体成员行为的补充规则、规范和程序奠定基础。许多群体倾向于将这个阶段设为整个任务的半程标志点。在大多数情况下，这种预期会使成员们产生能否按期完成任务的焦虑，由此使个体向群体的其他人妥协的动机和意愿急剧增强，这会使群体加速进入第四阶段。

（四）成熟（maturity）阶段

在群体发展的最后一个阶段，群体成员履行各自职责并为完成群体目标而努力工作。关于目标、角色和规范达成的正式协议被整理成书面文档。这些正式协议的形成，能够帮助在后加入群体的新成员理解群体目标和运作方式。即使在这一阶段，群体仍然可能接受新的任务或新的绩效要求，群体环境或成员的变化有可能使得群体回到之前的阶段，并重复过去的发展历程，因此，群体发展是一个动态、持续的过程。

三、群体的分类

依据不同的标准可以把群体分成多种类型。表 7-1 介绍了常用的群体类型划分方法。

表 7-1　群体类型

<table>
<tr><th>分类标准</th><th colspan="4">群体种类</th></tr>
<tr><td rowspan="2">群体组织属性</td><td rowspan="2">正式群体</td><td>命令型群体</td><td rowspan="2">非正式群体</td><td>利益型群体</td></tr>
<tr><td>任务型群体</td><td>友谊型群体</td></tr>
<tr><td>群体规模</td><td colspan="2">大群体</td><td colspan="2">小群体</td></tr>
<tr><td>个人实属状况</td><td colspan="2">实属群体</td><td colspan="2">参照群体</td></tr>
<tr><td>开放程度</td><td colspan="2">开放型群体</td><td colspan="2">封闭型群体</td></tr>
</table>

（一）正式群体和非正式群体

按照群体组织属性划分，群体可分为正式群体和非正式群体。

正式群体和非正式群体是群体划分中最常见的类型。正式群体和非正式群体的划分是由美国哈佛大学教授梅奥（Mayo）首先提出的。

1. 正式群体

正式群体（formal group）是指由组织批准的，按照预定的任务目标而建立起来的工作群体。它有既定的目标、明确的责任分工、固定的编制、规定的权利和义务。正式群体分为命令型群体和任务型群体。

（1）命令型群体。

命令型群体是由组织结构决定的，它由直接向某个主管人员报告工作的多个下属组成。

（2）任务型群体。

任务型群体也是由组织结构决定的，它是指为完成一项工作任务而在一起工作的人。但任务型群体的界限并不仅仅局限于直接的上下级关系。

2. 非正式群体

非正式群体（informal group）又称为自然群体，是指由于某种原因自发形成的、不为组织正式承认、没有正式结构、组织中没有正式规范的群体。非正式群体中也存在着一定相互关系的结构和规范，它虽然不是组织正式建立的群体，在组织中也不占据主导地位，但有时非正式群体对群体成员的作用和影响比正式群体还要大。因此，管理者要重视组织中的各种非正式群体。非正式群体分为利益型群体和友谊型群体。

（1）利益型群体。

利益型群体是成员为共同关心的利益诉求而结成的群体。如老板“跑路”，被欠薪的工人组成讨薪群体，要求政府部门主持公道。

（2）友谊型群体。

友谊型群体是指基于成员共同特点或兴趣爱好而形成的群体。如大学里的同乡会、围棋俱乐部社团等都是友谊型群体。

正式群体和非正式群体的区别如表 7－2 所示。[4]

表 7－2　正式群体和非正式群体的区别

比较维度	正式群体	非正式群体
一般性质	官方	非官方
主要概念	权威与责任	权利与满足
初始关注	职位	个人
领导权力来源	职位授予	群体给予
行为指南	制度条例	内部规范
控制来源	报酬或惩罚	成员接纳或排斥

（二）大群体和小群体

按照群体的规模划分，群体可分为大群体和小群体。

群体大小无法用简单的数量标准来衡量，但是它们之间存在着明显的区别。一般来说，大群体中群体成员较多，群体成员间的相互作用较少，群体成员多通过组织结构、群体任务和群体目标来发生彼此联系。而小群体成员之间经常能面对面地一起工作。组织行为学中在群体层面研究的重点是有直接互动关系的小群体。

（三）实属群体和参照群体

按照个人的实属情况划分，群体可分为实属群体和参照群体。

1. 实属群体

实属群体是个体实际归属的群体，个体与群体成员互动，享受所拥有的权利和自由，同时承担应负的责任和义务。实属群体中的个体受到群体规范、群体压力和群体领导等因素的制约。

2. 参照群体

参照群体是个体心理上所“向往”的群体，不是其所实际归属的群体，它甚至可能是一个想象中的群体。个体常常把这一群体的规范、标准和价值观作为自己行动的参照和学习的样板。

（四）开放型群体和封闭型群体

按照群体的开放程度划分，群体可分为开放型群体和封闭型群体。

1. 开放型群体

开放型群体中没有固定的成员数量限制，成员变动比较频繁，与外界的接触较多，群体结构较为松散。

2. 封闭型群体

封闭型群体成员相对固定，成员变动较少，成员之间的权力和地位也更加稳定，成员与外界的接触受到限制。

一般来说，开放型群体容易吸收外界具有不同思维特点的人才，成员思想开放，易于创新和变革，群体能很好地适应外部环境，但是不适于完成需要长期合作的任务。而封闭型群体相对比较保守，成员容易故步自封，不利于创新，群体对新事物接受慢甚至抵制。但是由于稳定性高，使得群体成员间非常熟悉，更利于完成需要长期规划和合作的任务。

第二节　群体静态特征

一、角色

角色一词来自戏剧舞台，组织行为学里的**角色**（role）是指人们对在某一社会单元（组织和群体）中的成员所期待的一套行为模式[5]。每个成员处在不同的群体中都会表现出不同的行为模式，不同的群体对自己成员的角色要求不同。为了成功地扮演好在各个群体中的角色，就需要了解角色知觉、角色模糊和角色冲突等概念。

（一）角色知觉

角色知觉是指一个人对于自己在某种环境中应该做出什么样行为反应的认识。它是行为者对于外界希望自己怎样“扮演好”某个特定角色的知觉。

（二）角色模糊

角色模糊也称为角色混淆。我们知道角色是人们对某一个社会单元中的个体所期望的一套行为模式，体现了一个人在组织中的地位，反映其相应的权利、义务和职责。当一个人对自己承当的角色把握不准或缺乏真正理解时，或者是周围很多人对某一个个体的工作提出了完全不同的期望和要求时，个体便会产生无所适从的困惑和犹豫，以致造成个体进退两难的尴尬境遇，此时容易引发**角色模糊**。

（三）角色冲突

任何组织或群体中的个体都不得不扮演多种不同的工作角色和生活角色，不得不应对多种角色期待。当个体面临多种角色期待时，如果个体服从一种角色的要求，那么就很难服从另一种角色的要求，这就会产生**角色冲突**。

角色冲突可以划分为两类：第一类是**角色内冲突**（intra-role conflict），这是指与角色扮演者相关的冲突，如个体的价值观、信念与角色期望不一致；第二类是**角色间冲突**（inter-role conflict），这是指一个人所担任的不同角色之间发生的冲突，如职业角色与家庭成员角色之间的冲突。

二、规范

（一）规范的定义

所有群体都有自己的规范。所谓**规范**（norm）就是群体成员共同认为应当遵守的一些行为标准。群体不同，群体规范也不同。群体规范使得群体成员知道自己在特定情境下的行为范围和行为规则，使群体成员知道应该做什么、不应该做什么。

（二）正式规范和非正式规范

在组织中，群体规范包括正式规范和非正式规范。**正式规范**是由组织明文规定的，成员必须遵守的规章制度和工作程序，如企业的岗位规范、工作流程等。**非正式规范**则是指组织没有明文规定，但确实对成员发挥约束力的一些约定俗成的行为准则。比如一些工作习惯、群体舆论里或者是成员间心知肚明的“潜规则”。

（三）群体规范的形成

群体规范是在群体形成和发展的过程中逐步确立的。当然，群体中的一些关键事件可能会缩短这个过程，并能迅速强化新规范。大多数群体规范是通过下列方式形成的：群体领导或有影响力的人物所做的明确规定；群体历史上的关键事件；群体内的首次行为模式定下了基调；新群体成员进入时带来的“输入型”规范。

（四）群体规范的类型

工作群体的规范就像一个人的指纹一样独一无二，根据群体规范的内容可以把群体规范分为以下几种类型。

1. 群体绩效规范

群体绩效规范明确告诉群体成员应该如何努力工作，应该如何完成自己的工作任务，应该达到什么样的产出水平，应该如何与别人沟通才能完成群体的工作任务、达到群体的绩效目标。群体绩效规范对员工个人的绩效在一定程度上能够起到预测作用。

2. 群体成员形象规范

这类规范对于成员如何着装和注重形象方面起到重要作用。有些组织对于成员的形象有明文规定，但是即便没有这些规定，组织成员对于上班时该如何着装和保持形象也有着心照不宣的共识。

3. 群体社交规范

如应该多和哪些人交往、不能和谁走得太近，在公司里相互之间是称呼职务头衔还是英文名字等。

4. 群体资源的分配规范

资源的分配规范主要涉及员工报酬、棘手任务的分配、新工具和新设备的分发等。

三、地位

地位（status）是指个体在群体内的威望、职位或者级别。地位既可以是群体正式给予的，也可以通过教育、年龄、性别、技能、经验等特征而非正式地获得。组织中非正式地位的重要性未必不如正式地位。在群体中，地位高的个体通常能获得更多的特权，参与更多的群体活动，而且有更多的机会担任重要角色；地位低的成员常感到被疏远和遗忘。

身份地位对群体行为的影响主要表现在以下四个方面。[6]

（一）地位等级与工作秩序

怀特（Whyte）发现在一个群体中，如果行为是由地位高的人向地位低的人发起的，那么他们在一起能够合作得比较愉快。如果反过来，那就会引发群体中的冲突。因此，在某些工作程序上需要进行适当变革，以使之更加符合工作协作中的人们的地位等级，就会改善员工之间的人际关系和提高工作效率。

（二）地位和规范

一个地位较高的群体成员具有较大的偏离群体规范的自由，他能够有力地抵制群体规范对其离轨的行为所施加的压力。

（三）地位公平和地位矛盾

如果群体成员认为群体中存在地位不公平现象，就会引起群体内的不均衡，并带来成员各种各样的修正性行为。地位不平等，会使群体成员产生挫折感，对群体生产率和工作满意度都带来不利影响。

（四）地位标准和地位冲突

在群体内部，通常有一定的地位标准，群体成员的地位等级与标准一致，但有时也可能出现地位冲突，即个体在群体地位等级系统中的位置看起来与地位标准要求不一致。这时，他就会成为仇恨或妒忌的对象。如果让来自不同背景的人们组成群体，由于彼此的地位标准不同，很可能产生地位冲突。在组成工作团队时，这往往会成为突出问题。

四、规模

群体规模（size）会影响群体的整体行为，但它对群体行为和绩效的影响还取决于其他变量，如群体任务性质。一般而言，小群体比大群体完成任务的速度更快。5～7 人的群体在执行具体任务时，存在较多的一致性和共同点，比人数更多的群体和更少的群体完成任务速度都要快；12～15 人的群体的目标如果是调查事情真相，会有较多的不同意见和信息，解决问题表现较好。[7]

另外还有研究发现：规模为奇数的群体比规模为偶数的群体更普遍，也更受欢迎；群体规模与工作满意度基本上呈反比关系；由于“社会惰化”（social loafing）的影响，群体规模与工作绩效的关系不明显。

群体规模对群体行为的影响如表 7－3 所示。[8]

表 7－3 群体规模对群体行为的影响

影响	群体规模小	群体规模大
群体内部相互作用	容易	困难
群体凝聚力	较高	较低
工作满意度	较高	较低
生产率	无明显影响	无明显影响
社会惰化倾向	较弱	较强

五、构成

群体构成（composition）即群体组成，它是指在一个群体中各成员所具有的各项个体特征的分布和组成情况。根据群体组成成分的不同，群体的构成可以分成异质结构和同质结构两种类型。

（一）异质结构群体

如果一个群体是由不同特征的个体所构成的，那么我们称其为**异质结构群体**。在异质结构群体中，成员的性别、年龄、个性、专业、能力、态度、价值观和经历等方面存在显著差异。这种群体更可能拥有多种能力和信息，因此会提高群体的运行效率。在执行需要集思广益的任务时，异质结构群体存在很大的优势。这种群体也存在缺陷，那就是群体内部矛盾、冲突较多，沟通相对困难，不太容易随机应变。

（二）同质结构群体

如果一个群体是由具有共同特征的个体所组成的，那么我们可以说这是一个**同质结构群体**。这种群体的特点与异质结构群体基本相反。同质结构群体在完成简单任务、连续任务、合作性任务，以及要求速度快、工作时效性强的任务时，效果较好，更为适宜。

表 7－4 显示面临不同的前提条件时，选择同质结构群体还是异质结构群体可能使工作效率达到最高。

表 7－4 选择同质结构群体或异质结构群体的前提条件

前提条件	同质结构群体	异质结构群体
工作比较单纯，不需要复杂的知识和技能	√	
完成一项工作需要成员密切配合	√	
从事连贯性的工作	√	
完成复杂、无先例可循的工作		√
决策错误可能产生不利后果		√
需要创造力		√

另外有研究表明，在执行任务时，那些经过一段时间相处磨合较好的异质结构群体比同质结构群体更有效。

在实践中，到底是采用同质还是异质成员来组建群体，还需要考虑组织和管理者的管理能力。异质结构群体的成员在很多方面差别较大，沟通困难，容易发生冲突。处理这些潜在的沟通和冲突问题就需要领导具有相应的管理能力。否则，异质结构群体是很难取得良好绩效的。

总之，群体构成对群体的心理气氛、和谐程度、凝聚力和工作成效都会有较大的影响。组建工作群体时，应根据工作的性质、类型、特点、员工个体特征及正式领导的组织管理能力等实际情况进行合理的人员搭配，从而优化结构，建设高效群体。

第三节 群体动态特征

一、群体从众性与偏差行为

群体从众性（group conformity）是指在群体情境下，个人受到群体压力，而在知觉与行为上，和群体中多数人趋于一致的倾向。在群体压力非常大的情况下，会迫使成员违背自己的意愿产生完全相反的行为。

偏差行为（deviant behavior）是指有意违背组织或群体规范的活动。从众使群体成员的个体行为受到控制，以利于群体目标实现，而偏差行为迫使群体成员重新审视群体规范的合理性。图 7－3 描述了群体从众性/偏差行为的程度与群体目标实现之间的关系。[9]

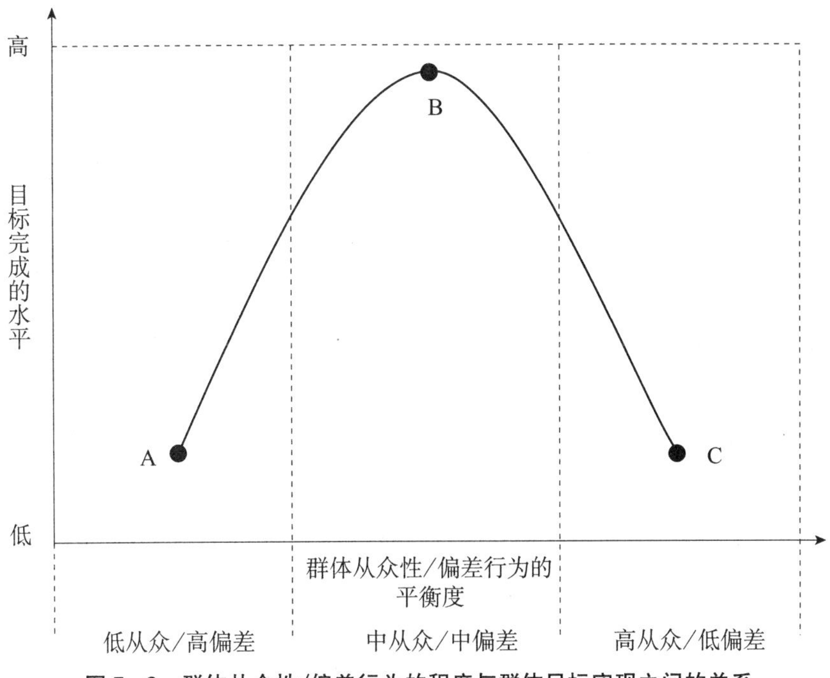

图 7－3　群体从众性/偏差行为的程度与群体目标实现之间的关系

位于 A 点的群体拥有低水平的从众性、高水平的偏差行为，这样的群体较难控制成员的行为，不易达成群体目标。位于 B 点的群体在从众性和偏差行为之间做到较好平衡，从众和偏差都处于中等水平，从众可以指导成员的行为朝向群体目标努力，偏差促使群体定期检查现有规范的合理性。位于C点的群体拥有高水平的从众性、低水平的偏差行为，这类群体的成员在群体压力下达成低水平目标，群体成员从不偏离规范，即使群体在环境发生急剧变化的情况下，仍然固守从前的规范。因为偏差行为有可能是改进群体绩效的重要推动力，群体怎样对待偏差行为是群体效能的决定因素之一。有研究发现，群体能够从允许成员适度偏离规范或让不同于大多数人的观点得到发表机会中获益。[10]

当然，偏差行为也会对群体产生不利影响的一面。当工作场所中出现影响生产效率的偏差行为时，会对员工的协作、承诺和动机水平产生不良影响。反过来，这又会导致员工生产率和工作满意度的下降，同时导致离职率的上升。

二、群体凝聚力

（一）群体凝聚力的概念

心理学家勒温（Lewin）在20世纪50年代最先提出了凝聚力（cohesiveness）的概念。**群体凝聚力**是反映群体成员之间相互吸引及对群体本身的认同并共同追求目标的过程，其实质是一个群体的成员在目标、情感和行为上的向心力。

20世纪80年代，人们对群体凝聚力的认识又有了新的发展，将凝聚力描述为一个动态的过程，主张凝聚力应区分为两个方面：一是任务凝聚力，它与群体的目标和对成绩指标的承诺相关；二是人际凝聚力，它更多地涉及人际关系，如友谊关系和交往情感。

（二）群体凝聚力的影响因素

群体凝聚力是群体存在的前提。凝聚力受到多种因素的作用。研究群体凝聚力的影响因素可以从人际、结构和情景三个角度去考虑，如图7-4所示。

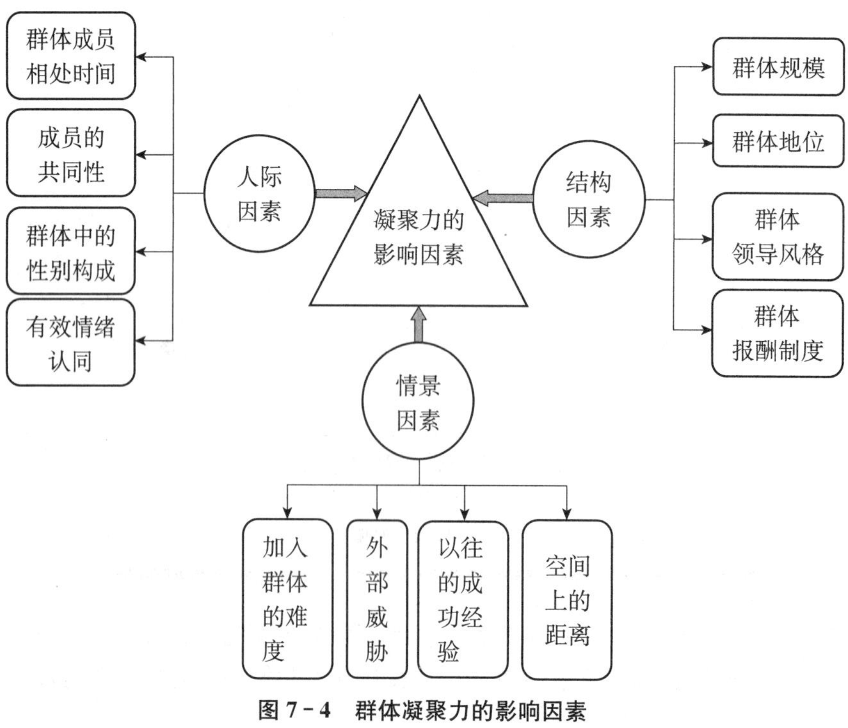

图7-4 群体凝聚力的影响因素

1. 人际因素

以群体中个体的个性特点为基础的人际关系是影响凝聚力的最一般的因素，它主要包括：

（1）群体成员相处时间。群体成员在一起的时间长短将会影响相互之间的凝聚力。相处时间长的群体成员之间相互熟悉交往活动多，相处和谐交流顺畅。

（2）成员的共同性。如果群体成员具有共同的目标、利益、兴趣爱好及愿望等，则群体的凝聚力就强。

（3）群体中的性别构成。学者们通过研究发现，女性的凝聚力高于男性。成员全部为男性的群体的凝聚力要比成员全部为女性，或者成员既有男性又有女性的群体的凝聚力低。

（4）有效情绪认同。如果群体成员对群体内受挫者抱有强烈的同情，就会自然而然地采取必要的行动来与受挫者共渡难关。

2. 结构因素

群体一旦形成，群体的结构也会相应形成，那么群体的规模、领导和激励方式等群体结构特征也会体现出来。这些特征会对群体中的个体产生重要的影响，并对凝聚力发挥作用。

（1）群体规模。研究表明，小规模群体的凝聚力要高于大规模群体。群体规模越小，成员之间异质性越小，分歧和矛盾就越少，成员间彼此作用与交往的机会就越多，感情也会越深，凝聚力也越大。因此，凝聚力的大小与群体规模成反比。

（2）群体地位。组织中不同群体间的地位差异也会对群体凝聚力产生影响。一个群体在组织中的等级地位直接涉及该群体是否受到其他群体的挑战、威胁及承担任务的艰巨性和面临的晋升机会等问题，从而影响该群体中成员的凝聚力。

（3）群体领导风格。群体的领导者可能有着不同的领导风格，不同的领导风格也会影响群体凝聚力。实验结果表明，采用“民主型”领导风格的小组比其他小组的成员之间更友爱、思想更活跃、群体凝聚力更强。一般来说，“专制型”或“放任型”的领导风格都不利于群体凝聚力的形成。

（4）群体报酬制度。研究表明，奖励个人与奖励群体相结合的报酬制度有利于增强群体凝聚力。群体能否持续为其成员提供其所期望的激励，会对群体凝聚力产生重要影响。

3. 情景因素

影响凝聚力的情景因素主要包括：

（1）加入群体的难度。加入一个群体越困难，这个群体的凝聚力就可能越强。进入这个群体的成员在加入过程中都经历了激烈的竞争，有着共同的经历：申请、考试、面试、等待最后的结果等。正是这些共同经历增强了他们之间的凝聚力。

（2）外部威胁。外部威胁有可能会刺激组织增强自己的凝聚力。例如，当组织受到外来攻击时，组织成员就会团结起来共同御敌。

（3）以往的成功经验。如果某个群体有非常成功的历史，它不仅容易建立起合作精神来团结现有的群体成员，同时对于群体外的人员也具有很强的诱惑力。

（4）空间上的距离。空间上的远近对于群体凝聚力的作用不可忽视。空间接近可以促进个体之间的相互影响。

（三）群体凝聚力和生产率的关系

群体凝聚力与群体绩效之间存在着什么样的关系呢？社会心理学家沙赫特（Schachter）等人就此问题进行了实验研究。实验者将被试分成5个组，在严格控制的条件下检验群体凝聚力和对群体成员的诱导这两个因素对生产效率的影响。5个组中有两个凝聚力强的实验组A、B，两个凝聚力弱的实验组C、D，以及一个对照组E同时制作棋盘。工作开始的前16分钟5个组的工作效率基本相同，然后对A、C两组提出“提高生产量”的要求作为积极诱导，对B、D两组提出“不要工作太快”的要求作为消极诱导，对E组不做任何要求。试验结果如图7-5所示。[11]

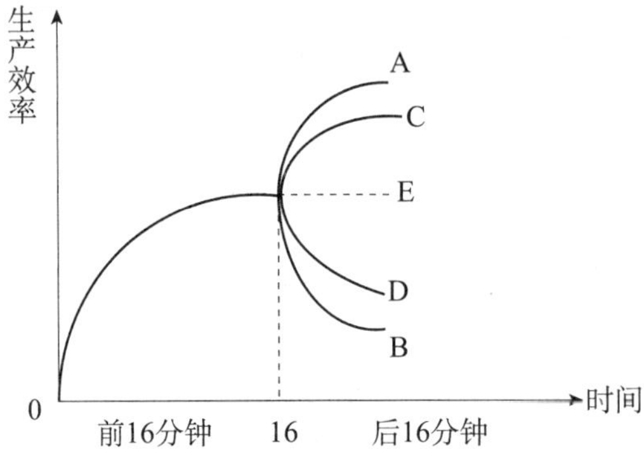

图7-5　凝聚力与生产效率的关系

实验结果表明，无论凝聚力高或低，积极诱导都提高了生产效率，而且高凝聚力组生产效率更高；消极诱导则降低了生产效率。高凝聚力条件比低凝聚力条件更容易受诱导因素的影响，这说明群体凝聚力越高，其成员就越能遵循群体的规范和目标。然而，并不是任何高凝聚力都有利于提高生产效率，只有在群体目标与组织目标一致时，增强凝聚力才有利于提高生产效率；但群体目标与组织目标背道而驰时，高凝聚力反而会使生产效率下降。

三、群体行为过程

（一）群体互动效应

在每一个群体内部都存在互动过程。群体互动的结果表现为群体整体的产出并不等于群体成员个人产出的总和。互动既可能带来积极结果，使得群体整体的产出大于群体成员个人产出的总和；也可能带来消极结果，使得群体整体产出小于群体个人产出的总和。

1. 协同效应

协同效应（synergy effect）是指由两种以上的物质相互作用所产生的效果大于或小于单一物质作用的总和，如平时人们所说的“1+1+1>3”就是该效应的表现。例如，在实验室里经常使用研究小组来完成工作任务，因为研究小组可以利用小组成员掌握的多种技能，从事研究者个人无法单独从事的一些研究。也就是说，他们的协同效应是积极的，他们相互作用过程的所得大于所失。

2. 社会惰化效应

与群体规模有关的另一个重要发现是社会惰化（social loafing）效应。

一般人关于群体的看法是认为在群体活动中其成员会更加努力并且能够提高群体生产率。在20世纪20年代后期，心理学家林格尔曼（Ringelmann）对拉绳子任务的个体和群体绩效进行了比较。他预期群体的努力将等同于群体中每个个体努力的总和。也就是说，3个人一起拉的拉力将是单个人平均拉力的3倍，8个人的总拉力应该是单个人平均拉力的8倍。然而林格尔曼的试验结果与他的预期不一致。3个人群体产生的拉力只是单个人平均拉力的2.5倍，8个人群体所产生的拉力还不到单个人平均拉力的4倍。

对其他类似任务的研究总体来说都支持林格尔曼的发现。**社会惰化效应**是指一个人在群体中工作不如他单独一个人工作时更努力的一种倾向，社会惰化现象所反映的是消极协同效应。那么产生社会惰化效应的原因又是什么呢？经过研究，主要原因有：[12]

（1）当群体成员发现其他人未尽到应尽责任时，就会降低自己的努力程度，这样才会感觉到公平。

（2）由于群体责任的扩散，个人投入与群体产出之间关系模糊不清，或者认为自己的贡献无法衡量，也会降低个人努力程度从而使群体效能降低。

（3）个人对群体缺乏责任心，群体奖励分配上的平均主义、分工和责任权利不清等弊端，也会增加偷懒行为，降低群体绩效。

工作群体中的社会惰化效应对于研究群体和组织行为意义重大。任何组织和群体在决定规模、分配任务时，都必须考虑减少群体中的社会惰化行为。任何领导者和管理者若想借助群体的力量，发挥协同效应来提高工作绩效，必须先拥有衡量群体中个体努力程度的手段，完善具体可行的考核-奖惩制度，通过减少“搭便车”现象来提升士气。

积极和消极协同效应的形成可以用图7-6进行解释。

实际群体绩效 ＝ 潜在群体绩效 ＋ 过程增量 － 过程减量

图7-6 实际群体绩效的形成过程

当群体互动过程中的过程增量大于过程减量时，群体的绩效就呈现出“1＋1＋1＞3”的积极协同效应；当群体互动过程中的过程增量小于过程减量时，群体的绩效就呈现出“1＋1＋1＜3”的消极协同效应。

3. 社会促进效应

社会促进效应（social facilitation effect）是指在他人面前绩效水平提高或降低的一种倾向。这种效应不完全是一种群体现象，因为这里的他人可能不是这个群体中的一员。有关社会促进效应的研究告诉我们，他人在场时从事简单的、常规性的任务，个体的操作会更快、更精确。但如果从事的是复杂的、需要高度集中注意力的工作，他人的出现可能会对绩效产生消极影响。因此，通过集体训练员工掌握某项简单技能，单独培训员工掌握某项复杂技能，培训就会收益最大。

（二）群体互动分析：社会测量法

社会测量法（social gram）是美国社会心理学家莫雷诺（Moreno）首创的一种用来评

定群体中的成员之间吸引或拒斥的方法。[13]它通过问卷调查或者面谈的形式，得到群体成员对于喜欢或不喜欢谁、愿意或不愿意和谁在一起工作等问题的回答。获得的这些信息可以用图示的形式绘制在社会关系图上，以此呈现组织成员的社交偏好和关系结构。

在运用社会测量法这一工具进行群体互动分析时常常会使用到下列术语：[14]

（1）社交网络（social networks），是指在一群特定的个体中存在的一系列特殊联系。

（2）簇（clusters），是指存在于社交网络之内的群体。

（3）规范性簇（prescribed clusters），是指正式的群体，如一些部门、工作团队、任务小组或委员会。

（4）自发性簇（emergent clusters），是指非正式的、非官方承认的群体。

（5）结合体（coalitions），是指一些为了达到某个特定目的而暂时结合在一起的成员所组成的簇。

（6）小集团（cliques），是指更为长久的、群体成员之间存在友谊关系的非正式群体。

（7）明星（stars），是指社交网络中，关系网最密的那个成员。

（8）联络人（liaisons），是指联系两个或多个簇，但自己却不属于其中任何一个簇的成员。

（9）桥梁（bridges），是指属于两个或多个簇，从而起到联结点作用的成员。

（10）孤立者（isolates），是指与社交网络没有联系的成员。

美国的研究发现，首先，如果员工把自己看作是某个自发性簇的一员，他们在决定留下或离职时，往往会影响到整个群体的一起行动。其次，自发性簇成员之间的冲突比较少，原因是他们之间的相互交往较多。最后，女性员工和少数民族员工容易形成结合体和小集团，而与其他成员相比，这类成员成为联络人或者桥梁的可能性较低。

社会测量法能对群体成员的心理关系做量化和可视化的描述，揭示出成员自己都未清楚意识到的群体中人际关系的真实状况。

第四节　群体决策

一、个体决策与群体决策的比较

（一）群体决策的优点

当今的组织中，越来越多的重要问题都倾向于采用群体决策的方式。与个体决策相比，群体决策真的那么有效吗？对于这个问题的回答取决于多个因素。群体决策相比于个体决策有其自身的优点。

1. 更完全的信息和知识

群体决策参与者多，信息来源广，可以搜集更为丰富的资料数据，汇集和综合多个个体的知识、经验，对问题进行更精确的诊断并提出更丰富的备选方案，从而可以对决策问题考虑得更全面，有利于提高决策质量。

2. 增加观点的多样性

异质性的群体成员的共同参与能够给决策过程带来多种思考方式和看待问题的角度，

这就为多种方法和多种方案的讨论提供了机会。

3. 提高决策的可接受性

现实中许多决策的失败并不在于决策方案的水平高低，而在于决策做出后不为人们所接受而夭折。但是，如果那些会受到决策影响的人和将来要执行决策的人能够参与到决策过程之中，他们就更愿意接受决策。这样，决策就能够获得更多支持，执行决策的员工的满意度也会提高。

4. 增加决策合法性

群体决策过程与民主理想是一致的，被认为比个体决策更合乎现代潮流。如果决策者在决策之前没有征求其他人的意见，决策者可能会被认为是独断专行的，这自然也会影响决策的执行效果。

（二）群体决策的缺点

群体决策并非完美无缺，它的主要缺点有以下几方面。

1. 浪费时间

召集群体成员需要时间。在群体决策过程中，群体成员之间的相互作用也往往是低效率的，这样群体决策所用的时间与个人决策相比，需要耗费更长时间，从而限制了管理人员做出快速反应的能力。

2. 从众压力大

成员希望被群体接受和重视的愿望可能会导致在讨论中不同意见被压制。特别是在由不同层级的人员组成的群体中，下级往往不能真正参与决策，甚至会出现为迎合上级意图而不表达自己真实意图的倾向。

3. 少数人控制

群体决策可能会被一两个人所控制，如果这种控制是由低水平的成员所导致，群体的运行效率自然会受到不利影响。

4. 责任不清

群体决策常常会造成责任分散，在决策过程中个体倾向于规避决策责任。群体成员有时会滥用表决权，将责任推给大家，造成决策结果无人承担的局面，特别是当决策失误时更是如此。

表 7-5 列出了个体决策和群体决策在诸如速度、准确性、创造性和风险性等决策特征方面的差异，当你在个体决策和群体决策之间进行选择时，这个表可以帮助你评价在特定情境下两种决策方式的优势和劣势。

表 7-5　个体决策与群体决策的比较

决策特征	个体决策	群体决策
信息渠道	单一	来源广，具有多样性
速度	快	慢
准确性	较差	较好
创造性	不确定	不确定
风险性	视个体素质、经历而定	若群体成员富于冒险性，则决策行为更趋于冒险；反之，若成员思想保守，则决策行为更趋于保守

续表

决策特征	个体决策	群体决策
责任	个体责任大	个体责任小
执行	较难，未参与者怀疑、观望	较易，参与者理解、支持

专栏1：本土组织行为探索

决策群体构成与决策绩效的关系[15]

在实践中，群体决策有其优势，布罗德贝克等（2007年）指出，群体决策提高了方案的认同度和执行的承诺度；此外，群体可以整合不同的知识和经验，从而做出高质量的决策。但具体在什么情境下群体决策优于个体决策？在什么情况下群体决策不如个体决策？沈超红和藏志在权变理论的框架下，以193名研究生学生组成的40个学生群体为研究样本，采用沙漠求生游戏情境，对群体的形成方式、群体结构与群体决策绩效的关系进行了探讨。

该研究将群体决策分为自愿形成有领导、自愿形成无领导、随机形成有领导和随机形成无领导四种模式，研究结果表明：

首先，群体决策的绩效与个体决策的绩效没有显著性差异，群体决策的有效是有边界条件的，不能笼统地断定群体决策优于个体决策。伯彻米尔（2003年）提出群体决策互动的方式决定了群体决策的绩效。

其次，群体的形成方式、结构对群体决策绩效都有显著性影响。然而，值得注意的是，除了自愿形成有领导模式以外，其他三种决策模式并没有显著性差异。由于组队方式与群体结构对决策绩效存在较大的交互效应，因此并不能简单地得出自愿组绩效高于非自愿组，或者有领导组高于无领导组的结论，只有自愿形成和有领导这两种条件同时存在，决策绩效才最优。

研究还表明，在不确定性决策中，对决策过程的满意和对决策结果的认同，并不等于决策绩效的高质量。同时，在群体讨论中，独占信息的分享提高了群体决策的质量。

二、群体思维与群体偏移

前面，我们已经对群体决策的优缺点做了介绍。在此就群体决策中可能出现的两种不良倾向——群体思维和群体偏移进行探讨。

（一）群体思维

群体思维（groupthink）又称小集团思想，它是由美国心理学家简尼斯（Janis）在分析各种政治和军事决策时发现的现象。在这种群体中，追求思想一致比客观评价各种备选方案更为重要。显然，人们在决策及思考问题时，由于过分追求群体意见的一致，就会导致群体对问题的解决方案不能做出全面、理性的评价，在认识上容易形成盲区，严重影响决策的质量，最终群体会付出高昂的代价。图7-7描述出可能导致群体思维的初期环境、群体思维的特征及由此产生的失误决策类型。[16]

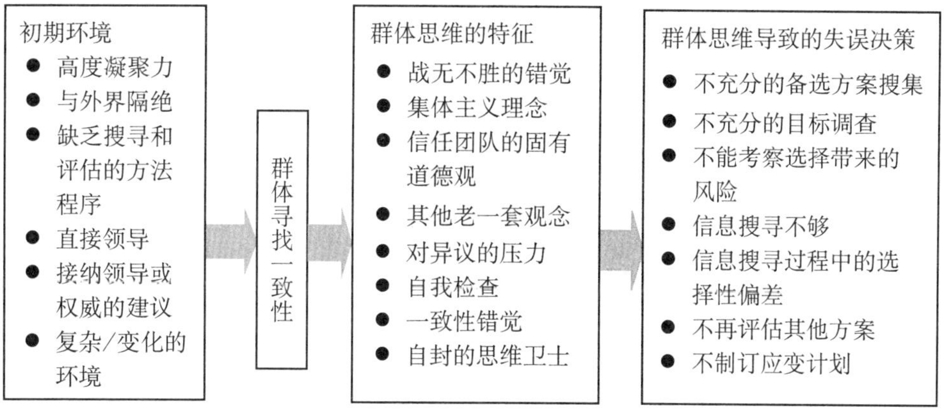

图 7-7　群体思维过程

简尼斯等分析了群体思维的症状，指出群体思维的症状主要表现在以下几个方面：[17]

(1) 大多数或全体成员都会产生战无不胜的错觉，它导致过度乐观并鼓励采取极端冒险行为。

(2) 成员们忽略那些要求他们在进行重大的决策之前重新考虑前提设想的警告。

(3) 对固有道德观念的盲目信任导致成员忽略决策产生的伦理道德后果。

(4) 对于竞争者或对手的成见导致群体成员将对方看作是毫无诚意的或不堪一击的。

(5) 那些表示出疑义的成员会受到直接的压力，他们对于群体的忠诚度会受到质疑。

(6) 对背离一致意见的自我检查，会导致成员自我贬低自己观点的价值，从而不再提出反对意见。

(7)“沉默代表同意”的错误观念强化了一致性错觉。

人们要高度重视这种群体思维倾向，并采取适当的措施克服和防止它的不利影响。主要方法有：

(1) 领导者应该鼓励每一个成员踊跃发言，并且对已经提出的主张加以质疑。

(2) 领导者不要在群体成员还没有充分表达意见之前，就提出自己的想法和期望。

(3) 可先把群体分成若干个小组独立讨论，然后一起讨论，找出差异。

(4) 邀请专家参与群体讨论，鼓励专家对群体意见提出批评。

(5) 在每次讨论时指定一个人扮演批评者角色，向群体的主张挑战等。

(二) 群体偏移

早在 20 世纪 60 年代，心理学家就开始注意到在群体决策过程中决策趋向于极端，这就是所谓**群体偏移**（groupshift）现象。群体偏移是群体决策中普遍存在的一种现象。研究者发现，与解决一般问题相比，人们在解决重要问题时更容易发生群体偏移。群体偏移的特点在于，最初的意见趋向保守时，通过群体讨论的结果可能更加保守；而最初的意见倾向冒险时，群体讨论的结果可能更加冒险。

造成群体偏移倾向的因素是复杂多样的，而对于为什么会出现群体冒险转移现象也有多种观点。其中，责任分散的观点相比之下具有更强的解释力。

1. 责任分散

决策总是与一定的责任相联系，责任往往引起决策人的情绪紧张，焦虑不安，不敢贸然采纳有较高风险的决策。而群体之所以采纳有更大风险的决策，是因为决策后果可向群体全部人员分摊，即便决策失败，追究责任时也不至于独自承担，这样就减轻了个人的心理压力。

许多研究证实了责任分散的看法。首先，有些平时较保守的人在群体讨论中会提出有风险的决策意见；其次，如果决策后果的责任由群体成员平均承担时，冒险转移倾向更高；最后，凝聚力高的群体比松散的群体表现出更高的冒险精神。

2. 领导人物作用

在群体中总会有领袖人物或有影响的人物，他们在群体活动中起着特殊的作用，为了显示自己的才能与胆略，往往会采取大胆的决策。

3. 社会比较作用

群体中的个人提出自己的决策意见时，往往要与别人的意见进行比较。在群体中提出有根据的冒险决策往往会得到好评。如果个人的意见在冒险水平上低于群体的平均水平，则会担心给他人留下胆小怕事的印象。因此，个人在群体决策中提出意见的冒险水平往往要高于其单独决策的水平。

4. 文化放大

这种观点认为若一个地区或社会的文化中占主导地位的价值观是崇尚冒险，则这种价值观会被"放大"，从而扩散和反映到该文化中的群体决策里。人们敬慕那些敢于冒险的人，在群体决策中就可能会激励成员向他人表明自己至少与同伴一样愿意冒险。

三、群体中激发创意的决策方法

群体决策的最常见形式发生在面对面的群体成员互动中。但我们在讨论群体思维时已经指出这种"互动群体法"会对群体成员个人形成压力，迫使他们表达从众的意见。下面介绍的头脑风暴法、名义群体法、德尔菲法及电子会议法是减少传统的群体决策中常见弊病、激发创意的有效方法。

（一）头脑风暴法

头脑风暴法（brainstorming）旨在克服互动群体中产生的妨碍创造性方案形成的从众压力。其方法是创造一种进行决策的程序，在这个程序中，群体成员只管畅所欲言，不许别人对这些观念加以评论。

在典型的头脑风暴法讨论中，6～12 人围坐在一张桌子旁，群体领导用清楚明了的方式介绍决策任务。然后在规定的时间内，要求大家自由发言，尽可能想出多种解决问题的方案。在这段时间，任何人都不得对发言者加以评价，无论观点是多么稀奇古怪。所有方案都记录在案，最后允许群体成员来分析这些建议和方案。

（二）名义群体法

名义群体法（nominal group technique）则是在决策过程中对群体成员的人际沟通加以限制，群体成员都出席会议，但群体成员首先进行个体决策。具体方法是，在问题提出之后，采取以下几个步骤：

（1）每个群体成员写下自己对于解决这个问题的看法或观点。

（2）每个群体成员依次向群体中其他人说明自己的观点，由会议秘书记录下所有的观点建议，不允许讨论。

（3）群体开始讨论每个人的观点，并进一步澄清和评价这些观点。

（4）每个群体成员独自对这些观点进行排序，最终决策结果是排序最靠前、选择最集中的那个观点。

名义群体法的主要优点是，允许群体成员正式地聚在一起，但是又不像互动群体那样限制个体的思维。

（三）德尔菲法

一种更为复杂、更费时间的方法是**德尔菲法**（Delphi technique），又称专家意见法。除了不允许群体成员见面之外，它与名义群体法相似。其步骤是：

（1）在问题明确之后，要求群体成员分别填写精心设计的问卷，独立提出解决问题的方案。

（2）每个群体成员匿名作答并返回第一份问卷。

（3）把第一次问卷调查的结果在另一个中心地点整理出来。

（4）把整理和汇总的结果分发给每个人一份。

（5）让群体成员看到汇总结果之后，要求他们再次独立提出解决问题的方案，结果通常能启发出新的解决办法，或使原有方案得到改善。

（6）在形成最终方案之前，重复步骤 3 到步骤 5，直到找到大家意见一致的解决办法为止。

就像名义群体法一样，德尔菲法能够保证群体成员免于受到他人的不利影响。因为德尔菲法不需要群体成员相互见面，它可以使地理位置分散的群体成员参与到决策中。当然，德尔菲法也有其不足。因为这种方法要占用大量时间，如果需要快速做出决策，它就不适用了。

（四）电子会议法

一种比较新颖的群体决策方法是名义群体法与复杂的计算机技术的混合，称为**电子会议法**（electronic meetings）。它的具体操作步骤是：参与决策的人员坐在联网的计算机终端前；问题通过计算机屏幕呈现给参与者，要求他们把自己的意见输入面前的计算机终端；个人的意见和投票都显示在会议室中的投影屏幕上或者传递到其他人的电脑屏幕上。

电子会议法的主要优点是：匿名、可靠、迅速。与会者可以采取匿名形式把自己想表达的任何想法表达出来，而不用担心受到惩罚。参与者一旦把自己的想法通过键盘输入，所有的人都可以在屏幕上看到。这种决策方法决策迅速，因为没有闲聊，讨论不会偏离主题，大家在同一时间可以互不妨碍地相互“交谈”，而不会打断别人。

但这种方法也有缺点。比如，那些打字速度快的人与表达能力好但打字速度慢的人相比，能够更好地表达自己的观点；还有那些想出最好建议的人也得不到应有的奖励；而且这样做得到的信息也不如面对面的沟通所能得到的信息丰富。

可以看到，每种方法都有其优势与劣势。选择哪一种方法取决于你强调的标准。表 7－6 对各种群体决策方法进行了对比，这样可以帮助我们在适当的问题上选择适当的决策技术。

表 7-6　群体中激发创意的决策方法比较[18]

效果标准	头脑风暴法	名义群体法	德尔菲法	电子会议法
观点的数量	中等	高	低	高
观点的质量	中等	高	高	高
社会压力	低	中等	低	低
资金成本	低	低	低	高
决策速度	中等	中等	低	中等
任务导向	高	高	高	高
潜在的人际冲突	低	中等	低	低
成就感	高	高	中等	中等
对决策结果的承诺	不适用	中等	中等	中等
群体凝聚力	高	中等	低	低

专栏 2：新闻中的组织行为学

英美规则遭遇中国农民：农村如何开会?[19]

留学美国的袁天鹏回国后，针对乡村农民在开会时的无助和低效，成立了专门机构来推广源自英美议会规则的“罗伯特议事规则”。2009 年，应安徽阜阳南塘村兴农合作社的负责人杨云标邀请，袁天鹏来到南塘村通过罗伯特议事规则指导村民开会，帮助村民学会民主辩论与表决。

农村开会难，已成为一个普遍存在的事实，它主要难在三大问题：一是跑题，讨论常常言不及义；二是“一言堂”，话语权多被村领导和几个话多的人垄断；三是野蛮争论，抓住他人言语中的一个词不放，甚至打起来。此外，袁天鹏在南塘的学员中 80%是村里学习能力低、思想保守的老年人，要指导他们学会开会并不是一件容易的事情。

为了让村民们更好地理解和学习罗伯特议事规则，袁天鹏将这本 582 页的书精简为一个乡村版议事规则——“南塘十三条”。在学习班上，为调动村民的兴趣和积极性并明白每一条规则，教员们绞尽脑汁想了很多办法。在罗伯特议事规则中有“动议”一词，指的是提出的议题要包括时间、地点、人物、方法、效果和资金来源等六要素，可村民们很难理解个中含义。于是，教员们先是表演了一个小品：村委主任传达市里的会议精神，要大力发展精神文明，让大家议一议，结果是村民一致同意要把精神文明搞上去。“这不是喊口号吗！挠不着痒痒！”底下有村民起哄。这时主持人说：“对！这和我们开过的许多会一样，空洞热闹，啥也不解决。要解决这个问题，就要用动议。”接着，便由袁天鹏趁热打铁讲述动议的特点。学习到后面的时候，模拟会议练习也越来越热闹。平日里寡言少语的村民们纷纷各抒己见，试图通过辩论让自己的意见抢占上风。“我提议”“我附议”“我反对”“我支持”“表决开始”……这些曾经生僻的词汇被村民大声说出。

学习班结束后，村民就用罗伯特议事规则开了下一阶段的合作社理事会工作会议。会议上，村民的认真劲头出乎所有教员的意料，大家都严格遵守规则，按照会议程序走流程，会议进行得非常顺利，问题也得到了解决。杨云标感叹，这会要搁在以前，再多开一小时都结束不了。这也说明罗伯特议事规则对解决村民开会、群体决策问题有重要作用。

本章回顾

群体是组织行为研究和应用中一个重要的领域。群体是指为了实现特定目标，由两个或两个以上相互联系、相互依赖、相互影响的个体的集合体。它有四个基本特征：群体成员目标和利益一致性、成员的群体意识、群体成员的协同性、群体的独立性。群体的发展要经过开始、分化、整合和成熟四个阶段。群体按照不同的分类标准可以分成不同的群体。个体可以同时在不同的群体中存在。群体静态研究包括了对于角色、规范、地位、规模和构成的研究。群体动态研究包括了群体从众性与偏差行为、群体凝聚力和群体行为过程的研究。群体决策和个体决策有很大区别，群体决策应该考虑群体思维和群体偏移两种不良趋向，群体决策技术主要有头脑风暴法、名义群体法、德尔菲法和电子会议法等。

关键术语

群体 group
正式群体 formal group
非正式群体 informal group
角色 role
角色内冲突 intra-role conflict
角色间冲突 inter-role conflict
规范 norm
地位 status
规模 size
构成 composition
群体从众性 group conformity
偏差行为 deviance behavior
凝聚力 cohesiveness
协同效应 synergy effect
社会惰化 social loafing
社会促进效应 social facilitation effect
社会测量法 social gram
群体思维 groupthink
群体偏移 groupshift

思考题

1. 何为群体？群体有哪些特征？
2. 简单描述群体的发展阶段。
3. 正式群体和非正式群体有什么区别？
4. 如何理解角色模糊？
5. 凝聚力的影响因素有哪些？
6. 何为社会测量法？
7. 群体决策的技术有哪些？

组织行为学自测

社会测量法[20]

社会测量法是美国心理学家莫雷诺在20世纪30年代开发的一种测量群体中人际关系的方法。这种方法是用问卷的形式确定群体中人们之间是接纳、友好，还是拒绝、冷淡的关系，进而用图表或数学公式表现出这种关系。通过社会测量，可以在较短的时间内确定群体中人与人之间的关系是否融洽、什么人最受孤立、什么人最受爱戴、群体中是否存在小圈子等一系列问题。这种方法对于企业了解和改进群体的结构具有重要意义。

社会关系测量表以团体中各个成员对其同事的好恶、选择为基础，试图对团体成员间的相互关系进行分析。莫雷诺认为，团体成员的相互关系和相互作用的关键是彼此之间的好恶感情。莫雷诺制定了一种由团体中的各个成员自行填报的“$n\times n$”的矩阵表。填报内容为自己对团体中其他各成员的好恶感情，分为“吸引”、“排斥”和“无所谓”三类。然后依据调查内容绘制出“社会关系测量表”和“社会关系测量图”。

下表是一个有10名成员的群体的社会关系测量表。

社会关系测量表

选择者	被选者										
	1	2	3	4	5	6	7	8	9	10	总计
1		+								+	2
2	+			+		+					3
3		+		+			+	+			4
4		+									1
5			+			+					2
6				+						+	2
7		+		+						+	3
8				+							1
9											0
10	+			+							2
总计	2	4	1	6	0	2	1	1	0	3	20

从上表中可以看出，被选者4最受人爱戴，因为有6个人选他；被选者2次之，因为有4个人选他；被选者5和被选者9最孤立，没有人选他们。

社会关系测量图就是在群体中，把成员彼此之间喜欢和不喜欢的关系用图形的方式表示出来。社会关系测量图比社会关系测量表更加具有直观性，它可以使人们十分清楚地看出每个成员在群体中所占的地位。莫雷诺曾在一个拥有8名成员的群体里做了如下实验，他对成员提出了以下两个问题：

1. 你愿意和谁在一起工作、学习和研究问题？假如你剩余一点做家具的木料，你打算让给谁？

2. 你最不愿意和谁在一起工作？你最不愿意和谁交往？

根据回答，莫雷诺将群体成员的关系分为“吸引”、“排斥”和“无所谓”三类，并据此绘出群体成员的社会关系测量图，来说明8名成员之间关系的全面情况，如下图所示。

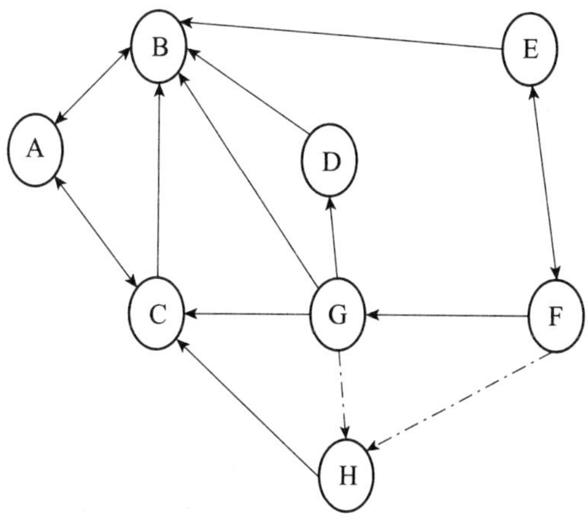

注：—→ 表示吸引力的方向；-·→ 表示排斥的方向；空白表示漠不关心。

群体成员的社会关系测量图

从上图可知：A、B、C 是这个 8 人群体中的非正式群体，B 是这个 8 人群体的实际领袖，因为 A、C、D、E、G 都倾向他；E、F 虽互相接近，但其余成员并不喜欢他们；H 是这个群体中最孤立的人，E 和 D、F 和 D 彼此互不关心。

通过社会关系测量图不仅能在短时间内了解到个体在群体中的社会地位、影响力、适应性，以及成员彼此间的吸引或排斥，同时对于群体中的各种特性，诸如群体的构造、次群体的分化、群体的领导作风、群体凝聚性、群体的士气，以及对外部压力的抵抗等，都能一目了然。莫雷诺的这种方法对于研究小群体的人际关系，如对班组和小型车间的社会关系测量，是一种有效的工具。但如果人数过多，在使用上往往发生困难，所以在使用范围上有限。

品味经典研究

责任分散实验[21]

2011 年 10 月 13 日，2 岁的小悦悦在佛山南海黄岐广佛五金城相继被两车碾压，7 分钟内，18 名路人路过但都视而不见，漠然而去，最后拾荒老人陈贤妹上前施以援手，事件引发网友广泛热议。2011 年 10 月 21 日，小悦悦经医院全力抢救无效离世。类似事件早在四十年多前的美国也发生过。

1964 年 3 月 13 日 3 时 20 分，在美国纽约郊外克尤公园前某公寓旁，一位年轻女子在结束酒吧的工作回家的路上遇刺，她绝望地叫喊：“有人要杀人啦！救命！救命！”听到喊叫声，附近住户亮起了灯，打开了窗户，凶手被吓跑了。当一切恢复平静后，凶手又返回作案。当女子再次叫喊时，附近的住户又打开了电灯，凶手又逃跑了。当她认为已经平安无事，回到自己家上楼时，凶手又一次出现在她面前，将她杀死在楼梯上。在这个过程中，尽管她大声呼救，她的邻居中至少有 38 位到窗前察看，但无一人来救她，甚至无一人打电话报警。这件事引起纽约社会的轰动，也引起了社会心理学工作者的重视和思考。人们把这种众多的旁观者见死不救的现象称为责任分散效应。

对于责任分散效应形成的原因，心理学家进行了大量的实验和调查，结果发现：这种现象不能仅仅归结为众人的冷酷无情，或道德日益沦丧的表现。因为在不同的场合，人们的援助行为确实是不同的。当有人遇到紧急情境时，如果只有他一个人能提供帮助，他会清醒地意识到自己的责任，对求助者给予帮助。因为如果他见死不救会产生罪恶感、内疚感，这需要付出很高的心理代价。而如果有许多人在场的话，帮助求助者的责任就由大家来分担，造成责任分散，每个人分担的责任很少，旁观者甚至可能连他自己的那一份责任都意识不到，从而产生一种"我不去救，自然有人去救"的心理，造成"集体冷漠"的局面。

两位年轻的心理学家戴利（Darley）和拉塔内（Latane）对旁观者的无动于衷、见死不救做出了新的解释。为了验证自己的观点，他们进行了下面的实验：他们让 72 名不知真相的参与者分别以一对一和四对一的方式与一个假扮的癫痫病患者保持距离，并利用对讲机通话。他们要研究的是：在交谈过程中，当那个假病人大呼救命时，72 名不知真相的参与者所做出的选择。事后的统计显示：在一对一通话的组，有 85%的人冲出工作间去报告有人发病；而在有 4 个人同时听到假病人呼救的组，只有 31%的人采取了行动。因此，两位心理学家对克尤公园的杀人案没有人见义勇为的现象给出了令人信服的心理学解释。

注释

[1] 佚名. 艾比林悖论.（2012-04-04）[2014-07-05]. http：//blog. klgsh. kl. edu. tw/tblog/post/17/2874.

[2] 章文光. 公共组织行为学. 北京：北京师范大学出版社，2009.

[3] WAGNER. J. A，J. R. HOLLENBECK. Organizational behavior securing competitive advantage. New York：Routledge，2010.

[4] 李剑锋. 政府组织行为学. 北京：中国人民大学出版社，2005.

[5] [美] 斯蒂芬·罗宾斯，蒂莫西·贾奇. 组织行为学：第 16 版. 孙健敏，王震，李原，译. 北京：中国人民大学出版社，2016.

[6] 石兴国，安文，姜磊. 组织行为学. 北京：中国电力出版社，2009.

[7] G. H. SEIJTS，G. P. LATHAM. The effects of goal setting and group size on performance in a social dilemma. Canadian Journal of Behavioural Science，2000，32（2）：104-116.

[8] 窦胜功，卢纪华，周玉良. 组织行为学教程. 4 版. 北京：清华大学出版社，2016.

[9] JENNIFER M. G.，G. R. JONES. Understanding and managing organizational behavior. New Jersey：Prentice Hall，2007.

[10] NEMETH C. J.，B. M. STAW. The trade-offs of social control and innovation in group. Advances in Experimental Social Psychology，1989，（22）：175-210.

[11] SCHACHTER，N. ELLERTSON，MCBRIDE D.，D. GREGORY. An experimental study of cohesiveness and productivity. Human Relations，1951，（3）：229-238.

[12] [美] 斯蒂芬·P. 罗宾斯，蒂莫西·A. 贾奇. 组织行为学精要：第 13 版. 郑晓

明，译．北京：机械工业出版社，2016.

[13] C. FILLMORE. Lectures on deixis. Stanford：CSLI Publications，1997.

[14] 同 [5].

[15] 沈超红，臧志．决策群体构成与决策绩效的关系．系统工程，2010，28 (9)：25 - 31.

[16] JANIS. Groupthink. Boston：Houghton Mifflin，1982.

[17] LINDA K. S.，G. B. NORTHCRAFT. Organizational behavior：a management challenge. London：Lawrence Erlbaum Associates. 2002.

[18] 同 [5].

[19] 翟明磊．英国规则遭遇中国农民：农村如何开会？"罗比特议事规则"的南塘试验．(2009 - 04 - 01) [2014 - 07 - 01]. http：//www. infzm. com/content/26505.

[20] 朱长丰．组织行为学．3 版．杭州：浙江大学出版社，2012.

[21] 佚名．责任分散效应．(2013 - 02 - 07) [2014 - 07 - 01]. http：//baike. baidu. com/view/1302071. htm.

第八章

沟　通

一个人必须知道该说什么，一个人必须知道什么时候说，一个人必须知道对谁说，一个人必须知道怎么说。

——彼得·德鲁克

学习目标

1. 了解沟通的定义和功能。
2. 掌握沟通的过程和基本要素。
3. 了解各种沟通风格。
4. 掌握沟通的类型及其优缺点。
5. 理解正式和非正式沟通网络的类型。
6. 了解有效沟通的概念和障碍。
7. 理解交互作用分析。

引　例

是什么浇灭了新人的热情[1]

小杨是一个典型的北方姑娘，在她身上可以明显地感受到北方人的热情和直率。她喜欢坦诚，有什么说什么，总是愿意把自己的想法说出来和大家一起讨论，正是因为这个特点她在上学期间很受老师和同学的欢迎。今年，小杨从西安某大学的人力资源管理专业毕业，她认为，经过四年的学习自己不但掌握了扎实的人力资源管理专业知识，而且具备了较强的人际沟通技能，因此她对自己的未来期望很高。为了实现自己的梦想，她毅然只身去S市求职。

经过将近一个月的反复投简历和面试，在权衡了多种因素的情况下，小杨最终选定了S市的一家金融企业。她之所以选择这份工作是因为目前该公司规模适中，发展速度较快，最重要的是该公司的人力资源管理工作还处于初始阶段，如果小杨加入，她将是公司专门负责人力资源的第一个人，因此她认为自己施展能力的空间比较大。

但是到公司实习一个星期后，小杨就陷入了困境。原来该公司是一个典型的中小型企业，充满了各种裙带关系，缺乏必要的管理理念，更不用说人力资源管理理念，在老板的眼里，只有业绩最重要，公司只要能赚钱，其他的一切都无所谓。但是小杨认为越是这样就越有自己发挥能力的空间，因此在到公司的第五天，小杨拿着自己的建议书走进了直接上级的办公室。

"王经理，我到公司已经快一个星期了，我有一些想法想和您谈谈，您有时间吗?"小杨走到经理办公桌前说。

"来、来、来，小杨，本来早就应该和你谈谈了，只是最近一直忙着见客户就把这件事忘了。"

"王经理，对于一个企业尤其是处于上升阶段的企业来说，要使企业持续发展必须在管理上狠下功夫。我来公司已经快一个星期了，据我目前对公司的了解，我认为公司主要的问题在于：职责界定不清；雇员的自主权力太小，致使员工觉得公司对他们缺乏信任；员工薪酬结构和水平的制定随意性较强，缺乏科学合理的基础，因此薪酬的公平性和激励性都较低。"小杨按照自己事先所列的提纲开始逐条向王经理叙述。

王经理微微皱了一下眉头说："你说的这些问题我们公司确实存在，但是你必须承认一个事实——我们公司在赢利，这就说明我们公司目前实行的体制有它的合理性。"

"可是，眼前的发展并不等于将来也可以发展，许多中小企业都是败在管理上。"

"好了，那你有具体方案吗?"

"目前还没有，这些还只是我的一点想法而已，但是如果得到了您的支持，我想方案只是时间问题。"

"那你先回去做方案，把你的材料放这儿，我先看看然后给你答复。"说完，王经理的注意力又回到了业绩报告上。

小杨此时真切地感受到了不被认可的失落，她似乎已经预测到了自己第一次提建议的结局。

果然，小杨的建议书石沉大海，王经理好像完全不记得建议书的事。小杨陷入了困惑之中，她不知道自己是应该继续和上级沟通还是干脆放弃这份工作，另找一个发展空间。

第一节　沟通概述

现实生活中，沟通是无处不在的。学生在学校与同学、老师沟通，在家里与亲人沟通；同样，员工在公司里要和同事、上下级进行沟通。沟通在我们的生活中起着重要的作用。人际关系的和谐融洽、工作团队的有效运行及企业文化的深入人心等，都离不开有效的沟通。

一、沟通的定义和功能

（一）沟通的定义

沟通（communication）一词的原意指交流、交际、通信、联络。广义的沟通可定义为通过一套公共符号进行信息传递、交流的过程。而组织行为学所讨论的沟通是指信息在两个或更多的人之间传递，并能被别人理解的过程。[2]因此可以把沟通理解为一种人们分享信息、思想和情感，以达到相互理解的过程。这种过程不仅包含口头语言和书面语言，也包含形体语言、个人习惯、物质环境等，即被赋予信息含义的任何东西[3]。

沟通是组织学习和制定决策的重要工具，其具有以下特点：沟通是信息（语言、思想、感情、观点等）的传递；信息不仅要被传递到，还要被充分理解；沟通是一个双向、连续、互动的反馈和理解过程。无论多么伟大的思想，如果不传递给其他人并被其他人理解，都是无意义的。

（二）沟通的功能

在群体或组织中，沟通有四种主要功能：传递信息、激励、表达情感、控制和协调组织活动[4]，如图 8-1 所示。

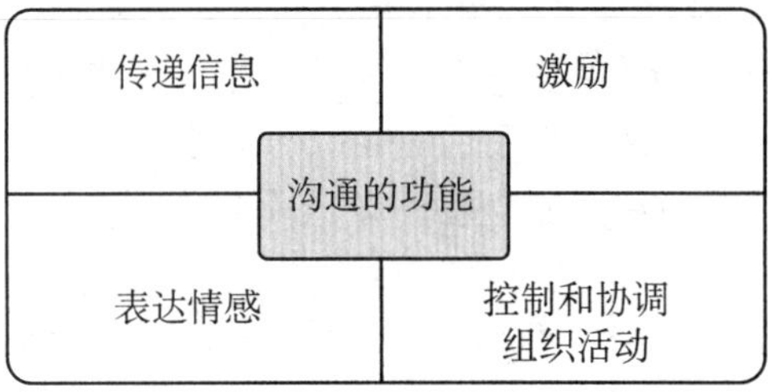

图 8-1　沟通的功能

1. 传递信息

此功能是指向组织成员提供他们所需要的信息以使他们更有效率地完成工作。信息包括组织目标、工作技巧和决策所需要的信息等。沟通对决策也很重要，沟通为个体和群体提供决策所需的信息，使决策者能够确定并评估各种备选方案。

2. 激励

沟通通过以下途径来激励员工：明确告诉员工应该做什么，怎么做，达不到标准时怎么改进。目标设置、实现目标过程中的持续反馈，以及对理想行为的强化，这些过程既是沟通的过程，也是激励的过程。

3. 表达情绪

对很多员工来说，工作群体是主要的社交场所。员工通过在群体内的沟通来表达自己的满足感和挫折感。因此，沟通提供了一种宣泄情感的情绪表达机制，并满足了员工的社交需要。

4. 控制和协调组织活动

通过沟通，员工可以获知并遵照组织的要求和上级的指示。显然，对员工行为的控制是经由沟通实现的。另外，非正式沟通也控制着行为。比如当工作群体中的某个人工作十分勤奋，并使其他成员相形见绌时，其他人会通过非正式沟通的方式制约该成员的行为。

沟通的四项功能并无主次之分。要使群体运转良好，就需要在一定程度上控制员工、激励员工，提供情绪表达的手段，并帮助员工做出正确决策。你可以认为在群体或组织中的每一次沟通都体现着四项功能中的一项或多项。

二、沟通的过程

沟通的过程就是信息的发讯者将信息通过选定的渠道传递给收讯者的过程。[5]图 8-2

描述了沟通过程所包括的 11 个要素：发讯者、编码、信息、传递、媒介、接收、解码、收讯者、反馈、背景、噪声。

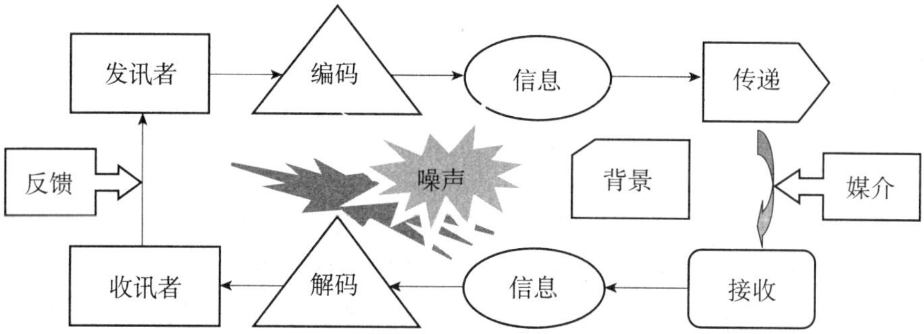

图 8-2 沟通的过程

(1) 发讯者（sender）产生了某些观点、想法或者获知事实、数据，并有传送出去的意向。或者是发讯者按照上级命令必须把信息传递出去，或者是发讯者受委托把信息传递出去。

(2) 编码（encoding）是将信息转换成可以传输的符号的过程，这些符号可以是文字、数字、图画、声音或者身体语言。发讯者必须将信息编码成收讯者可以解码的符号。信息在编码过程中将受到发讯者的技能、态度、知识、经历及社会文化的影响。

(3) 传递（sending）就是将代表信息的符号传送给收讯者的过程。

(4) 媒介（media）是用于传递信息的工具。发讯者寻找或选择合适的沟通媒介将符号传递给收讯者。如面谈、写信、发传真、写电子邮件、打电话、发短信及微信等。部分信息媒介的丰富度见图 8-3。

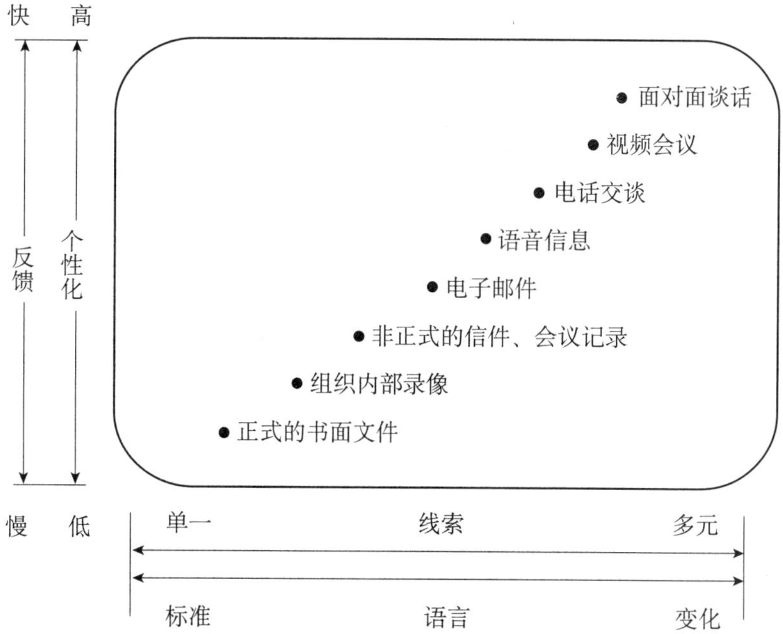

图 8-3 部分信息媒介的丰富度[6]

从图 8－3 可以看出，面对面谈话是丰富度最高的媒介。它提供了直接的反馈，使收讯者能够检查其理解的精确度，如果需要，可以要求对方澄清；它还让发讯者和收讯者能同时观察彼此的身体姿势、声音语调和面部表情；它能让发讯者和收讯者迅速地辨认符号，使用自然和个性化的语言。

（5）解码（decoding）就是收讯者将获得的符号回译成可理解信息的过程。解码过程中，收讯者需要结合经验、知识与文化背景，才能使获得的符号转换成发讯者之前发出的信息。

（6）收讯者（receiver）是信息指向的客体。在理解发讯者的信息后，进行思考、判断，并将这一信息反馈给发讯者，从而开始新一轮的信息沟通。

（7）反馈（feedback）就是收讯者将信息返回给发讯者，以核实信息是否被理解和接受，它是沟通的最后一个环节。

（8）噪声（noise）是沟通过程中对信息传递和理解产生干扰的一切因素。这些干扰既有主观因素，也有物理的客观因素。噪声存在于沟通的各个环节。

（9）背景（setting）是指沟通所面临的总体环境，这种环境可以是物质环境，也可以是非物质环境，而任何形式的沟通，都必然受到各种环境因素的影响。这些因素通常指物理背景、心理背景及社会文化背景。

三、沟通风格

沟通风格是组织管理者在信息沟通活动中表现出的个性风格，它不仅与组织生产率有关，而且会影响到员工的工作满意度及绩效水平。沟通作为重要的管理手段，已引起越来越多企业家的重视。

基于约哈利（Johari）沟通视窗模型，可将管理者的沟通风格分为四种，如图 8－4 所示。

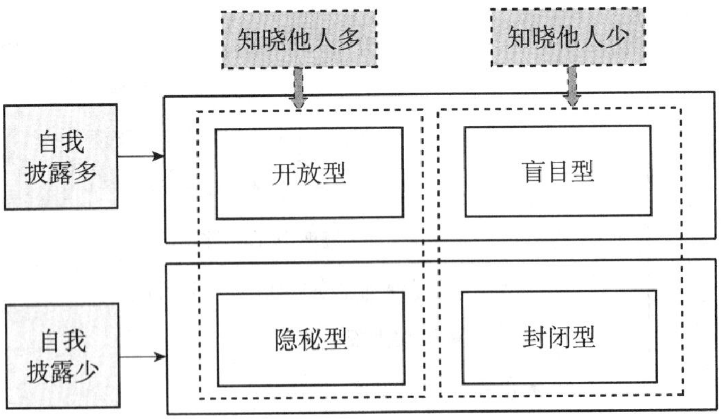

图 8－4　约哈利沟通视窗模型[7]

（一）封闭型

这类管理者的典型特征是既很少进行自我披露，也不愿获知他人信息，好似一只与世隔绝的乌龟待在甲壳之中。焦虑和不安全感是封闭型管理者的典型心理，他们经常担心失去工作或职位，并认为维持现状是唯一安全的策略。这类管理者常用静止不变的眼光看待员工，而且把绩效评价视为浪费时间；他们疏于进行上下沟通，员工既得不到及时、充分的激励，也得不到有效的指导。因此，员工对这类管理者怀有敌对和失望情绪。

（二）隐秘型

这类管理者的沟通特征具有单一性和防御性，即一味寻求他人的信息，却很少披露自我。猜疑和寻求社会认同是隐秘型管理者的典型心理。在猜疑心的支配下，他们往往为了弄清员工的活动和心思而寻求信息。这类管理者常将个人的情感和评价隐藏起来，但这并不等于他们忘记了过去的事情，提升何人等重大事项常取决于他们深藏的个人好恶。隐秘型管理者也渴望社会认同，为了取得他人的喜爱和认同而寻求信息。他们认为保持团体的表面和谐或一致是管理工作的宗旨，为达此目的，他们甚至不惜大事化小。在进行绩效评价时，他们倾向于只讲员工优点，很少讨论缺点。

（三）盲目型

这类管理者更多地进行自我披露，而忽视了知晓他人的信息，其管理行为具有独断色彩，过分自信是他们的典型心理。这类人自信是行家里手，热衷于披露自我信息，如时不时发布某项工作该如何做、某问题该如何处理等指示。他们不屑于从员工处获取信息，因为员工在他们心里往往是“无能”或“笨拙”的代名词。他们更多地看到员工的缺点，忽视其优点和潜力。对盲目型管理者，员工心怀不满，很少将自己视为组织的一员，导致生产率下降。如果上下关系日趋糟糕，员工可能采取强制性反馈手段，如提意见、向上级告状，或者隐瞒重要信息来报复管理者。

（四）开放型

这类管理者既重视自我披露，又愿意知晓他人的信息，能在团体中营造出宽容互信的开放气氛。他们体察员工需要，鼓励员工积极参与组织事务，因此这种沟通风格不仅创造了健康融洽的人际氛围，而且提高了团队的工作绩效。

第二节　沟通的类型

依据不同的标准，我们可以将群体沟通进行如下分类：以沟通所使用的媒介划分，可以分为口头沟通、书面沟通和非语言沟通；以沟通过程中是否存在组织外人员划分，可分为组织内沟通和组织外沟通；以组织内信息沟通流向划分，可分为纵向沟通、横向沟通和斜向沟通；以是否反馈来划分，可以分为单向沟通和双向沟通；以沟通渠道划分，可分为正式沟通和非正式沟通。

一、口头沟通、书面沟通和非语言沟通

以沟通所使用的媒介的不同来划分，沟通可以分为口头沟通、书面沟通和非语言沟通三种类型。[8]口头沟通和书面沟通合起来可以称作语言沟通（verbal communication）。语言沟通是人类最普通的沟通形式，实现语言沟通的基本条件是沟通双方使用共同的

语言。

（一）口头沟通

口头沟通（oral communication）是指借助口头语言进行沟通，是最常见的语言沟通，存在于我们生活中的每个细节，如会谈、演讲、讨论、电话、广播、对话等。其优点是简便易行，灵活迅速，尤其可伴有手势、体态、表情等，有利于增强传递信息的效果。缺点是信息保留的时间较短，沟通可能不够深入。但随着科技的发展，我们可以通过录音、录像等技术来弥补信息保留时间较短的缺陷。

（二）书面沟通

书面沟通（written communication）是借助于书面语言进行的沟通，其形式主要有通知、文件、布告、通信、报刊、备忘录、书面汇报等。其优点是信息可以长期保存，对一时辨认不清的信息可以反复研究，如有疑问可据此查阅，可减少一再解释时造成错误。缺点是信息对语言文字的依赖性强，不容易随时修改，冗长不便阅读，不能获得及时反馈。例如，QQ 留言及手机短信由于缺少口头交流，对方只能通过文字揣测发讯者的语气、表情、态度等，很可能造成对信息的误读。

（三）非语言沟通

非语言沟通（nonverbal communication）有时也被称作“无声语言”，可以被定义为无语的人类反应（如姿势、表情等）和知觉到的人类语言与非语言信息得以传递的环境特征。[9]非语言的信息可以用多种方式表达，主要分为以下几类。

1. 利用举止进行沟通

人体及其各种举止可以传递许多信息，包括手势、表情、体态、眼神等。尤其是面部表情最具有代表性，面部表情可以分为六类：感兴趣-兴奋、高兴-喜欢、惊奇-恐怖、害羞-羞辱、轻蔑-厌恶、生气-愤怒。表 8－1 中是我们常见的一些非语言信息及其典型含义。

表 8－1　常见非语言信息及其典型含义

非语言信息	典型含义	非语言信息	典型含义
目光接触	友好、真诚、自信、果断	回避目光接触	冷淡、紧张、说谎、缺乏安全感
摇头	不赞同、不相信、震惊	打哈欠	厌倦、疲劳
搔头	迷惑不解、不相信	微笑	满意、理解、鼓励
咬嘴唇	紧张、害怕、焦虑	踮脚	期待、不耐烦、自负
双臂交叉抱在胸前	生气、不同意、防卫、进攻	抬一下眉毛	怀疑、吃惊
眯眼睛	不同意、反感、困惑	鼻孔张大	生气、受挫
手抖	紧张、焦虑、恐惧	身体前倾	感兴趣、注意
懒散地坐在椅子上	厌倦、放松	坐在椅子边缘上	谦卑、紧张、准备离开
摇椅子	厌倦、自以为是、紧张	驼背坐着	缺乏安全感、消极
坐得笔直	自信、果断	耸耸肩膀	无所谓、没办法、不认同

2. 利用衣着沟通

发讯者的服饰往往也有信息发送的作用，因为衣着可明显影响人们对不同地位、不同身份、不同群体的认知。人们习惯认为，穿黑色衣服被视为是严肃、庄重的。如果一位领导穿着运动服训斥下属，那么他说话的权威性将大大下降，下属容易产生不认同感，或者偏向认为领导只是随便说说。

3. 利用空间和距离沟通

沟通双方所处位置的远近，会影响到沟通效果。常见的沟通距离有以下四种：

（1）亲密区：与对方只有一臂之遥，适合进行较敏感的沟通。只有较亲密的人，才被允许进入该区。如果陌生人进入，人们通常会感到不舒服，并设法拉开距离。如在拥挤的公共汽车、地铁或电梯上，人们挤在一起，我们通过忽视对方的存在或不与对方目光接触来应付这种情况。

（2）私人区：朋友之间交谈的距离保持在一臂之遥到距离身体 1.2 米左右。这个距离近到足以看清对方的反应，而远到足以不侵犯亲密距离。

（3）社交区：延伸到 1.2～3.6 米远，适合于一般商务及社交上的来往。办公室里办公桌的布局就是按照社交区设置的。

（4）公共区：更远至 3.6 米以外，这是一个几乎能容纳一切人的“门户开放”的空间，人们完全可以对处于空间的其他人“视而不见”，不予交往，因为相互之间未必发生一定联系。

除人与人之间的距离远近外，沟通时是站着还是坐着，以及交谈选择的场所、时间和陈设等，均会影响到沟通。在各种组织中，不同的地位和权力通常由空间的安排显示出来，高层管理者一般拥有宽敞、视野良好，以及陈设高档的办公室，而他们的秘书和辅助人员却在较小的、与人共用的空间里办公。不同档次的宾馆及餐厅也可以通过空间的信息表现出来。

除了真正的“无声语言”外，非语言沟通还包括了“辅助语言”，即声音的音质、音量、声调、语速、节奏等。辅助语言有时也可以表达出不同的含义，如用不同的语调说“你真聪明”，能够表达出截然不同的意思。

非语言沟通在现实生活中随处可见，它的作用在于强化语言沟通的效果，但它的缺点是容易造成言行不一的迹象。

二、组织内沟通和组织外沟通

按照沟通过程中是否存在组织外人员可分为组织内沟通和组织外沟通[10]。

（一）组织内沟通

组织内沟通是指发生在组织内的个体沟通，包括组织内的个体沟通、组织内的群体沟通，以及群体与个体之间的复杂沟通等。一般来说，这几项沟通不能截然分开，组织内部的日常沟通是一个多种方式交织的过程。

（二）组织外沟通

组织外沟通指的是组织与外部环境交换信息的过程。它能传递和维护组织形象，建立起与外部环境的良好联系，减少企业与外界的信息不对称。组织外沟通还有助于为顾客提供优质服务，从而提高顾客的忠诚度。

三、纵向沟通、横向沟通和斜向沟通

按照沟通的方向，可以将沟通分为纵向沟通、横向沟通及斜向沟通，其中纵向沟通又可分为自上而下的沟通和自下而上的沟通[11]。

（一）自上而下的沟通

自上而下的沟通也叫下行沟通，是指从较高职位处向较低职位处所进行的沟通。管理者与员工沟通就是我们所说的自上而下的沟通。这类沟通通常用于管理者向员工分配工作任务、发出指示、说明政策和工作程序、指出需要注意的问题，并且提供员工绩效反馈等情形。

当信息自上而下传递的时候，往往伴随着权力和权威，所以这种沟通在很大程度上影响着员工对上级的忠诚和信任度。如果员工从上级处得不到所需的信息或得到的是错误信息，就会对上级乃至整个组织产生怀疑。所以在自上而下的沟通过程中，管理者应十分慎重，自己必须先了解清楚相关信息，同时要采取和蔼的态度与下沟通，确保信息真正为员工所接受。

（二）自下而上的沟通

自下而上的沟通也叫上行沟通，是指从较低职位处向较高职位处所进行的沟通。自下而上的沟通用于向上司提供反馈、告知目前的工作进展，以及反映亟待解决的问题等情况。这类沟通使管理者能够了解员工对其工作、同事及整个组织的想法，获得各种有益的建议，以便更好地改进管理工作。

组织中自下而上的沟通的例子包括下级提交的绩效报告、意见箱、员工态度调查、投诉程序、员工意见座谈会等，员工可借此机会表达意见、释放情绪，以及和老板或领导层一起讨论问题。

一般而言，除非高层领导积极鼓励，否则自下而上的沟通很容易受阻，因为基层员工和各级管理人员都不情愿把问题往上呈报，因为这样做无异于承认自己的失败。

（三）横向沟通

当沟通发生于同一工作群体内的成员之间，或不同工作群体的相同层级成员之间时，即是所谓的**横向沟通**，或称水平沟通。水平沟通在节省时间和方便协调上较为有效。大多数的水平沟通是非正式地进行，以便缩短纵向沟通的时间并加速行动。从管理层的观点来看，水平沟通有好处也有坏处。如果所有的沟通都符合严格的纵向秩序，就可能会阻碍信息的有效和准确传递。但是频繁的横向交流加深了不同群体成员之间的关系，极易形成非正式群体，一旦这个群体有意越过他们的直接领导做事时，就会破坏垂直的沟通渠道，从而有可能导致严重的后果。

（四）斜向沟通

斜向沟通是指在组织内部不同工作群体的不同层级成员之间的沟通[12]。它对组织中其他类型的沟通会起到一定的补充作用。其优点是增加成员之间的相互理解，缩短沟通线路和节省信息传递时间，但也容易在部门之间产生冲突。

四、单向沟通和双向沟通

按照沟通是否有反馈，可将沟通分为单向沟通和双向沟通。

（一）单向沟通

发讯者只发出信息，收讯者只接收信息、不发出反馈信息的沟通称为**单向沟通**，如做报告、听演讲等。单向沟通的优点是信息传递速度快，易保持信息输出的权威性；缺点是传递信息的准确性差，较难把握沟通的实际效果，收讯者容易产生挫折、埋怨和抗拒。单向沟通比较适合下列几种情况：问题比较简单，但时间较紧；下属易于接受解决问题的方法；下属没有掌握解决问题的足够信息；反馈不仅不易于澄清事实反而容易混淆视听；上级缺乏双向沟通的能力或信心。

（二）双向沟通

沟通双方互为发讯者和收讯者，即双方在沟通中的角色不断变换，如谈判、讨论等都是**双向沟通**。其优点是信息传递有反馈，准确性较高，收讯者参与感强，有助于意见沟通和深化双方的感情；缺点是发讯者会产生一定的心理压力，信息传递速度慢。它比较适合下列几种情况：时间比较充裕，但是问题比较棘手；下属对解决问题能提供有价值的信息和建议；下属对解决方案的接受程度至关重要；上级习惯于双向沟通，并且能够有建设性的处理反馈。

五、正式沟通和非正式沟通

（一）正式沟通

正式沟通（formal communication）是指经由组织明文规定的渠道所进行的沟通，如请示制度、会议制度等[13]。正式沟通的作用是能有效确立和实施组织目标，一般具有较强的计划性、目的性和权威性。正式沟通的频率不能过高，否则会降低组织的高效运作。同样的，正式沟通的频率也不能太低，否则会出现信息闭塞、思想不统一的现象，还会加剧流言的产生、非正式群体丛生、群体凝聚力降低等问题。因此，确保适宜的正式沟通的频率，也是增强正式沟通有效性的条件之一。

（二）非正式沟通

非正式沟通（informal communication）是指在正式沟通渠道以外发生的信息传递，如传播小道消息、私下交换意见、拉家常等。非正式沟通容易进行，传播速度快，影响力大。非正式沟通是为了表达喜恶、需要，以及交流感情、思想、意见，能起到增进友谊、协调关系的作用。但是，非正式沟通对组织也会带来负面的影响，特别是当正式沟通频率过低、渠道不畅通时。非正式沟通的内容更多的是群体成员对问题的负面猜测，这些猜测往往会引起成员心理的不安，从而影响他们的行为。管理层有必要时可以利用非正式沟通，来了解员工的真实意见。比如，一家公司的领导层在发布某个重要职位的干部任命前，先把可能的人选信息通过非正式的沟通渠道进行扩散，试探大家的不同反应。当负面反应强烈时，公司即公开否认消息的真实性；若正面反应形成主流意见时，则可顺理成章发布正式任命。

专栏 1：本土组织行为探索

组织沟通方式对沟通满意度的影响：沟通认知与沟通倾向的调节作用[14]

随着信息技术的飞速发展，组织沟通在组织管理中的作用越发突出，有效沟通已经成为提高人力资源管理水平、保障组织高效运行的必要条件。沟通满意度对员工的工作满意度、员工绩效、组织绩效、员工组织承诺等都存在一定的积极影响。然而，组织沟通方式又是如何影响员工沟通满意度的呢？国内学者张莉等对此进行了实证研究。

该文的研究模型如下图所示：

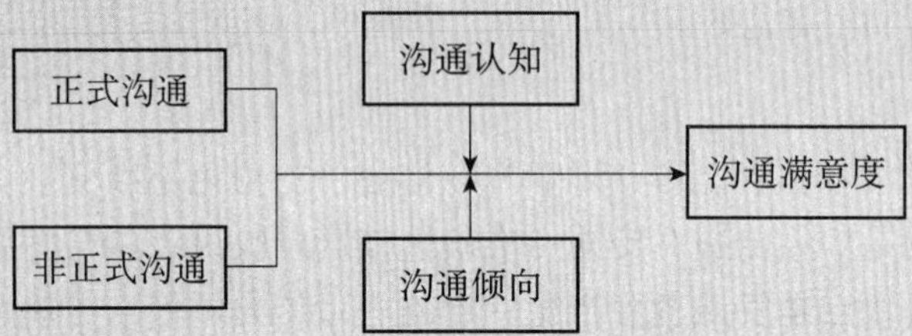

研究模型图

此项研究采用沟通方式、沟通满意度、下属沟通认知及沟通倾向三个分量表组成的问卷进行调查，选取的对象涵盖建筑、IT、石油、制造等行业，且符合在当前公司工作一年以上、与现任上司共事半年以上的条件。通过筛选得到 373 份有效问卷，通过统计分析发现，无论是正式沟通还是非正式沟通，都能对下属的沟通满意度产生正向效应，且正式沟通的正向效应更为显著。在这种正向关系中，沟通倾向表现出比沟通认知更显著的调节作用，且非正式沟通比正式沟通受到的调节作用更强烈。

从某种程度上来说，正式沟通和非正式沟通分别代表了组织对员工知情需求与情感需求的满足，两者各有功能，虽然研究结果显示非正式沟通对纵向沟通满意度的正向作用不及正式沟通，但寻找多种恰当的沟通方式，建立通畅的沟通渠道，是提高上下级之间的沟通效果，进而影响组织绩效和组织发展的关键因素。

六、电子沟通

以计算机与电子通信技术为基础的沟通称为电子沟通（又称 E-沟通）。[15]互联网提供了丰富多彩的信息服务手段：电子邮件、QQ、微信、微博、局域网和视频会议等。

与传统的沟通方式相比，电子沟通具有下述六个特点：

（1）从沟通载体看，电子沟通常用视频会议、电子邮件及局域网等进行沟通。它使组织内的电子化书面沟通形式多于口头沟通形式。全面引进信息技术后，通过以显示器代替备忘录，通过电子邮件、BBS 等来下达公告、通知等，企业可以实现办公无纸化。

（2）从信息传递速度看，电子沟通加强了企业即时输出和即时回收信息的能力，使得书面信息沟通能像面对面或电话式的口头信息沟通一样快捷。同时电子沟通的即时反馈功能弥补了传统的书面沟通反馈迟缓的局限。

（3）从沟通范围看，电子沟通实现了远距离、跨地域的即时沟通，方便跨国公司、集团公司的沟通运作，并大大降低了成本。比如，可以使一家总部位于某中心城市的零售商随时掌握其全国各地连锁店的销售情况。

（4）从沟通网络看，电子沟通使员工在组织内可以跨越纵向层级进行沟通，从而构建了组织内全通道开放式的沟通网络，模糊了组织内地位等级的界限，对中层管理人员的地位形成冲击。

（5）从沟通造成的影响看，电子沟通使员工可以在家里或其他任何地方工作，并使员工可以随时随地与本企业或其他组织的员工交流。因此，电子沟通的引进改变了员工的工作形式及组织结构，出现了 SOHO 一族和各类虚拟企业，使组织结构形式及工作形式更为灵活。与此同时，工作时间的延长也给工作-生活平衡带来了挑战。

（6）由网络技术和视频技术结合而成的视频会议将代替传统意义上的会议，从而实现了跨地域空间面对面沟通的可能性。组织内频繁的网上信息交流则会减少成员之间真正面对面沟通的次数，从而导致员工之间的情感交流机会减少和群体凝聚力下降。

沟通要做到理念分享、知识共享，使组织内外的最优实践迅速扩散至所有员工[16]，这就需要建立一个基于计算机网络的知识管理系统来储存、组织和管理这些宝贵的知识。信息技术在改变现有沟通方式的同时也创造出新的组织沟通形态，不仅为组织和管理者带来了便利，也带来了各种新的挑战。

第三节　沟通网络

沟通网络（communication network）是指信息传递的通道，包括正式沟通网络和非正式沟通网络两种类型。正式沟通网络由组织的权力系统所控制，沟通的信息内容也与工作密切相关；非正式沟通网络是由群体成员自发形成的，它的沟通内容不受组织的控制，非正式沟通更能满足群体成员的社会交往和心理需要。

一、正式沟通网络

沟通网络表明了在一个组织中信息是怎样传递或交流的。图 8－5 展示了五种典型的信息沟通网络：链式、Y 式、轮式、环式及全通道式。

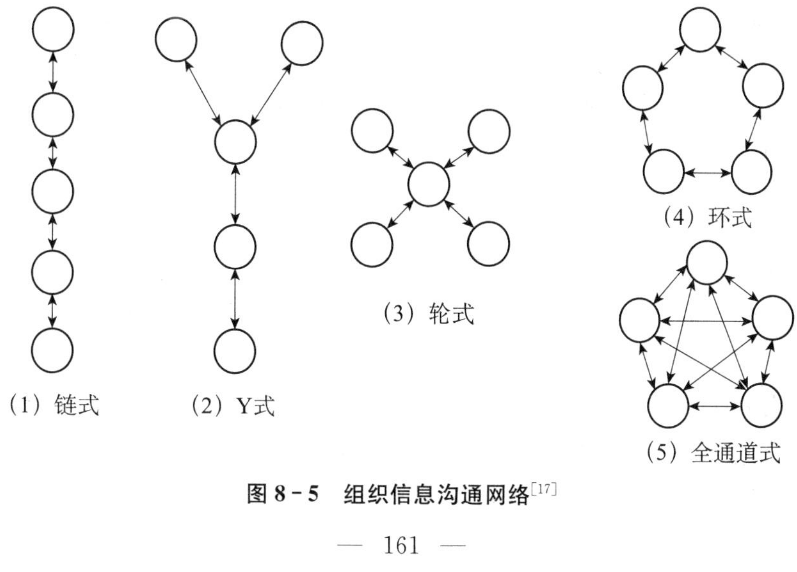

图 8－5　组织信息沟通网络[17]

为了说明各种信息沟通网络，假定这一组织由五个成员组成。

(1) 在由五个成员组成的链式信息沟通网络中，信息只能自上而下或自下而上，这表现的是典型的上下级权力关系。

(2) Y式信息沟通网络，可看成是两名高层管理人员下面设有一名秘书，秘书成为沟通的中心环节，这是典型的两主一仆式权力关系。

(3) 当人们站在轮式信息沟通网络的上方看，就可看到轮子代表四个下属与一个上司之间的沟通关系，在这样的网络中，所有信息传递都要通过领导者。

(4) 环式信息沟通网络允许每一个成员与邻近的成员联系，但不能越过邻近成员与其他成员联系。它可以看成是单线联系并形成回路的一种信息沟通模式。

(5) 全通道式信息沟通网络允许组织中的每一个成员与其他成员自由沟通，包含了正式沟通所有方向上的沟通。这就像一个委员会，每一个人都可自由发表意见，拥有同等的权力。当组织面对涉及各方面人员的复杂问题决策时，常采用这种信息沟通网络。

作为领导者，应采用哪一种信息沟通网络呢？这主要取决于沟通目标的定位。表8-2按照速度、准确性、领导者的地位等总结了各种信息沟通网络的有效性。从中可以明显地看出，没有一种网络在任何情况下都是最优的。环式和全通道式的沟通速度慢，但由于能获得大量的信息，在处理复杂问题时比其他类型的信息沟通网络快且失误少；链式、Y式和轮式一般沟通准确性比较高，在处理简单的问题时速度快且失误少；轮式等有利于领导者控制各项活动；环式和全通道式则能较好地满足成员的社交需求。

表8-2　五种沟通网络的特点

网络类型	速度	精确性	领导者的地位	成员的满意度	解决的问题
链式	中	高	中	低	简单
Y式	快	高	高	较低	简单
轮式	快	高	高	较低	简单
环式	慢	低	低	高	复杂
全通道式	慢	中	低	高	复杂

二、非正式沟通网络

非正式沟通网络，即我们所说的小道消息，是正式沟通网络的补充。正式沟通网络进行信息传递的范围和内容是受到限制的，而组织中大量的信息通过非正式沟通网络进行传递，其速度很快。非正式沟通网络一般有四种类型，即单线式、流言式、偶然式和集束式，如图8-6所示。

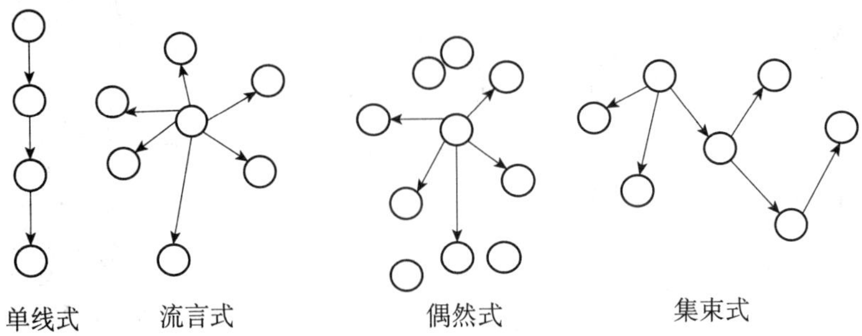

图8-6　非正式沟通网络

(1) 单线式网络强调保密性，信息按最亲密的人进行单线传播，最后终止于某个人。

(2) 流言式网络的目的在于扩大信息的影响力，由某一个主要的信息源主动将信息进行广泛传播。

(3) 偶然式网络是以与传播对象偶然相遇的方式进行传播的，对象则是完全随机。

(4) 集束式网络是把消息有选择地告诉自己的朋友或相关的人，后者也以相同方式进行传播。

第四节 有效沟通的管理

沟通是管理的灵魂，有效的沟通决定管理的效率。然而，沟通的障碍无处不在，它可能存在于组织内部的员工之间、部门之间，也可能存在于组织与外部其他组织之间。为了更好地进行组织管理，有效的沟通管理就显得至关重要。

一、有效沟通的含义和沟通障碍

(一) 有效沟通的含义

有效沟通是指具有高的准确性、实时性和高效性的沟通。[18]准确性是指信息在沟通过程中保持原意不变的程度；实时性是信息传递的及时程度；高效性则是指单位时间传递信息量的多少。有效沟通要做到不失真、及时和充分。

(二) 有效沟通的障碍

由于沟通过程中某些障碍的存在，无法绝对保证沟通的准确性和实时性。[19]沟通的常见障碍有以下几方面。

1. 发讯者对信息表达的障碍

发讯者要把自己的观念和想法传递给收讯者，必须先通过整理，把这些观念和想法变成双方都能理解的符号，也就是说，把要传达的信息表达出来，并表达得十分清楚。在这方面容易出现障碍的情况主要有：

(1) 错觉。

错觉是歪曲的知觉，也就是把某个事物歪曲地感知为与实际不相符的事物。

(2) 发讯者的信誉不佳。

发讯者发出的信息之所以不被收讯者重视，常常是因为收讯者对发讯者的能力、人品、经验等不信任，甚至厌恶。发讯者要使人相信，必须经受收讯者的长期考验。因此，管理者在与人交往中必须努力做到“言必信”，以便获得信誉。

(3) 信息来源上的问题。

这种问题主要是过滤信息，发讯者假设收讯者不需要理解这些信息，就故意对信息进行了截留。另外，也可能提供一些无意义的信息，以及容易引起错误解释的信息。

(4) 语言障碍。

由于人们语言表达能力上的差异，即使使用同一种语言，对同一信息的理解仍会产生差异。这就需要发讯者站在收讯者的角度，在发送信息时选择收讯者能理解及不容易产生误解的语言。

（5）地位与心理障碍。

社会地位、经济状况、家庭背景、教育、职业不同的人价值观念、道德标准、生活态度等都会存在差异。这些差别也都会造成沟通障碍。年龄会造成沟通障碍，即所谓“代沟”。当身居高位的人担任发讯者与地位较低者进行沟通时，常常会引发“何不食肉糜”的感慨。

（6）社会环境与知识经验的局限。

当发讯者把信息翻译成符号时，他只是在自己的知识经验范围内进行编码；同样，收讯者也只能在他自己的知识经验内进行解码，理解对方传送来的信息含义。图 8－7（a）显示，甲乙双方的知识经验范围有交叉区，这个交叉区就是双方的共同经验区[20]。这时，信息就可以被容易地传送和理解。双方彼此很熟悉时，往往有这样的情况，一方只需稍微说一点，另一方很快就能理解对方的意思，因为他们之间有很大的共同经验区。相反，图 8－7（b）显示，如果双方没有共同经验区，就无法成功沟通信息，收讯者不能理解发送过来的信息的含义。因此，信息沟通往往受到知识和经验的局限，发讯者与收讯者只有存在共同经验区才能进行有效的信息沟通。

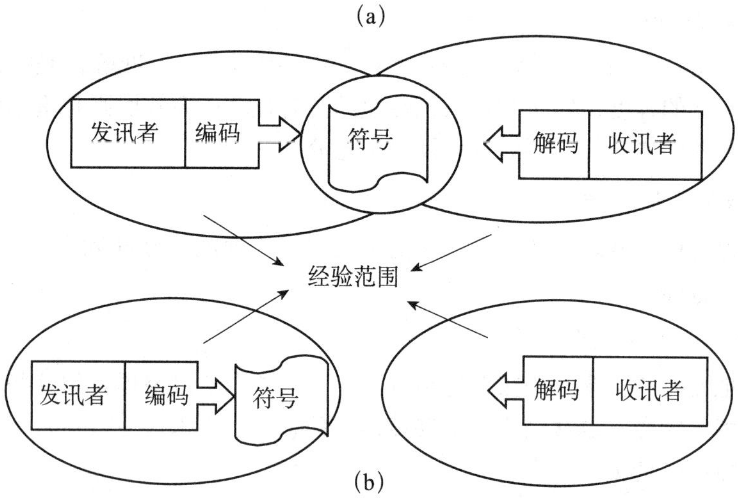

图 8－7　信息沟通所必需的共同经验区

社会环境与知识经验的差异往往亦通过发讯者与收讯者的文化差异体现出来。例如研究与发展部门和生产部门之间的文化差异会影响到这两个部门之间的日常交流。另外，在经历了不同的社会和宗教环境的人员之间，也经常因文化差异导致沟通阻碍。

2. 信息传递的障碍

在信息传递过程中，常出现以下几种障碍：

（1）时机不当。

信息传递的时机会增加或减低信息的沟通价值，不合时机地发送信息，对于收讯者对信息的理解将是一个难以克服的障碍。时间上的耽搁与拖延，会使信息过时而无用。

（2）媒介选择不恰当。

如果沟通媒介不对，沟通一定不能成功，因为收讯者接收不到信息或收到的信息不准确。解决媒介问题最有效的方法是发讯者事前先了解收讯者感到便利的沟通媒介，然后使用它。

3. 收讯者对信息理解的障碍

在沟通过程中，收讯者接收信息符号后，进行解码，以完成对信息的理解。在这一过程中常出现的障碍有以下几种：

（1）知觉的选择性。

接收信息是知觉的一种形式，由于人们知觉的选择性，往往习惯于接受某一部分信息，而忽略其他的信息。他们选择的信息通常是自己感兴趣的内容，或与自己利益紧密相连的事情，或与自己观点相符的论据等。

（2）错猜。

人们的思想里往往存在着某种偏见或某些先入为主的观念，这样一来，接收信息的人只听他自己想要听的话，往往还没有全面听完别人的话，就按先入为主的观念想当然地理解别人的话，从而对收到的信息做出错误的猜测，造成沟通障碍。

（3）收讯者对信息的过滤。

收讯者在接收信息时，有时会按照自己的需要对信息进行过滤。组织纵向层级越多，出现过滤的机会就越多。表 8－3 反映了沟通信息在组织层级上的损失比例。

表 8－3　沟通信息在组织层级上的损失比例 [21]

组织层级	信息接收比例（%）	信息损失比例（%）
董事会	100	0
副总裁	66	34
高级经理	56	44
工厂主管	40	60
总领班	30	70
员工	20	80

在现实生活中，完美的沟通并不容易达到，沟通过程的每一个环节都有可能造成信息的丢失，我们通常用沟通漏斗来解释这一现象，如图 8－8 所示。沟通漏斗解释了为什么收讯者最后得到的信息很少与发讯者的本意完全一致。

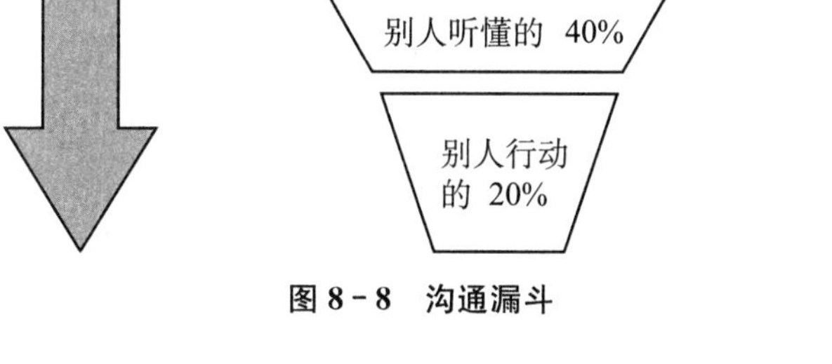

图 8－8　沟通漏斗

（4）信息过载。

在现代组织中，一些管理人员经常埋怨他们被淹没在大量的信息中，因而对过量的信息采取了不予理睬而搁置起来的办法。对于一家世界500强公司的著名CEO来说，一天平均收到800封电子邮件并不罕见。难怪亚马逊公司的创始人贝佐斯（Bezos）和公众开玩笑说，“假定你寄电子邮件给我，如果你不在10分钟内收到回信，那么就永远也等不到回信了”。

4. 组织内部固有的障碍

一个公司的组织结构和长期形成的传统及气氛，对组织沟通会产生直接影响。

（1）组织结构不合理引起信息沟通障碍。

如果组织机构过于庞大，中间层级太多，那么信息从最高决策层传递到最基层不仅容易产生失真，而且还会浪费大量时间，影响信息的时效性。对于其中自下而上的信息沟通的影响同样如此。

（2）组织气氛不健康。

一份生产质量隐患的风险报告在高度信赖、开诚布公的公司里被接收和引起领导者重视的可能性无疑比在相互猜忌、派系林立的组织要大得多。

5. 反馈的忽视

反馈是收讯者发给发讯者的一个信息，告知此前的信息已收到，以及自己对该信息的理解程度。反馈不足可能产生两个问题：（1）发讯者可能发出重复信息；（2）收讯者可能按不正确的信息行动。因为反馈很重要，所以发讯者必须努力获得反馈，而收讯者也要有意识地主动反馈。对于重要信息的沟通，一定要及时反馈。反馈的方法主要有以下几种：重复收到的信息、回答自己理解的信息、用表情或身体语言来反馈。

二、交互作用分析

要消除沟通中的障碍，就要学会在双方交谈中适当地引导和把握谈话。**交互作用分析**（transactional analysis，简称TA），又名互动式沟通分析或PAC理论，是由美国心理学家伯尔内（Berne）于20世纪50年代创立的，常用来分析沟通双方的交互过程，以提高人际交往能力和促进信息沟通。PAC理论包括以下内容[22]。

（一）沟通的状态

PAC理论将人们相互交往的心态分为三种。

1. 父母式自我心态（parent ego state）

简称P，代表父母的价值观和告诫，它是父母在教导子女时将自己的人生态度和是非善恶标准加诸子女身上而形成的子女的标准。其表现为保护、控制、呵护、批评或指导倾向。他们会照搬政策和标准，发表类似如下的意见：“你知道规则。规则必须遵守。”父母式自我心态实质是一种权威的心态。

2. 成人式自我心态（adult ego state）

简称A，反映出对环境要求的客观评价，是儿童有能力区别父母所灌输的观念与自己所体验的观念，并建立思考的结果与过程。其形成初期是试探性的，并以“尝试错误”的方法慢慢摸索来建立属于自己的认知态度。其表现为理性、精于计算、尊重事实和非感性的行为，试图通过寻找事实，处理数据，估计可能性和展开针对事实的讨论，来更新决策。

3. 儿童式自我心态（child ego state）

简称C，反映了由于童年经历所形成的情感。它可能是本能的、依赖性的、创造性的或逆反性的。具有儿童式自我心态者希望得到他人的批准，更喜欢立即的回报。从易动感情的语调中就可以辨别出这种心态，就像当一名员工向他的主管提意见说“你总是对我吹毛求疵！”时所用的语调。

（二）交互作用分析的类型

在现实生活中，人与人之间的交互作用有两种基本的形式：平行交流和交叉交流。这些交互作用发生在一个人的三种自我心理状态与另一个人的三种心理状态之间。当刺激线与反应线平行时对话就会继续下去；当二者不平行时，人际沟通就会受到影响，信息沟通就会中断。

1. 平行交流

平行交流的特点为：在P-A-C相互影响中，刺激线与反应线是平行的，这种人际交流形式是和谐顺畅的，或是见解相投，或是一个愿打一个愿挨，交往能够无限制地进行下去。

平行交流的类型有如图8-9所示的6种。

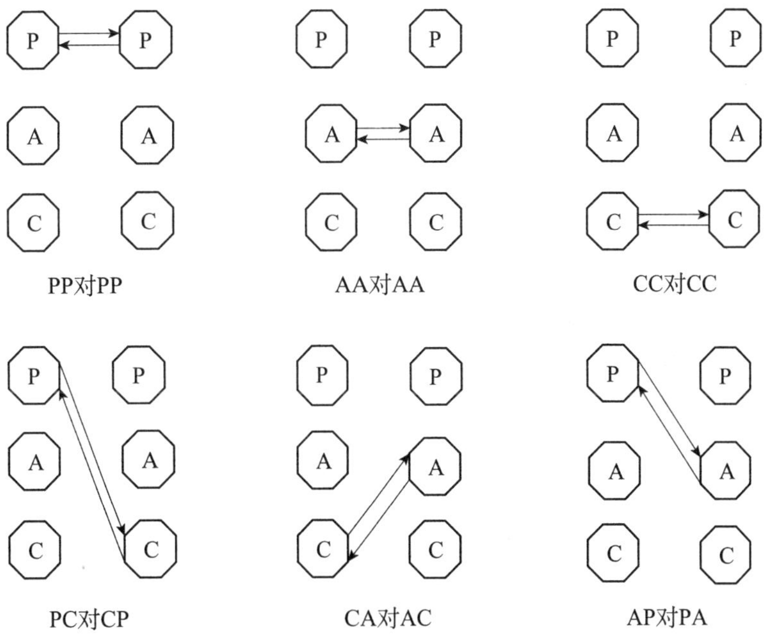

图8-9 平行交流的类型

（1）PP对PP：双方都以命令或武断的态度评价、判断事物。例如，刺激：“我要一下子把这个事情彻底解决。”反应：“应该！得把这件事扼杀在摇篮里。”

（2）AA对AA：双方都以理智的态度对待对方。例如，刺激：“看样要下雨了。”反应：“天气预报就是这么说的。”

（3）CC 对 CC：双方均诉之感情，而不是出于理智的判断。例如，刺激："我父亲是处长。"反应："那有什么了不起，我父亲是局长。"

（4）PC 对 CP：一方以长者、权威者的姿态对待对方，对方也能心甘情愿地接受，相处融洽。例如，刺激："怎么搞的，这么个小事也做不好！"反应："对不起，对不起，都是我不好，下次再也不会了。"

（5）CA 对 AC：一方很孩子气，对方则很理智。例如，丈夫："这次竞争上岗很激烈，我真想放弃。"妻子："仔细考虑考虑，想想自己的优势。"

（6）AP 对 PA：一方虽然理智，但担心自己控制不住，于是请对方担任 P 的角色，时时予以监督防范。例如，丈夫准备戒烟，对妻子说："你若发现我再抽烟，就把烟给扔掉。"妻子发现丈夫又抽烟了，边说不能抽烟，边把烟卷扔掉了，丈夫不好意思地笑了。

2. 交叉交流

交叉交流的特点为：在 P-A-C 相互影响中，刺激线与反应线呈交叉状态，甲方发出信息后，乙方的反应出乎甲方的期待。这种人际交流形式会造成对方情绪不愉快、关系出现紧张或使交往中断。

交叉交流的类型有如图 8－10 所示的 4 种。

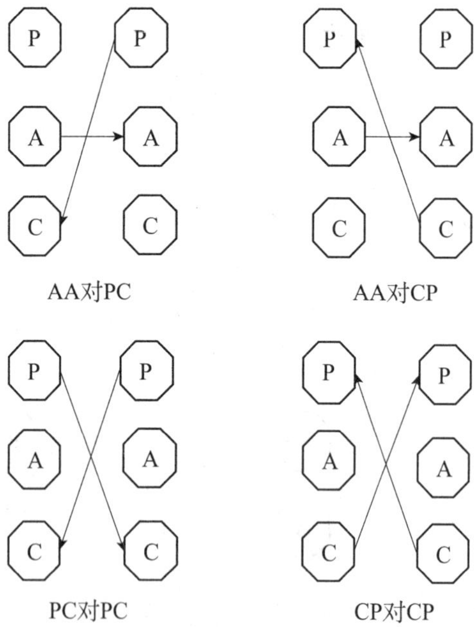

图 8－10　交叉交流的类型

（1）AA 对 PC：一方希望别人以理智的态度对待他，而对方偏偏要以高压或命令态度对待他。例如，学生："这次评三好学生，我有没有资格？"老师："你的学习成绩退步那么多，还想评比三好学生？"

（2）AA 对 CP：一方讲道理，就事论事，对方则喜欢耍性子，感情用事。例如，领导："生活上有什么困难？"职工："得了，别假惺惺的。"

(3) PC对PC：一方以命令的方式对待对方，对方不服气，也以同样的态度回敬。例如，丈夫：“你烧的菜太难吃了，得改进厨艺。”妻子：“你什么活都不干，无权说东道西！”

(4) CP对CP：双方都比较感情用事，喜欢夸耀、卖弄，喜欢互相抬杠，孩子气，交往形成交叉。例如，学生：“课讲得太差了，我不爱听。”老师：“我走好了，你自己来上课。”

（三）交互作用分析的优点

交互作用分析的培训能使员工进一步洞察自己的个性，也能帮助员工理解为什么有时和人沟通会话不投机。交互作用分析有助于改进人际沟通的效果。当交叉交流发生时，员工就能够有所反省，并能采取措施将其恢复到平行交流，特别注意要保持在成人对成人的类型上。

专栏2：新闻中的组织行为学

这个奇葩CEO没有办公桌、没有电脑[23]

众筹网站Indiegogo联合创始人斯拉瓦·鲁宾（Slava Rubin）在2014年早些时候刚刚带领公司完成了新一轮4 000万美元融资。但许多人不知道的是，鲁宾在公司内竟然都没有自己的办公桌，甚至没有电脑。

鲁宾表示，作为公司的CEO，他不希望花费大量时间在自己的电脑前，而是希望同自己的团队及客户进行更多的沟通。

“我将这称为‘99规律’(9-to-9 ritual)，我每天的工作就是从早上9点到晚上9点同不同的人进行交流。有时候我是通过电话的方式进行交流，但我并不喜欢这样的形式。而诸如做表格、建模等工作我都会安排在很早或者晚上来做，因为我无法在这段时间和同事们在一起、同客户会谈，或者举行面试。”鲁宾说道。

通过与同事进行面对面或者电话交流，鲁宾对公司内部发生的事情了如指掌，并清楚地知道自己需要关注或者做出改变的方面。

鲁宾习惯一边走路一边打电话或者与人展开面对面的交流。“我认为久坐是我们这一代人最大的缺点，你完全可以在一个半小时的电话会议期间走很多路。”鲁宾补充道。

由于平时工作非常繁忙，鲁宾每天的睡眠时间就变得非常有限。通常，他会每天8点准时起床，然后在晚上9点后利用电脑完成一些必要的工作，直到一两点。因此，工作效率对于鲁宾来说非常重要。

“通过同那些长期对我们进行投资的人士交流，我们掌握了许多改善自身平台的方法。”鲁宾说道。据悉，Indiegogo当时的投资人包括诸如维珍集团创始人理查德·布兰森（Richard Branson）、谷歌商业发展副总裁梅根·史密斯（Megan Smith）、Paypal联合创始人马克思·莱夫臣（Max Levchin）及eBay的前COO梅纳德·韦伯（Maynard Webb）等在内的知名科技人士。

本 章 回 顾

现实生活中，沟通是无处不在的。沟通一词的原意指交流、交际、通信、联络。组织行为学所讨论的沟通是指信息在两个或更多的人之间传递，并能被别人理解的过程。在群体或组织中，沟通有4种主要功能：传递信息、激励组织成员、表达情感和控制协调组织活动。沟通过程的细节所包括的11个要素：发讯者、编码、信息、传递、媒介、接收、解码、收讯者、反馈、背景、噪声。依据不同的标准，我们可以将群体沟通进行如下分类：以沟通所使用的媒介划分，可以分为口头沟通、书面沟通和非语言沟通；以组织内信息沟通流向划分，可分为纵向沟通、横向沟通和斜向沟通；以是否反馈划分，可以分为单向沟通和双向沟通；以沟通渠道划分，可分为正式沟通与非正式沟通。沟通网络分为正式沟通网络和非正式沟通网络。沟通中会存在很多的障碍，要实行有效的沟通，就应该学会分析这些沟通障碍，并采取有针对性的措施使沟通更加顺畅。

关键术语

沟通 communication
发讯者 sender
收讯者 receiver
媒介 media
反馈 feedback
语言沟通 verbal communication
口头沟通 oral communication
书面沟通 written communication
非语言沟通 nonverbal communication
正式沟通 formal communication
非正式沟通 informal communication
沟通网络 communication network
交互作用分析 transactional analysis

思考题

1. 何为沟通？沟通有哪些功能？
2. 你是怎么看待自己与周围人的沟通风格的？
3. 沟通有哪些类型？
4. 电子沟通的特点有哪些？
5. 正式沟通网络与非正式沟通网络分别有哪些类型？
6. 沟通中存在哪些障碍？

组织行为学自测

PAC分析[24]

这份问卷将帮助你了解自己在沟通时的特点。从以下成对的陈述中选择一个最能够代表你风格的陈述。如果两项陈述都与你的风格不匹配，那么，请转至下一道题。

1.（A）我说出我的想法。
（B）我倾向于做我被要求做的事情。
2.（A）我经常为我的同事倒咖啡或茶水。

(B) 我对他人是严格的。

3. (A) 我非常有逻辑性。

(B) 我并不隐藏我的感受。

4. (A) 我并不喜欢越界。

(B) 人们有时感觉到我对他们的爱令他们窒息。

5. (A) 人们有时认为我是专横的。

(B) 我寻找双赢的方案。

6. (A) 对于展示自己的情感，我并不感到窘迫。

(B) 我非常有礼貌。

7. (A) 我非常同情其他人遇到的麻烦。

(B) 我非常喜欢控制局面。

8. (A) 在行动之前，我通常仔细考虑。

(B) 我问很多问题。

9. (A) 我与人们融洽相处。

(B) 我帮助人们解决很多问题。

10. (A) 我让别人知道我拥有的一些坚定的主张。

(B) 我将其他人也纳入决策过程之中。

11. (A) 我富有创造力和创新能力。

(B) 人们有时会看见我缺乏自信。

12. (A) 我喜欢关心他人。

(B) 我喜欢制定规则。

13. (A) 人们认为我是通情达理的。

(B) 我缺乏幽默感。

14. (A) 我很难拒绝不合理的要求。

(B) 我的许多时间被用在替别人办事情上。

15. (A) 我经常知道答案。

(B) 我在压力之下保持平静。

16. (A) 我有极大的好奇心。

(B) 我在开会时喜欢安静地坐着。

17. (A) 如果某个人感到犹豫，我用最大的努力打消他的疑虑。

(B) 我觉得谈论比倾听要容易。

18. (A) 我听取所有的观点。

(B) 我喜欢做我想做的事情。

19. (A) 我发现说“不”是一件很困难的事情。

(B) 我经常关心新员工。

20. (A) 我喜欢领导别人。

(B) 我尊重其他人的观点。

21. (A) 我经常给人们带来惊喜。

(B) 我的穿戴与我同事的相匹配。

22. (A) 我经常对别人吹毛求疵。

(B) 我指挥人们去做什么。

23. (A) 我平等地对待大家。

(B) 我愿意让工作充满乐趣，而不是太严肃。

24. (A) 我喜欢有礼貌的人。

(B) 我经常为大家提供支持。

25. (A) 我更喜欢人们遵守规则。

(B) 我采取一种逻辑的方法。

记分：记下你的选择，在下表对应的方格中打钩，然后，统计你在每一列中打钩的数目，这就是你的得分。

问题	NC	AC	NP	CP	A
1	A	B			
2			A	B	
3	B				A
4		A	B		
5				A	B
6	A	B			
7			A	B	
8	B				A
9		A	B		
10				A	B
11	A	B			
12			A	B	
13	B				A
14		A	B		
15				A	B
16	A	B			
17			A	B	
18	B				A
19		A	B		
20				A	B
21	A	B			
22			A	B	
23	B				A
24		A	B		
25				A	B
总计					

解释：看看你得最高分的类型，这就是你偏爱的个人沟通风格。

(1) NC：天真孩童型（natural child）。拥有这种偏好的人喜欢开诚布公地表达他们的真实情感、愿望和需求，虽然可能表达的方式不一定恰当。他们是友善的，喜欢制造一些乐趣。他们是富有创造力的，并充满好奇心。具有这种风格的人会被别人认为是带有孩子气的、过分情绪化的、天真的和不成熟的。

(2) AC：顺应孩童型（adapted child）。拥有这种偏好的人感觉到了遵从的需要。他遵从规则和规章，特别温文尔雅，觉得对无理的要求说“不”是一件很困难的事情。他们以一种顺从和负责任的方式做事情。具有这种风格的人也被认为太易于屈服，不能捍卫自己的利益，并且缺乏自信。

(3) NP：哺育父母型（nurturing parent）。拥有这种偏好的人很愿意走到他们认为需要自己帮助的人面前。他们喜欢关心和照顾他人，并提供支持。然而，他们的保护会被看作超过了正常标准，甚至有些令人窒息。不允许他人自我发展和自我独立，这是这种风格的人所具有的危害。

(4) CP：挑剔父母型（critical parent）。拥有这种偏好的人喜欢控制。他们设定和强加规则。他们是坚定的，不为人所动。然而，其他人可能认为这种风格是高高在上的、独断专横的和不堪忍受的。

(5) A：成人型（adult）。拥有这种偏好的人富有逻辑性和理性。他们高效地解决问题和做出决策。他们尊敬他人，寻求双赢的结果。然而，在极端的情况下，他们也可能被视作是令人厌烦的、缺乏创造力、过于机械及书生气太浓。

品味经典研究

哈伍德服装生产厂的实验[25]

管理学家科奇（Coch）和弗伦奇（French）于1948年在一家服装生产企业哈伍德公司（Harwood）进行了一项意义深远的研究。公司当时面临着严重的生产问题，而工人们则对管理层改造工艺流程和生产方法的变革普遍持抵制态度。为了解决这一问题，科奇和弗伦奇把工人分成了3个实验组，以探索不同的沟通策略对消除组织中对变革的抵制有何影响。

对第一组工人采取的沟通方法是向其告知将要推行的变革，并进行必要的解释。

对第二组工人采取的沟通方法是从中选出少数代表，对他们进行新生产工艺和方法的培训，随后要求全组工人运用新工艺方法进行生产。

对第三组采取的沟通方法是让全体工人和管理层对于新的生产工艺和方法进行讨论，探讨如何从现行生产方法改进到新的工艺和方法。

实验结果表明：第一组工人虽然任务最简单，但是生产效率没有任何提高，并且敌对态度明显，40天内有17%的工人离职；第二组工人在14天里恢复到原来的生产水平，并在之后生产效率进一步提高，无人离职；第三组则在第二天就达到原来的生产水平，并且生产率提高14%。

可见，有效的组织沟通对管理效能而言发挥着极为重要的作用，员工与管理层、员工内部双向、充分的信息交流，无论对于推进变革、提高工作绩效，还是对于工作满意度和组织承诺无疑都具有不容忽视的意义。

注 释

[1] 章文光. 公共组织行为学. 北京：北京师范大学出版社，2009.

[2] [加] 史蒂文·L. 麦克沙恩，[美] 玛丽·安·冯·格里诺. 组织行为学：第 7 版. 吴培冠，张璐斐，译. 北京：机械工业出版社，2018.

[3] 肖余春. 组织行为学. 2 版. 北京：机械工业出版社，2016.

[4] GEPRGE J. M.，G. R. JONES. Understanding and managing organizational behavior. New Jersey：Pearson Education Inc.，2012.

[5] GIBSON J. L.，M. I. JOHN，JAMES H. D.，R. KONOPASKE. Organizations：behavior，structure，processes. New York：McGraw-Hill，2012.

[6] [美] 约翰·W. 斯洛科姆，达恩·海瑞格尔. 组织行为学：第 13 版. 杨洋，译. 北京：北京大学出版社，2018.

[7] LINDA K. S.，B. N. GREGORY. Organizational behavior：a management challenge. London：Lawrence Erlbaum Associates. 2002.

[8] GRIFFIN R. W.，G. MOORHEAD. Organizational behavior：managing people and organizations. Mason，OH：South-Western Cengage Learning，2014.

[9] LUTHANS F. Organizational behavior：an evidence-based approach. New York：McGraw-Hill，2011.

[10] 于广涛. 组织行为学：构建未来的工作-生活空间. 北京：清华大学出版社，2009.

[11] 孙晓岭. 组织行为学. 3 版. 北京：中国人民大学出版社，2018.

[12] 樊建芳，张炜，黄琳. 组织行为学. 杭州：浙江大学出版社，2009.

[13] 李婉. 组织行为学教程. 3 版. 广州：暨南大学出版社，2017.

[14] 张莉，林与川，迟冬梅. 组织沟通方式对沟通满意度的影响：沟通认知与沟通倾向的调节作用. 科学学与科学技术管理，2012，33 (2)，167－173.

[15] [美] 斯蒂芬·罗宾斯，蒂莫西·贾奇. 组织行为学：第 16 版. 孙健敏，王震，李原，译. 北京：中国人民大学出版社，2016.

[16] [美] 里基·W. 格里芬，格利高里·摩海德，唐宁玉. 组织行为学. 刘伟，译. 北京：中国市场出版社，2010.

[17] 徐建平. 组织行为学. 2 版. 北京：中国人民大学出版社，2014.

[18] SCHERMERHORN J. R.，RICHARD N. OSBORN，MARY UHI-BIEN. Organizational behavior. Hoboken：John Wiley & Sons Inc.，2012.

[19] SMITH S. W.，S. R. WILSON. New directions in interpersonal communication research. Thousand Oaks，CA：Sage，2009.

[20] 陈春花. 管理沟通. 广州：华南理工大学出版社，2001.

[21] 同 [11].

[22] 陶慧芬，李坚评，雷五明. 心理咨询的理论与方法. 武汉：华中科技大学出版社，2006.

[23] 佚名．这个奇葩 CEO 没有办公桌、没有电脑．(2014-05-22) [2014-07-20]．http://www.chinahrd.net/article/2014/05-22/198343-1.html.

[24] [英] 莎拉·库克．培训的 100 件工具：培训师、管理者的问卷与评估表．吴咏蓓，等译．上海：上海交通大学出版社，2004.

[25] COCH L., FRENCH JR. P. Overcoming resistance to change. Human Relations, 1948, 1 (4), 512-532.

第九章

领　导

其身正，不令而行；其身不正，虽令不从。

——《论语》

学习目标

1. 理解领导的概念，了解领导的三个组成要素。
2. 理解领导和管理的联系与区别。
3. 了解领导特质理论，掌握领导行为理论和权变领导理论。
4. 了解领导理论的新发展。

引　例

黄光裕与黄宏生的殊途人生
——同陷牢狱之灾　命运不同[1]

国美董事会与创始人黄光裕之间的较量，使国美电器无可避免地遭受冲击，股票曾一度停牌，2010年8月6日复牌后其股价便大跌12.09%，换手3.98%，成交额14.51亿港元，成交量近6亿手，约是往常交易量的10倍。据了解，直至2008年底被警方拘押之前，黄光裕在国美一直有着足够的权威，他是“国美帝国”的“君王”。行业内普遍流行的几个段子是：在黄光裕的办公室，任何国美高管都是极其小心翼翼，大气不敢出。最可怕的是，每次总裁会后，在没有最终领会黄的意思之前，几大运营总监们不是当面询问或请示黄光裕，而是会后互相打电话，猜测黄光裕的意思，“两个人的猜测基本相同，大家才敢执行，否则再打电话，听听第三个人的猜测”。

与之对比的是，同在香港上市的创维数码，其创始人黄宏生在港“炼狱”五年，该公司股价却屡创新高，2009年涨幅高达35倍，其盈利更是国内其他彩电企业之总和。2004年11月30日，黄宏生被香港廉政公署拘捕，创维数码当日被强制停牌，股价收于2.72港元。突如其来的变故顿时让局面异常混乱。在创维总部的高管们此时已无法联系上黄宏生，正在过关准备与黄宏生会合的创维董事局副主席张学斌除了震惊，也是一头雾水。他给陪黄宏生到香港但未涉廉署事件的董事丁凯打电话，得到黄宏生的两条口头指令：一是董事长职权暂交由他行使，二是赶紧向政府汇报。

随后事情的进展，已成为国内企业危机公关的一个经典案例。以张学斌为首的职业经理人“看守内阁”稳定了局面，一度离开创维北上创业的杨东文也紧急重回公司共渡难关；刘棠枝带队不但打消了合作伙伴的疑虑，甚至还让国内业绩当年实现逆势而上；年轻的孙伟中和沈健带领的品牌团队则最大限度地完成了与媒体的交流互动，小道消息几乎绝迹。

应对这场危机，突然失去老板指引的创维上下可谓“三军用命”，这是黄宏生的幸运，实则也是必然。在事件发生后仅两周，黄宏生家族成员即主动撤出创维上市公司董事会及管理层，以示黄氏家族与创维分开，董事会成员全部为职业经理人和“空降兵”。黄宏生的充分授权给了张学斌等人足够的运作空间。

同样遭遇牢狱之灾，同样是上市公司创始人，黄宏生成为悟道者，放手让张学斌、杨东文等一干职业经理人实现了对企业的救赎；而黄光裕崇尚个人权威的掌控风格，则为新旧部属的“反水”埋下了伏笔。

第一节 领导概述

如果没有领导，一个组织中就只有混乱的人群和机器，如同交响乐没有指挥而只有演奏家和乐器一样。在企业中，领导者居于特殊的地位，发挥着独特的作用，他们往往成为影响企业成败的关键因素。因此，如何培养有领导能力的人才，如何提高领导者的领导效能，成为一个值得探讨的问题。

一、领导的定义

“领导”在《现代汉语词典》中的解释有率领并引导的意思。美国权威的《领导手册》对领导的定义为：组织内部两个或两个以上的人之间的相互作用，这种相互作用通常会涉及建立或重建一种架构，以及组织成员的意见和期望。[2]表 9-1 是不同的研究者分别从各自的角度对领导做出的界定。

表 9-1 领导的定义

研究者	定义
斯多克狄尔（Stogdill）	领导是对组织内团体和个人施加影响的活动过程。
孔茨（Koontz）	领导是一门促使其部属充满信心、满腔热忱地完成他们的任务的艺术。
罗伯特（Robert）	领导是在某种条件下，经由意见交流的过程实行的一种为了达成某种目标的影响力。
布兰查德（Blanchard）	领导是一项程序，使人在选择目标及达成目标上，接受他人的指挥、引导和影响。
泰瑞（Terry）	领导是影响人们自动地为组织目标而努力的一种行为。
伯恩斯（Burns）	领袖劝导追随者为某些目标而奋斗，而这些目标体现了领袖及其追随者共同的价值观和动机、愿望和需求、抱负和理想。

续表

研究者	定义
韦伯（Weber）	有效的领导有一种能力，其具有的某种精神力量和个人特征，能够对许多人施加个人影响。
韦尔奇（Welch）	领导是一种能将其想做的事或其发展设想形成一种远见，并能使其他人理解、采纳这种远见，以推动这种远见成为成功的现实。
亨普希尔和孔斯（Hemphill & Coons）	领导是指导团体的活动朝向一个共同的目标方向时的一种个体行为。
雅各布斯和雅克（Jacobs & Jaques）	领导是指给集体努力指定目标（有意义的指导）的过程，并使其付出努力而达到目标。

以上颇具代表性的定义，彼此之间虽存在着一些差别，但本质上并无不同，从中可以归纳出三个重要的关键词，即影响、过程和目标。所以，我们可以对领导的概念做如下的定义：**领导**（leadership）是指在一个组织中，在和组织成员的互动中指挥、引导后者实现群体或组织目标的过程和艺术。

这个定义包含以下三个要点：

（1）领导的本质是影响力的发挥。任何领导行为的实施都离不开组织成员对领导者的信任与追随，而信任与追随的来源是领导者对组织成员的影响力。

（2）领导是一个过程，是领导者与被领导者及环境相互作用的过程。同时也是一门艺术，层次越高的领导行为，复杂性和不确定性程度就越高，艺术性也就越强。

（3）领导是与某种目标相联系的。领导的目的就是通过引领被领导者来实现既定目标，是一种目的性很强的行为。

二、领导的组成要素

领导是一个动态的过程，领导的有效性是领导者、被领导者和环境相互作用的函数，可用以下公式表示：

领导的有效性 = £(领导者,被领导者,环境)

领导行为有效性的决定要素如图 9－1 所示。[3]

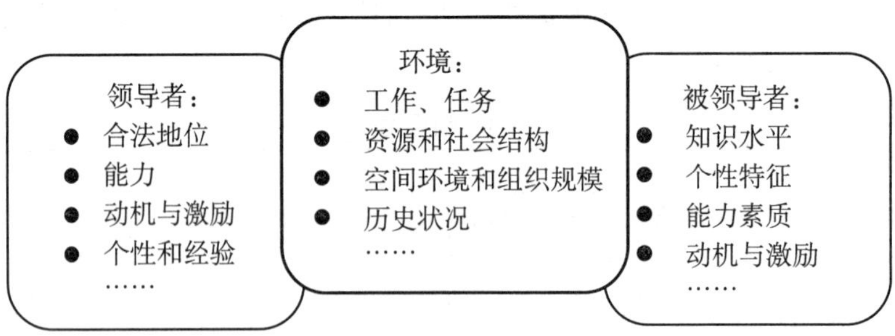

图 9－1　领导行为有效性的决定要素

（一）领导者

领导者是领导行为的主体，在组织活动中，领导者起着确立行动目标、进行决策、监督和指导实施的重要作用。

（二）被领导者

领导者与被领导者处于一种相互依存、相互影响、相互制约的关系中，但两方面的影响力是不同的。领导者对其下属的影响力要远远大于其下属对领导者的影响力，但也有研究证实下属可以影响领导者。下属的素质、主动性和创造性、与领导者关系的融洽程度及对组织的关心程度，在相当大的程度上决定着领导的有效性和组织整体绩效。

（三）环境

组织的环境是指对组织绩效发生潜在影响的外部机构或力量。组织的一切活动都是在一定的环境中进行的。它既包括政治、法律、经济、社会文化、自然环境和国际环境等一般环境，还包括对组织具有直接的、特定的和经常性影响的特殊环境，如客户、竞争对手、供应商、政府部门及企业所在的社区等。当领导者和被领导者的特性既定时，环境因素的变化对领导过程和领导效能有很大的影响。

三、领导者的功能和类型

（一）领导者的功能

领导者和领导是两个不同的概念。**领导者**是在组织和群体中起着核心作用的个体或团队。领导者根据一定的环境条件，通过影响组织和群体中其他人的行为最终达成目标，具体功能包括：[4]

（1）计划：拟订计划和决定标准；

（2）组织：建立机构和协同工作；

（3）协调：融合利益和消除冲突；

（4）沟通：促成了解和互相信赖；

（5）团结：凝成紧密的工作群体；

（6）指挥：形成权威和督促执行；

（7）激励：了解需要和激发动机；

（8）考核：审核计划和奖罚分明等。

（二）领导者的类型

领导者可以通过实现这些功能来发挥其作用。领导者可分为以下两种类型。

1. 正式领导者

正式领导者的职位与权力由组织赋予。他的主要作用是带领下属完成组织任务，实现组织目标，包括确定目标与使命、建立组织机构、制定工作程序、授权下属承担任务、对下属实施奖惩、沟通上下级的关系等内容。

2. 非正式领导者

非正式领导者虽然没有组织赋予他的职位与权力，但往往实际起到领导者的作用。就组织目标的实现而言，非正式领导者通常具有重要的影响作用，应引起高度的重视。正式领导者和非正式领导者既可以集于一身，也可以分离。一个有效的领导者，既要是正式领导者，在群体中拥有法定的职位和权力，也要能对群体成员产生由人格魅力带来的影响力。同时，正式领导者应借助于非正式领导者在群体中具有的实际影响力，为实现组织目标服务。如果非正式领导者的影响方向与组织目标相悖，则要采取措施加以限制。

四、领导和管理的联系与区别

领导与管理都有着丰富的历史内容。自从有了人与人之间的相互关系和人群的协作劳动，就出现了对人的统领和对人所从事的工作的管控。由于领导和管理具有控制、组织、引导等共同的含义，至今人们仍在交叉使用这两个概念。随着社会活动的不断发展，现代社会的领导和管理已经在实践中各有侧重，且有了一定的区别。[5]

（一）领导与管理的联系

领导是从管理中分化出来的。领导和管理无论是在社会活动的实践方面，还是在社会科学的理论方面，都具有较强的相容性和交叉性。领导和管理相同的是都具有计划、组织、控制的一般属性。

（二）领导与管理的区别

1. 定义不同

领导是指在和组织成员的互动中指挥、引导后者实现组织目标的过程；**管理**（management）是为了实现某种目的而进行的计划、组织、指挥、协调和控制的过程。

2. 职能不同

领导最重要的职能是推动灵活性和变化，管理最重要的职能是保持组织的一致性和秩序。领导寻求适时积极的变化，管理寻求稳定有序。

3. 管理的层次不同

管理的层次有高层、中层和基层之分。基层管理是微观管理，直接管理具体的人、物、事，一般按常规办事，执行上级的决定，独立性不强；高层和中层管理是宏观和中观管理，很少直接管理具体的人、财、物，主要处理具有针对性、原则性的重大问题，独立性较强。一般把上层和中层的管理称为领导，而不把基层的具体管理称为领导。

4. 处理问题的性质不同

领导主要处理变化的问题。领导者订立目标，并与员工进行有效的沟通，激励他们克服困难实现目标；管理侧重于处理复杂的问题，优秀的管理者通过制定详细的步骤或时间表及监督计划实施，确保目标的达成。从事管理工作的人员强调专业化，从事领导工作的人员则注重综合素质和整体能力。

5. 沟通方式不同

领导是通过言行将确立的企业经营方向传达给组织成员，争取相关人员的合作，形成影响力，使相信远景目标和战略的人们形成同盟，并得到他们的支持；管理则根据组织计划的要求建立一套企业组织机构，配备人员，赋予他们完成计划的职责和权力，制定政策和程序，并采取某些方式创建一定系统，以便监督计划的执行情况。

第二节 传统领导理论

一、领导特质理论

特质理论主要研究成功领导者与非领导者相比所具备的特殊素质。这种理论的主要研究方法是归纳分析法，即在众多优秀的领导者当中分析寻找他们所共有的某些品质或特性，再考察某个具体的人是否具备这些特点，希望能预测或判断他是否适合做领导，能否成为一个优秀的领导者。该理论所指的特殊素质主要包括领导者个人所具有的知识、能力、品德、个人修养和领导艺术等。早期的研究者甚至还把身体特征，如长相、体重、血型等也作为领导者能否成功的因素。

特质理论的研究由来已久，根据对领导特质成因的看法，可以把特质理论分为传统特质理论和现代特质理论。

（一）传统特质理论

传统特质理论把“天赋”作为领导特质的来源，认为领导素质与生俱来，有些人天生就是领导者的材料。古希腊哲学家亚里士多德就认为人从出生之日起就已注定了他是治人还是治于人的命运。从 20 世纪初开始，一些西方学者就把历史上的和当时的杰出领导者作为研究对象，得出领导者必须具备的天赋条件。如美国心理学家吉布（Gibb）通过研究认为，天才的领导者应具备 7 种特征：善言辞、相貌英俊潇洒、智力过人、有自信心、心理健康、有支配他人的倾向、外向而敏感。斯多克狄尔认为领导者应具备如下 16 种先天特性：善良、可靠、勇敢、有自信心、有胆略、力求革新与进步、直率、自律、有理想、有良好的人际关系、风度优雅、愉快、身体健康、智力过人、有组织能力和有判断力。[6]巴纳德（Barnard）归纳了成功领导者必备的 5 种特质：活力和耐力、说服力、决策力、责任心和智力。

（二）现代特质理论

与传统特质理论不同，**现代特质理论**认为领导是一个动态的过程，领导者的特质并非天生，而是在实践中形成的，可以通过训练、培养而成。因此，现代特质理论主要从胜任实际领导工作的角度来研究领导者所应具备的能力、特征等。

很多国家的研究者们根据本国不同的情况，都提出了一些所谓领导者所应具备的特质条件。鲍莫尔（Baumol）认为一个领导者应具备 10 项特质，它们是：合作精神、决策才能、组织能力、精于授权、善于应变、勇于承担责任、敢于求新、敢担风险、尊重他人和品德高尚。吉赛利（Ghiselli）认为领导素质包括三方面的内容：一是领导者的能力，包括管理能力、智力、独创性等；二是领导者的个性特征，包括果断性、自信心、成熟程度等；三是领导者激励方面的特性，包括权力的需要、报酬的需要、安全的需要及成就的需要等。吉赛利通过研究还发现，按重要性排列，有效领导者应具备的特质依次是：管理能力、成就需要、智力、果断性、自信心和独创性。

二、领导行为理论

20 世纪 40 年代末至 60 年代中期，研究者开始把目光转向领导者表现出的具体行为，研究有效领导者的行为有哪些独特的风格，这类理论被称为**领导行为理论**。现对其中几种代表性的理论加以介绍。

（一）密歇根大学领导系统理论

领导系统理论是心理学家和行为科学家利克特（Likert）提出来的。在对领导风格的研究中，利克特等人将领导行为划分为“生产导向”和“员工导向”两个维度，他们发现高效率的企业大多采用“员工导向”的领导风格，而低效率的企业较多采用“生产导向”的领导风格。1961 年，利克特在《管理的新模式》一书中将领导风格归结为四种类型，如图 9－2 所示。

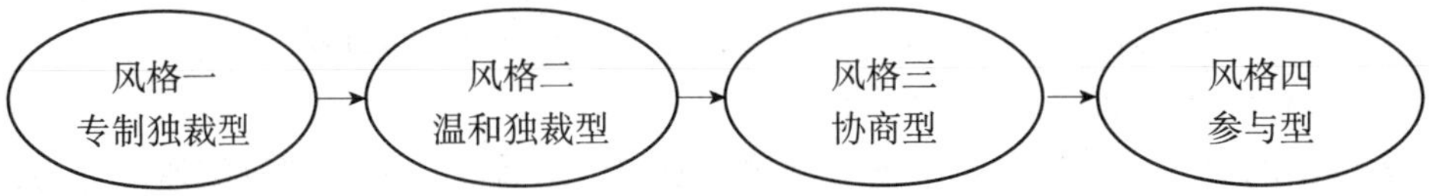

图 9－2　利克特领导系统理论

1. 专制独裁型

权力集中在最高一级，实行集中决策，由于领导者对下级没有信心，所以下级没有任何发言权，只能在上级严格规定的工作标准和方法下被动地执行，如果达不到规定的目标，就要受到惩罚。在这种风格下，上下级之间缺少交往、互不信任。如果组织中有非正式组织，则通常对正式组织的目标持反对态度。

2. 温和独裁型

权力仍控制在最高一级，但实现了类似主仆间的信任，领导者授予中下层部分权力。因此，领导者仍是专制的，但采取了一种较谦和的态度，让下属在一定的限度内做出决策。交往在上级屈就和下级戒惧的气氛下进行，下级仍感到不自由，非正式组织对组织的目标既可能反对也可能不反对。

3. 协商型

领导者对下属有较大但并不完全的信任，重要事务的最后决定权仍在最高一级，但中下层有权制定较低层次的决策。上下级之间采用双向的信息沟通，领导者经常听取下级的意见并尽量采纳。组织中的非正式组织有时对组织目标表示支持，有时也会反对。

4. 参与型

领导者完全相信下属，彼此之间相互信任、平等相待，各项决策采用民主的形式，有问题互相协商讨论，共同制定目标，并按照一致的意见或多数人的意见做出决定。组织内不仅有双向沟通，还有平行沟通，下属有充分的自由参与各项工作。

利克特等人通过研究认为，如果领导者只以工作为中心，不关心员工各种需要的满足，往往会造成低效率。只有在了解员工各种需求的基础上，充分调动员工的积极性，依靠自主管理，充分发挥员工的潜力，才能提高组织的效率。因此，他大力提倡独裁型的领导风格向协商型和参与型的领导风格转变。

（二）俄亥俄州立大学领导行为四分图理论

美国俄亥俄州立大学的研究者们开展了一项范围广泛的关于领导问题的调查。他们列出了 1 000 多种描述领导行为的因素，通过逐步筛选，最后将领导行为归纳为两个方面：一是“发起结构”（initiating structure），指的是为了实现组织目标，领导者规定和确立自己与下属的角色所应从事的活动，包括制订计划、设置组织结构、明确职责、分派任务、规定工作程序等；二是“体贴关怀”（consideration），指的是领导者注重沟通和信任，乐于同员工建立良好的人际关系，主要包括听取下属意见、增进感情、关心员工福利等。概括起来讲，“发起结构”是以工作为中心，“体贴关怀”是以人际关系为中心。以上两个方面构成领导行为的两个维度，每个领导者在这两个维度上具有不同的行为特性，领导行为是这两类行为的具体结合，可以用二维空间的“四分图”来表示。[7]在此模式下，领导行为可分为四种类型，如图 9－3 所示。

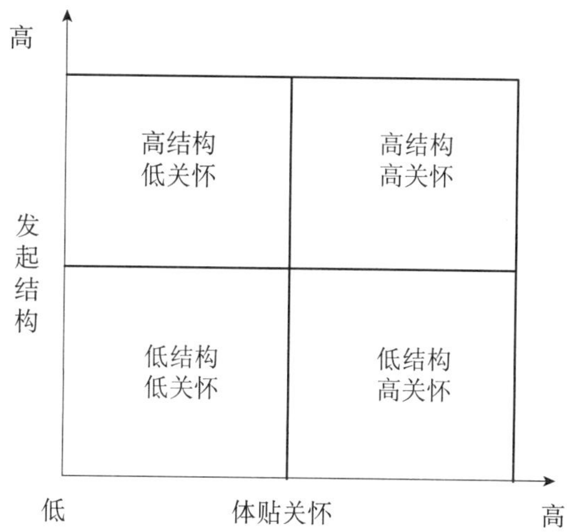

图 9－3 领导行为四分图

（1）高结构、低关怀的领导者，最关心的是工作任务的完成。

（2）低结构、高关怀的领导者，非常关心与下属的合作，重视互相信任和互相尊重的氛围。

（3）低结构、低关怀的领导者，对组织和人都不关心。一般认为，这种领导方式效果最差。

（4）高结构、高关怀的领导者，对组织和人都很关心。一般来说，这种领导方式效果最好。

对 160 多项研究的综述发现，发起结构和体贴关怀都与有效领导相关。其中，高关怀领导者的下属工作满意度和积极性更高，高结构领导者的下属生产率更高。

（三）勒温领导风格理论

领导风格理论是由德裔美籍心理学家勒温（Lewin）提出来的，其目的是通过研究领导风格对员工的影响，寻求最佳的风格类型。领导风格理论以权力定位为基本变量，把领导者在领导过程中表现出来的行为分为三种风格类型，如图 9－4 所示。

1. 独裁式领导风格

独裁式的领导者把决策权高度集中在自己手中，下级没有任何参与决策的机会；领导者的产生也是由上级任命的，往往高高在上，让下属感到严厉、不可亲近；领导者发号施令，下属必须不折不扣地执行；上下级之间没有沟通，往往造成下属缺乏自主意识，容易失去个性，变得消极、自卑、依赖性大，以及不负责任。

2. 放任式领导风格

放任式的领导者在工作中很少运用自己的权力，赋予下属高度自主权，甚至“自由放

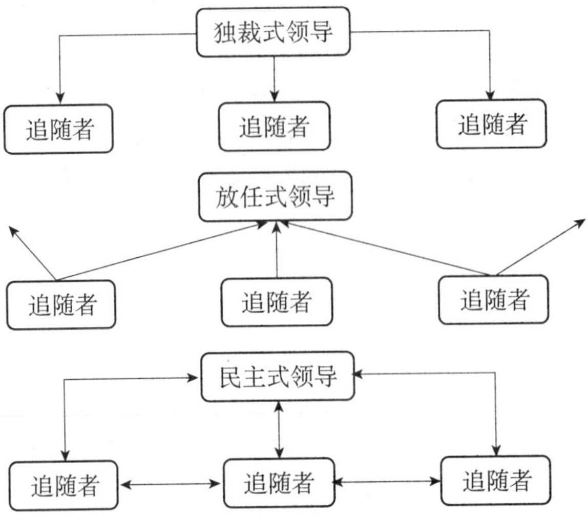

图 9-4　三种领导风格类型

任”；在决策制定上，主要依靠下属个人或群体决定，领导者不参与，仅为下属提供信息及充当外部环境的联络者；上下级之间有沟通，但领导者处于被动状态，让下属感觉可以亲近，但不可靠；下属虽然感到非常自由，但缺乏组织观念。

3. 民主式领导风格

民主式的领导者通过分工授权，把决策权分散到下属手中，允许他们在各自权限范围内自行做出决策；决策执行过程中，领导者给予下属较大自主权；上下级之间沟通较多，上级关心下属，让下属感觉可以亲近，容易形成群体合力；下属的个性得以发扬，组织观念较强。

独裁式和放任式领导风格各有优劣。独裁式领导者虽然能实现工作目标，但往往造成下属消极、自卑、没有责任感；放任式领导者有助于实现组织成员间的社交目标，但难以实现工作目标。民主式领导者不但能实现工作目标，而且能发挥下属工作的积极性和创造性。

（四）布莱克和莫顿管理方格理论

管理方格理论（management grid theory）是由布莱克（Blake）和莫顿（Mouton）于1964年在领导行为四分图理论的基础上提出的，他们认为在关心工作和关心人的领导方式之间，可以有各种不同的混合领导方式。[8]管理方格其实是在四分图两个坐标的基础上，将每个坐标细分为9个等级，横坐标表示领导者对工作的关心程度，纵坐标表示对人的关心程度，从而得到81个小方格，每个小方格代表着由“关心工作”和“关心人”这两个因素结合而成的一种领导风格，如图9-5所示。

布莱克和莫顿在81个方格中列出了五种基本的领导风格，并对每种领导风格的特征进行了分析：

1.1型：贫乏型领导。这种类型的领导者既不关心工作，也不关心人际关系，只求维持工作的最低要求，他们很少与下属接触，沉默寡言。

9.1型：权威-顺从型领导。这种类型的领导者认为高效率地完成任务比什么都重要，所以高度关心工作效率，而对人的关心较少，只准下属服从而不让其发挥才智和进取精

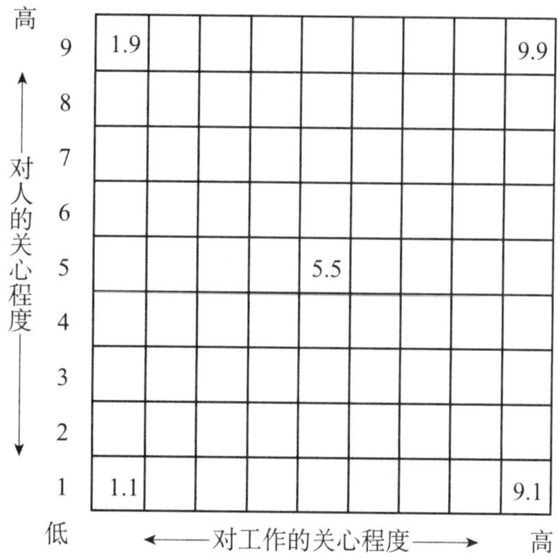

图 9-5 管理方格

神。因而 9.1 型领导者往往独断专行，控制欲强，并喜欢使用惩罚手段。

1.9 型：乡村俱乐部型领导。这种类型的领导者只关注人的因素，强调下属各种需要的满足及人际关系的和谐，但对工作不够关心，对指挥、监督、规章制度等重视不够。

5.5 型：中庸型领导。这种类型的领导者既不偏重对人的关心，也不偏重对工作的关心，而是试图保持二者之间的平衡，所以往往安于现状，甘居中游，只图使组织的绩效有实现的可能。

9.9 型：团队型领导。这种类型的领导者既关心工作，也关心人，并且都达到了最高的水平。这种风格促进组织内的高度参与及团队合作，满足员工参与和投入工作的需求。

在这五种典型的领导风格中，布莱克和莫顿认为 9.9 型效果最佳，其次是 5.5 型。因此，组织的领导者应努力把自己的领导风格改造成 9.9 型，以求实现最高的效率。但并非所有的情境下都是如此，选择什么样的领导风格应根据环境的变化而定，而这正是权变领导理论的主要观点。

三、权变领导理论

权变领导理论（contingency leadership theory）主要研究领导过程中情境因素对领导行为的影响，其最基本的观点是：领导行为的成效不仅取决于领导者本身的特质或行为风格，还取决于领导过程中的情境因素，从而弥补了前两种理论存在的缺陷。权变领导理论中所指的情境因素主要有：任务结构、上下级关系、领导者的职权、下属角色的清晰度、群体规范、信息的可得性、下属对领导决策的认可度、下属的工作士气等。现将主要的权变领导理论介绍如下。

（一）费德勒权变模型[9]

费德勒（Fiedler）经过十多年的研究，提出了一个“有效领导的权变模式”，通常称为费德勒权变模型（Fielder's contingency model），如图 9-6 所示。

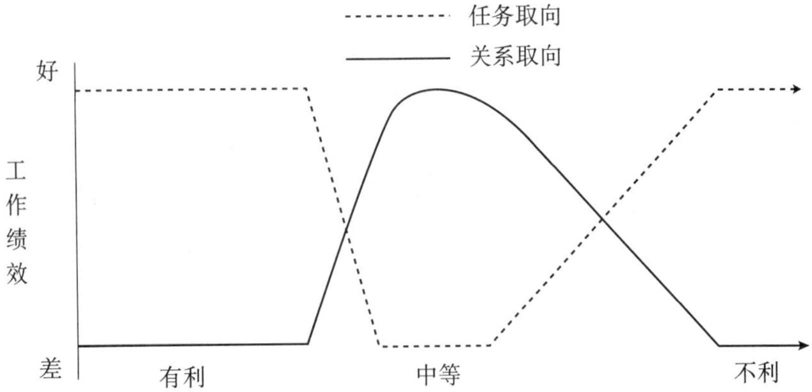

情境因素	Ⅰ	Ⅱ	Ⅲ	Ⅳ	Ⅴ	Ⅵ	Ⅶ	Ⅷ
领导者与下级的关系	好	好	好	好	差	差	差	差
任务结构	高	高	低	低	高	高	低	低
领导者的职权	强	弱	强	弱	强	弱	强	弱

图 9－6　费德勒权变模型

费德勒认为，没有一种十全十美、适用于所有情境的领导风格，只要与情境相适应，任何领导风格都可能是有效的。他认为影响领导有效性的关键情境因素有三个：

（1）领导者与下级的关系，即领导者与下属相互信任、尊重的程度。

（2）任务结构，主要指工作任务是否有明确的程序。

（3）领导者的职权，指领导者在正式组织机构中拥有的职位权力。

费德勒将这三个情境因素作为权变变量，组合成八种情境类型，并按领导者所处的环境从最有利到最不利的程度进行划分。费德勒在研究了数百名领导者的领导风格后，对每一种情境类型均对比了任务取向型和关系取向型两种领导风格的领导效果，最后得出的结论是：在非常有利（Ⅰ、Ⅱ、Ⅲ情境）和非常不利（Ⅷ情境）的情况下任务取向型领导效果更好；在中等有利（Ⅳ、Ⅴ、Ⅵ、Ⅶ情境）的情况下关系取向型领导效果更好。按照费德勒的观点，个体领导者的风格是稳定不变的，因此，要提高领导的有效性只能从两个方面来改进：要么更换领导者以适应情境；要么通过重构任务、改变领导职权等方法改变情境以适应领导者。

尽管费德勒权变模型可能存在某些缺陷，但它为领导风格的研究做出了很大贡献。它强调的是，领导风格本身无所谓好坏，要视情境因素而定。某种领导风格在一种情况下有效，而在另一种情况下可能失效甚至产生负面效果。

（二）坦南鲍姆领导行为连续体模型

这个模型是坦南鲍姆（Tannenbaum）和施密特（Schmidt）于 1958 年提出的。该理论认为，领导风格存在两种极端状态，即专制和民主。在这两个极端之间存在着一系列的领导风格，构成一个连续统一体，而不只是非此即彼地从专制和民主两端进行选择。[10]这意味着，任何领导风格都不可能固定不变，而要随着环境因素的变化而变化。领导风格的连续体是一个从专制向民主、从以上级为中心的领导向以下属为中心的领导的过渡地带，其中伴随着领导者权力范围和下属自主权的此消彼长。他们在这个连续体中列出了七种有代表性的方式，如图 9－7 所示。

坦南鲍姆等人认为，各种领导风格之间没有优劣之分，应根据具体情况，选择合适的领导风格，领导者在选择领导风格之前，应着重考虑领导者的“能力”和下属的“能力”

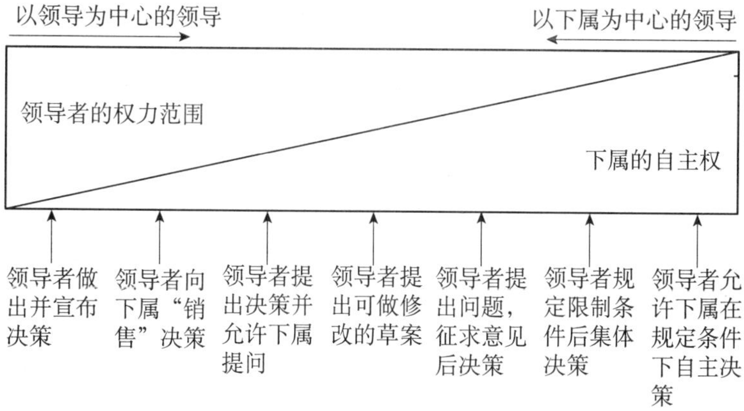

图 9-7　领导行为连续体模型

以及任务的紧迫程度等因素，选择向下属授权的程度。

（三）赫塞-布兰查德情境领导理论

情境领导理论（situational leadership theory）也叫领导生命周期理论，是赫塞（Hersey）和布兰查德（Blanchard）在领导行为四分图理论的基础上加入了第三个因素——下属的成熟程度而形成的三维领导模型。[11]成熟程度是指下属完成既定目标或任务所必备的能力和积极性。如果员工对工作很有兴趣和信心，并知道如何去完成，那么他们就有很高的成熟程度。

情境领导理论认为，高指导、高支持的领导并不常常有效，低指导、低支持的领导也不一定完全无效，这要视下级的成熟程度而定。随着下属由不成熟走向成熟，领导行为应按下列程序逐步推移：高指导与低支持—高指导与高支持—低指导与高支持—低指导与低支持，如图 9-8 所示。

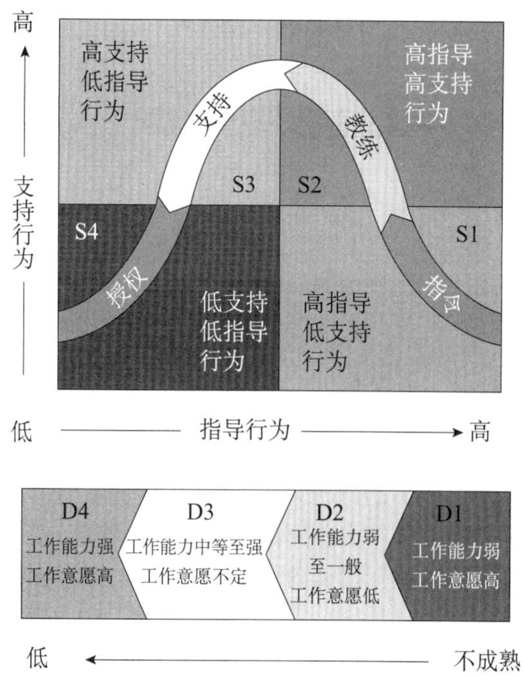

图 9-8　情境领导理论

该模式上面部分的曲线表示变动着的领导方式，下面部分表示下级的成熟程度。右边代表不成熟，由右向左逐渐成熟。按照下级不同的成熟程度，领导方式或风格分为以下四种：

（1）指令型：当下级的成熟度处于不成熟阶段时，领导者采用高指导与低支持的领导风格最有效。领导者以单向沟通方式向下级规定任务：干什么，怎么干。

（2）教练型：当下级的成熟度进入初步成熟阶段时，领导者采用高指导与高支持的领导风格最有效。领导者向下级征求意见，但仍然保持最终决策权。

（3）支持型：当下级进入比较成熟阶段时，领导者采用低指导与高支持的领导风格最有效。上下级之间相互支持，通过双向沟通交流信息，下级被授权独立工作，领导者会给下属及时的认可和鼓励。

（4）授权型：当下级发展到完全成熟阶段时，领导者采用低指导与低支持的领导风格最有效。处于这个阶段的下级一般具有能力和愿望来担当重任，所以领导者可放心地授权下级大胆工作，让他们用感觉最适合的方式来完成任务。

（四）豪斯路径-目标理论

路径-目标理论（path-goal theory）由豪斯（House）提出，该理论以期望理论和领导行为四分图为基础，认为有效领导者的工作是明确指出实现工作目标的路径，为下属清理各种路障和困难，帮助下属实现他们的个人目标，并确保他们的个人目标与组织目标相一致[12]，如图 9－9 所示。

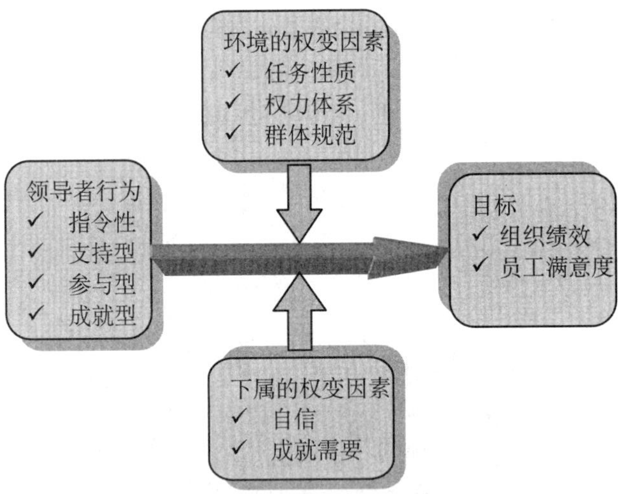

图 9－9　路径-目标理论

1. 领导风格

豪斯认为“高结构、高关怀”的组合不一定是有效的领导风格，还必须补充环境因素。他提出了四种领导风格供领导者在不同的环境下选择使用：

（1）指令型：领导者明确告诉下属做什么、怎么做及具体的时间安排。决策完全由领导者做出，下属不参与。

（2）支持型：领导者很友善，平等待人，并表现出对下属的关心。

（3）参与型：做决策时与下属共同磋商，认真考虑和接受下属的建议。

（4）成就型：为下属设置挑战性的目标，并希望下属最大限度地发挥潜力以实现目标。

2. 领导风格选择的影响因素

该理论认为，除了考虑期望理论中的变量之外，领导者要选择哪种领导风格，还要考虑两个方面的因素：

（1）下属的特性，包括受教育程度、自信心、对成就的需求、独立性、愿意承担责任的程度等。如那些独立性很强、自视甚高、喜欢影响和控制周围事物的人可能更喜欢参与型的领导风格，而那些安于现状、能力较低、不愿承担责任的人可能更喜欢指令型的领导风格。

（2）环境因素，包括任务性质、权力体系、群体规范等。如果工作任务较复杂，下级无所适从时，采用指令型的领导方式较好；而对于常规性和重复性的工作，采用支持型的领导方式较好。

第三节　领导理论新发展

一、魅力领导理论

魅力领导理论（charismatic leadership theory）是指领导者利用其自身的魅力鼓励追随者并做出重大组织变革的一种领导理论。大部分关于领导魅力的研究关注具有领袖魅力的领导者与无魅力的领导者之间的行为差异。表 9－2 说明了一些研究者确认的具有领袖魅力的领导者的特点。

表 9－2　具有领袖魅力的领导者的特点

豪斯的观点	极强的自信 极强的支配力 对自己信仰的坚定信念
本尼斯（Bennis）的观点	有令人折服的远见和目标意识 能清晰地表达目标，使下属明确理解 对目标的追求表现出一致性和全身心的投入 了解自己的实力并以此作为资本
康格（Conger）和 凯南格（Kanungo）的观点	有一个希望达到的理想目标 为此目标能够全身心地投入和奉献 反传统 非常固执而自信 是激进变革的代言人，而不是传统现状的卫道士

魅力领导理论认为，具有领导魅力的领导者比没有魅力的领导者更能影响下属的行为。魅力型领导对下属造成的实质性影响可以表现在以下方面：首先，领导者清晰地描述宏伟愿景，这一愿景将组织的现状与更美好的未来联系在一起，使下属有一种连续的认识。其次，领导者向下属传达高绩效期望，并对下属达到这一期望表现出足够的信心。这样可以提高下属的自尊和自信水平。再次，领导者通过言语和活动传达一种新的价值观体系，并以自己的行为为下属设立效仿的榜样。最后，魅力型领导者可以做出自我牺牲和反传统的行为来表明他们的勇气和对未来前景坚定的信念。

研究表明，有魅力的领导者与下属的高绩效和高满意度之间有着显著相关性。为有魅力的领导者工作的员工受到激励而付出更多的工作努力，并且由于他们喜爱自己的领导者，表现出更高的满意度。

大多数学者认为，个体可以通过培训而展现出领袖魅力的行为，并能够取得领导效能。研究者指出一个人可以通过以下三个阶段的学习变成有魅力的领导者：首先，个体要保持乐观态度，使用激情作为催化剂激发他人的热情，运用整个身体而不仅仅是语言进行沟通。其次，个体通过与他人建立联系而激发他人追随自己。最后，个体通过调动追随者的情绪来开发他们的潜力。

专栏1：本土组织行为探索

中国企业魅力型领导风格、员工工作态度与群体绩效的实证研究[13]

领导过程并不是发生在一个真空环境中的，对于群体领导来说尤其如此。影响群体领导的社会情境是多层次的：既包括群体层面，也包括组织层面。这些因素在不同层次上塑造和影响着群体领导的有效性。董临萍等对当前最流行的领导风格之一——魅力型领导风格进行了研究，探讨了其在群体层面的有效性，以及在群体成员互动过程中所形成的员工工作态度对魅力型领导风格有效性的影响。

以250名企业员工为样本的分析结果表明，在中国企业情境下，魅力型领导风格对群体绩效和员工工作态度均具有正向影响。

魅力型领导对员工工作态度具有积极的影响，这说明如果领导者能够提供鼓舞人心的战略与组织目标；具有高尚的德行，吃苦在前，享受在后；及时敏锐地发现组织内外环境中可能阻碍目标实现的因素，认可组织其他成员的能力；展示对下属需求和情感的敏感性，那么这种领导风格更容易有效地提升员工的工作满意度，并令他们感受到高的领导效能。

值得注意的是，魅力型领导风格不同的行为维度对于群体绩效和群体成员工作态度的影响存在差异。由于东西方文化差异而导致的相对较弱的维度——敢于冒险，虽然相关系数要小于其他维度，但是对于群体绩效和员工工作态度具有显著的正向影响。这反映了一个现实，即中国文化背景下人们认为有魅力的领导者也可以具备张扬的个性，敢于冒风险。同时，超常行为与群体绩效相关性不显著的结果，说明中国企业情境下的管理者，表现出来的超常行为比较弱，中国的下属很难将一个经常表现出独特行为的领导者，与高群体绩效联系起来。

同时，本研究结果还表明，在群体内部所形成的绩效氛围中，员工的工作态度对魅力型领导风格在群体层面的有效性具有调节效应。虽然高工作满意度的员工并不总是带来高的工作绩效，但是在魅力型领导者所在的群体中，群体成员积极的工作态度，能够使魅力型领导风格对群体绩效的影响更为显著；反之，群体成员消极的工作态度，将导致魅力型领导风格对群体绩效的积极影响减弱。

二、交易型与变革型领导理论

伯恩斯（Burns）认为，领导者基本上可以分为两种：交易型领导者和变革型领导者。

交易型领导（transactional leadership）是根据"领导与下属之间的交换"概念而提出的，即所谓"我关注你的利益，你关注我的利益和公司的利益"。领导者通过澄清角色与工作要求从而建立目标，并主要通过权变奖励和例外管理两种形式来指导和激励他们的下属。权变奖励即当员工完成领导者所分派的工作时，领导者给予员工适当的奖励，以增强员工工作积极性。例外管理包括主动和被动两种类型。主动的例外管理是指领导者密切关注下属是否犯错或违反规则，然后采取行动去纠正；而被动的例外管理是指领导者只是在下属没有达标或出现问题后才进行干预。

变革型领导（transformational leadership）是一个改变或改造他人的过程，并建立一种联系来提高领导者和追随者的动机和道德水平。这种类型的领导者会考虑追随者的需要和动机，并试图帮助追随者发挥他们的最大潜能。

交易型和变革型两种类型领导者的不同特征如表 9-3 所示。

表 9-3　交易型与变革型领导者的特征

交易型领导者	变革型领导者
◇ 权变奖励：上级与下属的交换过程，即下属的努力是为了换取特定的奖赏。	◇ 理想化影响：领导者成为榜样，高道德标准和道德行为，描绘愿景。
◇ 通过主动的例外管理：监督、发现不符合规范与不标准的行为并纠正。	◇ 鼓舞性激励：对下属寄予很高期望，鼓舞他们成为组织中共享梦想的一员。
◇ 通过被动的例外管理：等待偏差、错误出现，才进行干预。	◇ 智力激发：激发下属勇于创新，重新定义问题，对自我、现状和组织价值观发起挑战。
	◇ 个性化关怀：创造一种友好气氛，细心聆听下属的个人需求，努力帮助其实现目标。

交易型领导者与变革型领导者并不是采取截然对立的方法处理问题。变革型领导是在交易型领导的基础上形成的，但其下属努力水平和绩效水平比单纯的交易型领导更好。此外，变革型领导者也更具领导魅力，如果说魅力型领导者仅仅是想让下属感召并服从于领导魅力，那么变革型领导者则试图逐步培养下属的能力。

三、领导替代理论

领导替代理论是科尔(Kerr)和杰米尔(Jermier)提出的，其主要观点为在有些情景下，领导过程可能对下属没有产生影响，或者被其他因素代替。使领导过程失去作用的变量被称作**抵消因素**（neutralizers）。例如，下属对领导者提供的报酬漠不关心，会使领导者运用报酬影响下属的方法失效；领导者与下属之间的物理空间距离远，容易导致下属没有太多的机会接受领导者的指令；领导者本身缺乏权力，使下属减少对领导的依赖；组织的政策太死板、效率太低，会使下属仅按工作准则办事而不求助于领导者。科尔等人还发现，许多**替代因素**（substitutes）将使领导者变得可有可无。例如，如果员工的能力强、经验丰富、知识面广，根本不需要领导者告诉他们如何工作；如果工作任务明确、工作内容有趣并有挑战性，领导者的指导与鼓励便成了画蛇添足；如果工作团队凝聚力强、组织结构明晰，领导者可能会成为多余人员。表 9-4 列举了领导的一些抵消因素和替代因素。[14]

表 9-4　领导的抵消因素与替代因素

因素	支持型领导	指导型领导
1. 下属特征		
（1）经验与训练	替代	
（2）职业化	替代	替代
（3）对组织报酬漠不关心	抵消	抵消
2. 任务特征		
（1）任务明确		替代
（2）反馈直接	替代	
（3）工作任务挑战性强	替代	
3. 组织特征		
（1）团队有凝聚力	替代	替代
（2）领导缺乏权力	抵消	抵消
（3）标准化与正规化	替代	
（4）组织缺乏灵活性	抵消	
（5）领导与下属空间距离远	抵消	抵消

四、领导者-成员交换理论

领导者-成员交换理论（leader-member exchange theory，简称 LMX）是由格瑞恩（Graen）等人从领导者与每位下属的人际关系出发提出的。该理论认为领导者实际上是差异化地对待下属的。那些和领导者关系密切的下属被称作圈内（in-group）下属，他们受到信任，得到领导者更多的关照，也更可能享有特权。作为交换，圈内下属将会对领导者忠心耿耿，支持领导者的决策，工作也更加卖力，因此绩效和满意度也会比圈外下属高。其他下属则属于圈外（out-group）下属，领导者与圈外下属的关系仅限于正式工作关系，双方较少沟通。领导者可能会认为圈外下属的能力和动机都比圈内下属差，因而这些下属获得满意的奖励机会也较少。研究表明，领导者一般早在和某位下属交往之初就将其区分为圈内或圈外下属。在价值观、态度等方面与领导者有相似性，以及具备某些才能、人格特征与社会背景等是影响下属能否进入圈内的因素。更重要的是，下属是否会完成那些超出正式职责范围之外的工作任务，将决定他们能否与领导者建立起圈内的密切关系。

格瑞恩等人提出领导者和下属关系的建立需经过三个阶段：

（1）陌生人阶段。此时双方的相互关系严格限定于组织角色的范围内，彼此交换的质量较低。

（2）熟悉阶段。此时双方开始共享资源与信息，彼此的关系开始超越工作职责的界限，尝试建立相互信任与尊重。

（3）成熟伙伴阶段。此时双方交换的质量已经很高，彼此高度信任、关心与尊重。领导者会让下属承担一些额外任务，下属也会要求领导者给予更多的支持与鼓励。

领导者-成员交换理论认为高质量的领导者-成员交换能产生员工流动率低、绩效评估好、晋升频率高、组织承诺高、事业发展快、工作态度佳等良好结果。因此，发展与每位下属高质量的交换关系将有助于群体与组织绩效的提高。这意味着领导者应当努力让所有下属都觉得自己是圈内人员。

五、贝尔宾团队角色理论

早在20世纪80年代，当沃尔沃、丰田等少数几家公司把团队概念引入它们的生产过程时，曾经轰动一时，成为新闻热点。而现在，团队已成为一个广为人知的概念，成为各大跨国公司常见的运作模式，成为创新和高绩效的代名词。然而，并不是所有的团队都能成为改进组织业绩的关键。曾经有一些领导者将最聪明、能干的人员抽调到一起组建成团队，结果却事与愿违。于是，什么样的团队结构是最为合理的，就成为领导者所关注和研究的问题。

剑桥产业培训研究部前主任贝尔宾（Belbin）博士和他的同事们经过多年的研究与实践，提出了著名的**贝尔宾团队角色理论**，即一支结构合理、有效协作的团队应该由8种角色组成。这些角色具有鲜明的积极特征，从不同角度为团队提供支持，同时也有其需要团队成员容忍和弥补的弱点，这8种角色分别是：

（1）实干家（company worker）。积极特征是：有组织能力，注重实践经验，工作勤奋，有自我约束能力；可以容忍的弱点为：一般比较缺乏灵活性，表现为对没有把握的主意不太感兴趣。

（2）协调者（coordinator）。积极特征是：比较客观、宽容、公正，能不带偏见地兼容各种比较有价值的意见；可以容忍的弱点为：一般在智能和创造力方面不是十分突出。

（3）推进者（shaper）。积极特征是：工作热情较高、干劲十足，并随时准备向传统、效率和自我满足挑战；可以容忍的弱点为：易急躁、爱冲动，好激起争端。

（4）智多星（planter）。积极特征是：知识渊博、才华横溢、富有想象力且智慧超群；可以容忍的弱点为：不重细节、不拘礼仪，高高在上。

（5）外交家（resource investigator）。积极特征是：有广泛联系人的能力，能主动地不断探索新事物，勇于迎接挑战；可以容忍的弱点为：一旦事过境迁兴趣马上转移。

（6）监督者（monitor evaluator）。积极特征是：比较讲求实际，分辨力、判断力都很强；可以容忍的弱点为：一般缺乏鼓励和激发他人的能力。

（7）凝聚者（team worker）。积极特征是：有适应周围环境及人的能力，能促进团队合作；可以容忍的弱点为：在危机时刻容易优柔寡断。

（8）善后者（finisher）。积极特征是：对工作能够持之以恒，且追求十全十美；可以容忍的弱点为：容易拘泥于细节，不洒脱。

贝尔宾指出，这8种角色和团队规模大小无关，通常一个团队成员可以承担多种角色，或者多个团队成员承担一种角色。这8种角色也没有主次之分，每一种角色对团队来说都是重要的。团队角色理论推崇团队中角色的平衡和多样性，一个核心原则是“没有任何个人是完美的，但一个团队可以做到完美”[15]。领导者在组建团队时，应该充分认识到各种角色的能力、人格特质、需求等基本特征，容人之短、用人所长，并在此基础上从整体把握，使不同成员的角色互补，形成异质性的高绩效团队。

专栏2：新闻中的组织行为学

乔布斯：粗暴也是一种领导力[16]

如果“粗暴”是一种领导力，乔布斯何以化粗暴为神奇呢？

乔布斯在批驳谷歌后，还曾猛烈抨击 Adobe Flash 为“CPU hog”，hog 从字面上看是“猪”，他的意思是“CPU 资源霸占者”。

如果排一个全球有史以来的“粗暴 CEO 榜”，乔布斯可能是名列榜首者。就像一位研究苹果的专业人士所说，乔布斯通常有双重面孔：一张是迷人、热诚的传教士脸孔，另一张则是冷硬、冲动、口无遮拦的臭脸。但是，一个很有意思的现象是，一般 CEO 的粗暴会酿成品牌大祸，而乔布斯的粗暴行为却完全是个例外，他能毫发无损，且越骂越勇，为什么？

乔布斯颇为知名的是对内粗暴。1985 年乔布斯离开苹果时，员工的感受比较复杂，甚至有点“解脱”的感觉。当时，乔布斯还年轻，常常痛骂下属，有时会做得很过分。苹果公司前首席科学家拉里·泰斯勒就说，每个人都曾受到过乔布斯的威胁，因此，“恐怖分子”即将离开使他们在一定程度上产生了解脱的感觉。

重返苹果后的乔布斯粗暴依然。有一次，在苹果服务支持部门的一次部门会议上，乔布斯走进来，走到主席台前说道：“服务业务在我们公司糟糕透顶，服务部的业务人员根本没脑子。”会议室的经理们吓呆了，乔布斯甚至把服务部的负责人给吓走了。

但是，乔布斯通过一系列的恐吓和粗暴行为，成功地在苹果建立了紧迫感的文化。

乔布斯的粗暴其实也有他自己的清晰逻辑。比如，乔布斯在面试人的时候，会故意采取粗暴的方式，甚至大加抨击，让面试者心烦意乱。看看乔布斯自己如何解释：“在面试过程中，我会多次故意让面试者感到心烦意乱，批评他们之前的工作。我想看看在面临压力的情况下他们会有什么表现，他们是否会屈服，他们是否对自己曾经做过的事情持有坚定的信念、信仰和自豪感。”

乔布斯的粗暴风格背后，有着他独特的学习轨迹。有观察人士分析，乔布斯在 20 世纪 70 年代参加过人类潜能运动训练，比如原始尖叫疗法等。乔布斯是一个好学生，他年轻时有过在领袖手下的经验，从佛学领导者科宾·西诺到共同村的领导者罗伯特·弗里德兰。所以对他来说，学习统治和影响别人的经典手段并不难。

在苹果专家利安德·卡尼看来，乔布斯是一个很会判断他人性格的人，他冷静而谨慎地对人进行评定。有时，一些恐吓只是纯粹的表演而已。通常乔布斯当众斥责下属是为了对其他员工起到震慑作用。

现在，我们或许明白了：乔布斯的粗暴是一种精心设计的粗暴。

乔布斯更加强悍的是对外粗暴。不管是口诛还是笔伐，乔布斯粗暴对待的外部对象有很多：IBM、微软、戴尔、索尼、谷歌等。

有没有奋起反抗的？有。有一次，乔布斯粗鲁地想要和一家公司供应商断绝往来。苹果服务部负责人杰夫表示反对，因为那样做会使苹果面临诉讼危险，而且会使公司的存货积压。乔布斯根本不在乎：“给他们打个电话，让他们见鬼去吧。”后来，联邦贸易委员会就这一事件把苹果送上法庭，苹果败诉。

乔布斯够“狠”吧？根本不怕诉讼。不过后来，乔布斯开始把握尺度，他言辞粗暴地批驳谷歌、Adobe Flash都是在非官方场合。

更为关键的是，公众之所以对乔布斯的粗暴有这么大的宽容度，是因为乔布斯的“狠”不是“小狠”——强权、刻薄、蛮横、震慑，尽管这都是乔布斯的领导风格之一，而是“大狠”——一种改变世界的决心、使命和强大的驱动力。

事实上，一般公司入不了乔布斯的“骂眼”，他只对战略级对手怒骂，也是在公司内部树立一个强大的敌人，包括IBM、微软、Google、Adobe Flash。批驳Adobe Flash也是战略级的，表面上看，Adobe Flash能让用户免费获得目前只能在苹果App Store付费获得的各种性能；背后来看，是互联网平台级公司一场争夺产业链和控制力的战争。

乔布斯就是一个角斗士。这种角斗士般的领导者拥有强大的信仰和价值观，并为之奋斗不止。为了在激烈的竞争中获得成功，光有雄心和豪情远远不够，一定要有切实可行的战术和手段来实现它。事实上，大多数创业型企业家都有这种“角斗士”气质，而乔布斯则是山之巅峰。

本 章 回 顾

本章首先综合了不同的研究者分别从各自的角度对领导及其实质做出的描述。然后对领导的概念做如下的定义：领导是指在一个组织中，在和组织成员的互动中指挥、引导后者实现群体或组织目标的行动过程或艺术。本章介绍了领导特质理论、领导行为理论（密歇根大学领导系统理论、俄亥俄州立大学领导行为四分图理论、勒温领导风格理论、布莱克和莫顿管理方格理论）和权变领导理论（费德勒权变模型、坦南鲍姆领导行为连续体模型、赫塞-布兰查德情境领导理论、豪斯路径-目标理论）。本章最后介绍了几种新发展出的领导理论。

关 键 术 语

领导 leadership

管理 management

发起结构 initiating structure

体贴关怀 consideration

管理方格理论 management grid theory

权变领导理论 contingency leadership theory

费德勒权变模型 Fielder's contingency model

情境领导理论 situational leadership theory

路径-目标理论 path-goal theory

魅力领导理论 charismatic leadership theory

交易型领导 transactional leadership

变革型领导 transformational leadership

思 考 题

1. 何为领导？领导的定义有哪些特点？
2. 领导与管理的区别与联系是什么？
3. 传统的领导特质理论的主要观点是什么？
4. 领导系统理论和领导行为四分图理论在研究上各有什么发现？

5. 简述管理方格理论。

6. 简述魅力领导理论。

7. 贝尔宾团队角色理论给管理者带来怎样的启示？

组织行为学自测

领导维度工具[17]

目的：本测验在于了解你的上司、团队领导、教练或跟你关系密切的其他人是偏向于变革型领导类型，还是偏向于交易型领导类型。

指示：请阅读下表的每一句陈述，并在与你的上司的实际情况相符合的栏内画圈或打钩。你也可以将你的上司替换成其他你熟悉的人，如团队领导、CEO、课程教师或者体育教练。完成记分后全班讨论变革型领导和交易型领导的区别。

领导维度工具

我的上司	强烈同意	同意	中立	不同意	强烈不同意
1. 高度关注我犯过的错误和我有可能犯的错误	5	4	3	2	1
2. 用言行向人们显示他的领导才能	5	4	3	2	1
3. 预防工作中可能会出错的行为	5	4	3	2	1
4. 是我言行的榜样	5	4	3	2	1
5. 指出假如我按要求做的话将得到什么	5	4	3	2	1
6. 让我感到与他一起是值得骄傲的	5	4	3	2	1
7. 对我的差错时时跟进	5	4	3	2	1
8. 值得信赖并帮助我克服任何障碍	5	4	3	2	1
9. 告诉我哪些努力和行为将得到奖赏	5	4	3	2	1
10. 使我了解我们共同的价值观和理想信念	5	4	3	2	1
11. 对未达标准的工作绩效保持警惕	5	4	3	2	1
12. 激发集体的使命感	5	4	3	2	1
13. 对于工作达标后将得到何种回报和我达成协议	5	4	3	2	1
14. 清晰地表达未来的愿景	5	4	3	2	1
15. 谈论对工作成绩的特殊奖赏	5	4	3	2	1
16. 乐观地谈论将来	5	4	3	2	1

记分：

交易型领导：单数题号，即 1、3、5、7、9、11、13、15 的分数之和。最高得分是 40。分数越高，说明越倾向于交易型领导。

变革型领导：双数题号，即 2、4、6、8、10、12、14、16 的分数之和。最高得分是 40。分数越高，说明越倾向于变革型领导。

品味经典研究

制作面具实验[18]

勒温和他的学生利皮特（Lippitt）与怀特（White）合作设计了一个实验范例，研究民主式、独裁式和放任式三种领导风格产生的影响。

三名研究人员招募了一些 11 岁的男孩作为被试，将其分成三个组，每星期见一次面，一起进行诸如制作面具等活动。每个小组都由一名研究人员领导，他们扮演的角色就是上面提到的三种风格的领导者。独裁式领导者总是单方面做决定，从不与小组成员商讨，他基本上保持着一种高高在上的姿态，与小组成员保持距离，对成员进行批评或表扬的时候不做任何解释。相比之下，民主式领导者总是很友善，会与全体成员一起做决定，对小组成员进行鼓励和指导。他在对这些男孩做出评价时，都会详细说明缘由。放任式领导者虽然友善，但他提供帮助的方式是被动的，只在小组成员请求的情况下才会提供信息。这些领导者会在三个小组间进行轮换，每一组成员都能经历三种领导模式。研究人员对男孩的行为进行了持续系统的观察。勒温的研究小组发现，民主组和独裁组的生产力基本相同，均高于放任组，但三个小组的成员都很青睐民主式领导者。在独裁式领导者的管理下，男孩们最具侵略性。

通过实验研究，勒温等提出不同的领导风格对群体行为产生的影响。比较三种不同领导风格发现，放任式领导风格下的工作效能最低；独裁式领导风格下，虽然通过严格管理使群体达到了工作目标，但群体成员的消极态度和情绪显著增强；民主式领导风格的工作效率最高，所领导的群体不但达到了工作目标，而且达到了社会目标，即男孩们表现得更为成熟、主动，并显示出创造性。

此后，许多心理学家进行了相似的领导者决策风格研究。这类研究的总体结果是，多数群体喜欢民主式领导风格。在独裁式领导风格下，群体成员或者极度服从，或者非常具有攻击性，并且很可能离职；当受到密切监管时，他们的工作效能最高，领导者不在场时，这些群体甚至会停止工作。有关领导风格理论的研究中，虽然许多心理学家验证了民主式风格作为最佳领导风格的重要性，但领导风格与下属行为之间的关系并不十分紧密，研究者开始注意其他领导行为分类和情境条件。

注 释

[1] 杜燕飞．黄光裕与黄宏生的殊途人生：同陷牢狱之灾 命运不同．(2010-08-09)[2014-07-12]．http://finance.people.com.cn/GB/12389496.html.

[2] BASS B. M. Bass & Stogdill's handbook of leadership: theory, research, an managerial applications. New York: Free Press. 1990.

[3] 郁阳刚．组织行为学：理论·实务·案例．2版．北京：清华大学出版社，2014.

[4] 石兴国，安文，姜磊．组织行为学．北京：中国电力出版社，2009.

[5] 肖兴政，谭征．组织行为学．成都：西南财经大学出版社，2009.

[6] STOGDILL. R. M. Handbook of leadership. New York: Free Press, 1974.

[7] C. A. SCHRIESCHEIM, COGLISTER C. C., L. L. NEIDER. Is it trustwor-

thy? a multiple-level-of-analysis reexamination of an ohio state leadership study，with implication for future research. Leadership Quarterly，1995，Summer，111－145.

［8］MOUTON J. S.，R. R. BLAKE. The managerial grid. Houston：Gulf，1964.

［9］彼得·G. 诺斯豪斯．领导学：理论与实践：第 6 版．北京：中国人民大学出版社，2014.

［10］TANNENBUAM R.，W. H. SCHMIDT. How to choose a leadership pattern. Harvard Business Review，1958，Mar.-Apr.：95－101.

［11］同［9］.

［12］R. J. HOUSE. A path-goal theory of leader effectiveness. Administrative Science Quarterly，1971，（9）：321－328；R. J. HOUSE，T. R. MITCHELL. Path-goal theory of leadership. Journal of Contemporary Business，1974，（8）：81－97.

［13］董临萍，吴冰，黄维德．中国企业魅力型领导风格、员工工作态度与群体绩效的实证研究．管理学报，2010，7（10）：1484－1489.

［14］陈国海．组织行为学．5 版．北京：清华大学出版社，2018.

［15］李永瑞．组织行为学．3 版．北京：高等教育出版社，2017.

［16］程璐．乔布斯：粗暴也是一种领导力．（2010－02－23）［2014－07－12］．http：//it. sohu. com/20100223/n270375481. shtml.

［17］DEANNE N. DEN HARTOG，JAAPJ. VAN MUIJEN，PAUL L. KOOPMAN. Transactional versus transformational leadership：an analysis of the MLQ. Journal of Occupational and Organizational Psychology，1997，70，（1）：19－34.

［18］［美］托马斯·布拉斯．电醒人心：20 世纪最伟大的心理学家米尔格拉姆人生传奇．赵萍萍，译．北京：中国人民大学出版社，2010.

第十章 冲突管理

君子和而不同，小人同而不和。

——《论语》

学习目标

1. 理解冲突的定义。
2. 理解冲突的分类。
3. 理解冲突产生的原因。
4. 掌握建设性冲突和破坏性冲突的作用。
5. 掌握冲突与绩效的关系。
6. 理解五种冲突处理策略。
7. 掌握激发和利用冲突的办法。
8. 理解谈判的定义和战略。

引例

两年“内斗”结束，上海家化处十字路口[1]

上海家化长达两年的“内斗”终于以原董事长葛文耀和总经理王茁的先后离开而告终。对于这家中国本土最大的化妆品公司来说，这也意味着曾经盛极一时的“葛文耀时代”已经终结，平安信托开始真正执掌上海家化的所有业务。

2014年6月12日，在决定王茁去留的家化临时股东大会上，尽管王茁在会前尤为悲壮地表达了效忠家化的决心，但最终，95.7%的赞成票还是宣布了这位由葛文耀一手提拔，并有望承接其大任的家化“老员工”，必须离开他工作了24年的公司。至此，以葛文耀为首的上海家化旧管理层在此次“内斗”中全面败退。而一名股东则指出：“这个结果是没有悬念的。”

在近30年的时间里，葛文耀一直是上海家化的灵魂人物。1985年起，他就担任上海家化的前身——上海家用化学用品厂的厂长。在其管理下，旗下美加净、六神、佰草集成为能与欧莱雅、宝洁等国际巨头抗衡的本土日化品牌，主打中草药概念的佰草集甚至已在国际市场获得一定的认可，这些品牌旗下产品至今都是家化营业收入的主要来源。所以，当2013年葛文耀被资本方"逼退"后，曾获得过不少声援。

其实，自2011年平安信托控股家化以来，以平安为代表的资本方与以葛文耀为代表的企业管理方之间的较量就始终没有停歇，这也是一场典型的公司管理者与财务投资者之间的冲突。

2011年11月，平安信托通过收购上海国资委挂牌出让的国有股权介入上海家化后，双方在经营战略和企业管理方面的矛盾，在磨合的过程中逐渐凸显出来。葛文耀多凭个人经验及判断来推出新品牌或产品的做法，并不具有可持续性。由于缺乏科学系统的市场调查和分析，长短期的赢利目标及预期回报也并不清晰，葛文耀与大股东平安在经营管理上难以达成共识。有分析人士指出，实际上葛文耀并没有能适应从实业家到职业经理人的身份转变，这也是国有企业改制过程中在市场化方面适应不畅的突出问题。

舆论更多站在了平安信托一边。一方面，家化在经历从计划经济向市场经济转型的过程中，确实遗留了诸如资金拆借、关联交易及信息披露问题等不规范的管理陋习。另一方面，长达两年的"内斗"，已经让股价暴跌的家化在二级市场上损失了150亿元的市值。所有股东都希望家化能够尽快回归正轨。

平安信托最终如愿掌控了整个家化集团，上海家化自身也因此整体进入了职业经理人阶段。如果平安没有将上海家化视为资本运作的平台，要实现上述如此激进的目标，不仅需要谢文坚这位职业经理人展现出强大的领导力，更需要家化内部的团结。

第一节　冲突概述

冲突的发生在组织中是一种常见的现象。冲突有着各种各样的表现形式，上下级之间、员工之间、员工个人生活与工作之间、各部门之间、管理者的不同角色之间等，都会产生冲突。

我们每个人都会遇到形形色色的冲突，都要面对冲突、处理冲突。对于一个管理者就更是如此。美国管理协会对中、高层经营管理人员进行的调查显示，大多数管理者把冲突管理的重要性排在决策、领导之前，他们平均要花费20%的工作时间来处理各种冲突。

一、冲突的定义

冲突（conflict）是组织中不可避免的一种现象，那么到底什么是冲突？在《布罗克豪斯百科全书》中，冲突被定义为存在于个人内部或不同人之间的内在动机、欲望、价值及看法的相互矛盾的不同表现。冲突不仅存在于正式组织的各项活动中，而且存在于人类活动的各种形式、各个层面、各个领域和所有主体之中。组织行为学需要研究存在于组织各项活动之中的冲突，可以说冲突是组织活动的基本内容和基本形式之一，影响和制约着组织成员的行为倾向和工作绩效。

本书对冲突给出以下定义：**冲突**是相互作用的个体或群体之间，由于感知到与他人存在动机、目标、手段的不同而导致对立状态，并对此采取行动的过程。

二、冲突的类型

学者们区分了三种主要类型的冲突。[2]

（一）内容性冲突

在与他人一起做出决策时，人们存在不同的观点是很常见的。这种类型的冲突被称为**内容性冲突**（substantive conflict）。适当的内容性冲突对于帮助团队做出有创造性的决策有极大的好处，因为它促使每一方清晰阐述自己的观点并相互启发。

（二）过程性冲突

在很多工作团队中，会对如何展开工作进行争论，也就是要明确职责和资源如何分配，各种责任由谁承担，这被称为**过程性冲突**（process conflict）。明显地，只有低水平的过程性冲突才会有利于团队绩效的提高。

（三）情感性冲突

当人们经历了各种类型的人际压力之后，所产生的挫折感或者愤怒就是**情感性冲突**（affective conflict）的迹象。当内容性冲突和过程性冲突引发激烈争吵时，就有可能出现情感性冲突。可以说几乎所有情感性冲突对组织都是有害的。

以上讨论表明，冲突有不同的形式，并可能对组织产生积极或消极的影响。

三、冲突的原因

大多数人将冲突归因于冲突双方的个性问题或缺陷，而事实上，冲突产生的原因是多种多样的。

（一）个体差异

由于个体成长经历、家庭环境、接受教育的不同，从而形成每个人独特的个体特征。个体特征的差异表现在个性、能力、需要、兴趣、价值观、认识水平等方面。一般来说，个体差异越大，心理相容程度就越低，从而在交往中容易发生冲突。

（二）缺乏沟通

当两个人接收到不同的信息，特别是其中一方或双方得到了错误的信息，或是信息沟通渠道受到阻碍等，都会引发冲突。与个体差异造成的冲突相比较，这种来源的冲突没有太多的情感因素，因此冲突一旦消除，不会影响双方的感情。

（三）角色冲突

在企业组织中，不同管理者的功能和任务是高度依赖的，但他们的个体角色却可能是互不兼容的。如研发部经理和财务部经理之间有相互依赖的关系，研发部负责产品研发，而财务部需要控制成本，在研发部向财务部申请资金时，财务部会担心研发带来的潜在收益能否弥补投资成本，这种角色不相容就产生了冲突，需要通过更高层的领导者加以协调。

（四）工作竞争

工作竞争是普遍现象，也是提高群体绩效所必需的。但在工作竞争中，如果有人不遵守竞争规则，采用不正当的手段和方法，工作竞争将导致冲突。即便是各方都使用正当手段也可能产生冲突，这时的冲突源于两个人或多个人的竞争关系。

（五）组织变革

面对内外部环境的变化，组织需要进行适当变革。组织一旦发生改革、重组或兼并，必然会打破旧的利益格局，不同群体的恐慌、焦虑、利益变动会带来冲突高发的局面，这也是组织变革难以推进的原因之一。

（六）组织氛围

当组织的高层管理者之间存在明争暗斗时，这种不良风气会影响下级，使下级之间也发生冲突。如一个部门的两个副职，由于两人在分管工作中存在摩擦，可能造成下属工作人员分帮结派，加剧内部冲突。

除了上述的冲突来源外，冲突还与组织结构设置不合理、个体间文化差异、工作职责不清等因素有关。当组织结构设置不合理，存在多头管理、双重隶属问题时，会引发部门和人员间的冲突；当个体间存在较大文化差异时，如南方人较细腻，北方人较粗犷，两者交流方式不一样，也会发展为冲突；当工作职责和权限范围规定不明确时，会使个人或部门间对工作相互推诿、相互插手，也会引发冲突。[3]

四、冲突发生的层次

如果依据冲突发生在组织中的不同层次来对冲突进行分类，组织中冲突发生的层次如图 10－1 所示。

	个体	群体	组织
组织	组织－个体	组织－群体	组织－组织
群体	群体－个体	群体－群体	
个体	个体－个体		

图 10－1　组织中冲突发生的层次

（一）个体-个体冲突

这类冲突发生于因两个人或多个人对问题、目标或行动产生不同的认识、态度和立场时。例如，两名面试官因对一名求职者的面试表现产生观点分歧，继而展开争论。许多因素都会导致人们之间的冲突，这些因素包括人格、态度、价值观、判断力及其他个体差异等。

（二）群体-个体冲突

个体需要认同群体的规范和目标，而群体也需要满足个体价值实现的要求和期望。当双方的目标和要求所保持的平衡状态被打破时，就会在个体与群体之间引起冲突。

（三）组织-个体冲突

每个人的需要、价值观不同，当个人的利益、目标与组织的利益和目标相悖时就会产生组织-个体冲突。例如，斯诺登（Snowden）与美国国家安全部门的冲突，就是个人与组织之间冲突的典型事例。

（四）群体-群体冲突

这类冲突发生在组织中不同群体或部门之间，如公司的销售部常与生产部发生冲突。群体间冲突可能对涉及的群体产生积极的影响，如提高群体的凝聚力，增加对工作任务的关注，以及提高成员对群体的忠诚度。当然，也存在负面的效果。冲突中的群体会产生一种“势不两立”的心理，相互间充满敌意，沟通明显减少，给组织中的协作带来危害。

（五）组织-群体冲突

这类冲突在群体与组织之间发生。例如，企业工会的目标是维护工人的权益，如果企业把利润最大化作为唯一的目标，那么工会就会在工人的权益因企业的经营决策而受损时与企业发生冲突。

（六）组织-组织冲突

这类冲突一般发生在同一市场中的竞争性组织之间，如同行业中各企业组织之间的竞争。组织-组织冲突也会发生在相互不具有竞争关系的组织之间。例如，消费者协会与某公司因产品质量缺陷所导致的冲突，政府的劳动监察部门与某企业因解雇员工所导致的冲突等。

五、冲突的影响

依据冲突对组织所起作用的性质不同，可将冲突分为以下两类。

（一）建设性冲突

建设性冲突（constructive conflict），或称功能正常的冲突（functional conflict），这类冲突有助于提高个体、群体或组织的创造性，会给它们带来积极影响。

组织中建设性冲突的积极作用表现在以下方面。

1. 激发活力

竞争会带来冲突，如果员工知觉到同事中在提高工作绩效上存在着一种竞争气氛，就能够振奋精神，加倍努力，以争取使自己在竞争中名列前茅。

2. 提升组织的创造性

解决冲突的过程有可能激发组织中的积极变革和创新。为了消除冲突，就要寻求改变现有方式和方法的途径。有效管理冲突的员工往往是促进创造性地解决组织中疑难问题的高手。

3. 提高决策的有效性

在决策的过程中有意地激发冲突，可提高决策的有效性。如果以提出不同意见或方案的方式来激发冲突，就可能使人们在决策中产生更多的创意，提高决策的正确性和有效性。

4. 增强组织凝聚力和绩效

冲突使得群体的成员可以自由、平等地表达自己的意见，当成员的意见受到重视时，其归属感便会增强。在与外部群体发生冲突时，群体内部往往表现出齐心协力、一致对外的精神，群体内部的凝聚力和绩效都会提高。

5. 减少冲突恶化的可能性

就像高压锅的安全阀所发挥的作用，水平适当的、纳入制度化管理轨道的冲突可以降低组织中各方由于利益诉求不同所导致的激烈对抗和危机爆发。

（二）破坏性冲突

破坏性冲突（destructive conflict）或称功能失调的冲突，是对个人、群体或组织产生不利影响的冲突。它分散人们的精力，破坏群体凝聚力，加深人际冲突，在员工中形成消极的工作环境。破坏性冲突的消极作用表现在以下方面。

1. 浪费资源

冲突可能分散人们为实现目标而做出的努力，致使组织的资源不是用来实现既定目标，而是消耗在解决冲突上，精力和时间是常被挪用到消除冲突上去的两种重要资源。

2. 损害员工心理健康

有研究表明，员工长期置身于对立的意见中，会造成彼此的敌意、紧张、焦虑及身心俱疲。随着时间的推移，持续的冲突会使组织中相互支持、相互信任的气氛消弭于无形，员工会感到与日俱增的压力和倦怠。

3. 降低绩效

内部竞争所引发的冲突，可能对群体效率产生不良影响。如公司内部两个销售团队为了提高销售额以赢得企业的奖励，就可能因追求部门利益，恶意争抢市场与客户，从而对公司整体和长远效益产生消极影响。

六、冲突与绩效的关系

冲突的性质和组织对冲突的管理水平共同决定了冲突对于组织绩效的影响是消极的还是积极的。图 10－2 显示了组织内的冲突水平和组织绩效之间的关系。对组织而言，存在着冲突的最优水平，此时（情形 2）冲突可以激发个人的自我反省、员工间的相互学习和组织创新，有助于达成积极的绩效表现。而冲突水平太低或太高都不利于组织绩效。冲突水平太低时（情形 1），创新和变革变得困难，组织不能很好地适应环境变化；如果冲突水平太高（情形 3），由此导致的混乱也会威胁到组织的生存。表 10－1 归纳了三种冲突水平对组织的影响。

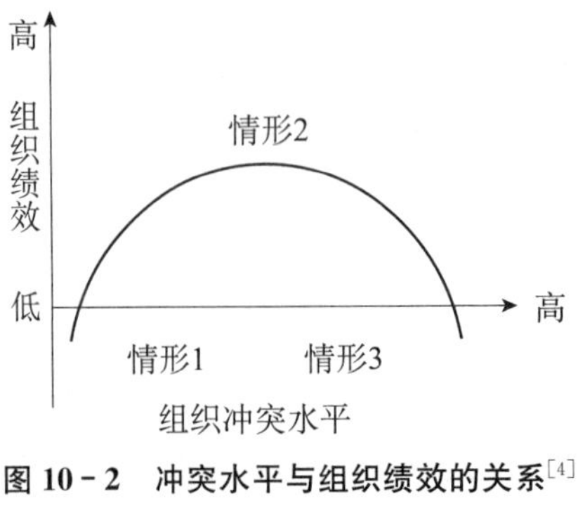

图 10－2　冲突水平与组织绩效的关系[4]

表 10-1 三种冲突水平的特点

情形	组织内 冲突水平	对组织 可能的影响	组织的特点	组织 绩效水平
情形 1	低或无	破坏性冲突	对环境变化的适应很慢 缺乏新想法的刺激 冷漠 停滞不前	低
情形 2	最佳水平	建设性冲突	积极追求目标 创新与变革 寻求新颖的解决方案 快速适应环境的变化	高
情形 3	高	破坏性冲突	混乱 对正常活动的干扰 协调困难 一团乱麻	低

第二节 冲突管理概述

一、冲突的过程

分析冲突是解决冲突的基础，在现有冲突的分析模式中，这里主要介绍庞迪（Pondy）的冲突五阶段模型，如图 10-3 所示。[5]

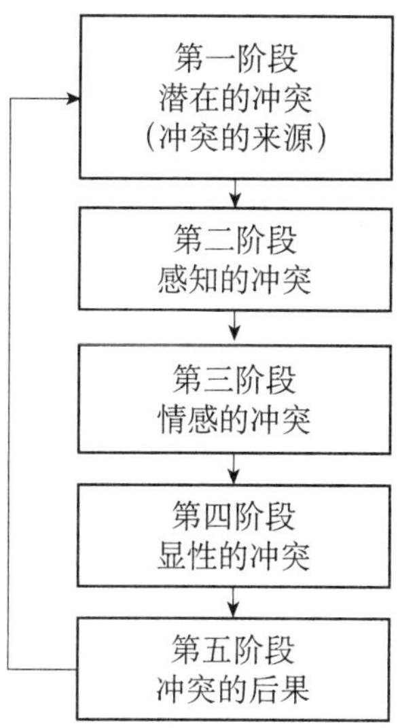

图 10-3 组织冲突的五阶段模型

（一）第一阶段：潜在的冲突

这是指冲突的早期潜伏状态，也可以被看作冲突的原因或来源。表现为人们之间目标的差异、角色不一致，以及对现实的认知差异和缺乏有效沟通等情形。它是冲突的深层诱因。人们可能会忽视这一阶段冲突的存在，甚至认为实际上没有冲突。

（二）第二阶段：感知的冲突

人们开始认识到与其他成员之间存在着潜在冲突。但是，感知到的冲突并不意味着必然出现个人冲突。例如，你感受到了与同事间的不和，但这也许并不会让你感觉到紧张或焦虑，也不会影响你对同事的态度。

（三）第三阶段：情感的冲突

在这个阶段，冲突进入了明朗化的阶段，冲突双方对冲突表现出较为敏感的反应，他们不仅意识到冲突还对对方产生更多的情绪反应，如感到紧张、恼怒、担忧或警觉、冷静应对等，但尚未出现冲突行为。

（四）第四阶段：显性的冲突

如果冲突继续下去，双方选择公开面对冲突，则冲突自然就发展为明显的冲突。在这一阶段冲突双方开始采取行动，他们通过争论或拒绝合作的方式来达到目的。冲突进入这一阶段，就应该采取相应的措施快速解决，以避免冲突的进一步恶化升级。

（五）第五阶段：冲突的后果

表现为冲突结束后所产生的一些积极的或消极的影响。冲突双方的行为可能导致两种结果：一种是建设性的结果，即冲突提高了群体的工作绩效；另一种是破坏性的结果，即冲突降低了群体的工作绩效。

二、冲突处理策略模型

社会心理学家曾用一维空间来表述人们冲突中的行为。一维空间是从竞争到合作，认为有的人倾向于竞争，有的人倾向于合作，有的人介于两者之间。近年来许多研究表明，这种看法不能全面地反映冲突行为。托马斯（Thomas）提出了冲突处理的二维模型，该模型由合作性维度（一方试图满足对方利益的程度）和坚持性维度（一方试图满足己方利益的程度）所构成。以“合作性”为横坐标，“坚持性”为纵坐标，就形成了五种冲突处理策略，它们分别是竞争、回避、妥协、迁就、协作，如图 10－4 所示。[6]

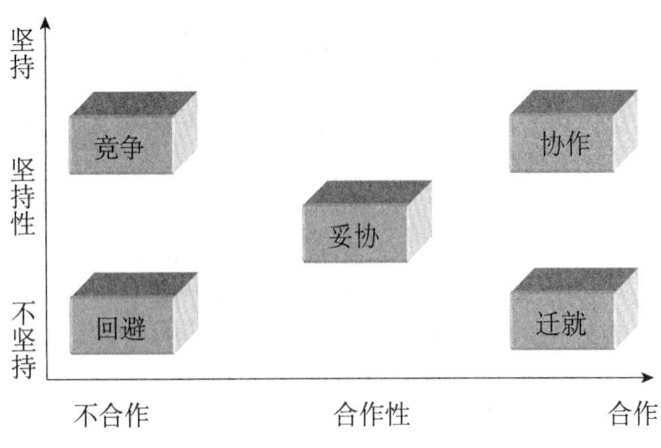

图 10－4　冲突处理的五种策略

（一）竞争策略

竞争策略（competition）又称强制策略，是指为满足自身的利益而无视他人的利益，是“我赢你输”的策略。持这种策略的双方都会坚持自己的观点，并试图通过施加压力，迫使对方放弃，所施加的压力可以是威吓、处罚，这种策略很难使对方心悦诚服，但在应付危机或双方实力相差很大时往往奏效。

（二）回避策略

回避策略（avoiding）是指既不满足自身的利益也不满足对方的利益，试图无视不一致的存在，置身于冲突之外。以人际冲突为例，当两个人有矛盾时，一个人跳槽到另一家企业，或离开原部门，到与另一个人无关的部门工作，或是仍留在原职位，但不再与另一个人发生工作或私人联系。当冲突双方彼此的依赖性很低时，回避可避免冲突，减少消极后果；但当双方相互依赖时，回避会影响工作，降低绩效。

（三）妥协策略

妥协策略（compromising）实质上是一种交易，有人称之为谈判策略，指的是一种适度满足自己的关心点和他人的关心点，通过一系列的谈判、让步、讨价还价来部分满足双方要求和利益的冲突管理策略。为避免僵局，持该策略的双方可能会做出一定让步，但不会一开始就这么做，以免给人以示弱的印象，在谈判中失去主动性。妥协策略在双方都有达成一致的愿望时会很有效，但让步的前提是在满足对方最低期望的同时，双方都持灵活应变的态度。妥协策略的消极影响是双方因妥协满足了短期利益，但牺牲了长期利益。

（四）迁就策略

迁就策略（accommodating）又称迎合策略，当事人主要考虑对方的利益或屈从于对方意愿，牺牲或抑制自己的利益及意愿。持迁就策略者，要么是为了长远利益获取对方的好感，要么是不得不屈从于对方的实力。如果是情感性冲突，迁就能避免冲突升级，改善双方关系，如夫妻吵架时一方认错；但当冲突涉及实质性合作、资源分配、责任承担时，迁就可能并不会解决问题，反而会被视为软弱。

（五）协作策略

协作策略（collaborating）是一种旨在尽可能满足及达成冲突各方的需求，而采取合作、协商，寻求新的资源和机会，扩大选择范围，“把蛋糕做大”式的解决冲突方式。要达成协作式冲突解决的前提条件是：（1）冲突是双方共同的问题；（2）冲突双方地位是平等的；（3）每一方都应积极理解对方的需求，以找到双方满意的方案；（4）双方应充分沟通，了解冲突情景。协作策略能否成功，还取决于冲突的具体情况及双方同样获利的可能。某些公司运用该策略应对劳资谈判的做法是：资方增加工人的工资或福利，工会也要与资方合作，改进工作流程，提高工作效率，以降低生产成本、提高产品数量和质量。

表 10-2 列举了五种冲突处理策略的适用场合。

表 10-2　五种冲突处理策略的适用场合[7]

冲突处理策略	场合
竞争	1. 当迅速、果断行动至关重要之时 2. 有需要实施新行动的重大问题，如费用削减、推出新的规则法律等 3. 有关公司利益的重大问题，且知道自己是正确的时候

续表

冲突处理策略	场合
回避	1. 当问题无足轻重，或者更重要的问题刻不容缓的时候 2. 当你认识到满足你的愿望无望之时 3. 当冲突解决的害大于利时 4. 为了促使人们冷静和恢复理智 5. 当收集信息比立即决定更迫切时 6. 当其他人能更加有效地解决冲突时 7. 当问题不相干或不总是出现时
妥协	1. 目标重要，但是不值得孜孜以求，或者继续坚持己见会弊大于利 2. 彼此旗鼓相当，从而导致互相排斥对方的目标 3. 暂时化解冲突，防止问题复杂化 4. 因时间紧迫而采取权宜之计 5. 协作或竞争策略未成功时
迁就	1. 若发现自己错了，就要立即认错，从而显示你通情达理 2. 若问题对别人比对自己更加重要，就应满足他人从而维持合作 3. 为今后合作建立社会信誉 4. 当你要被战败和失败时使损失最小化 5. 当和谐和稳定特别重要时
协作	1. 当双方意愿无法达成妥协时，寻找一种整合性的解决方法 2. 当你的目标明确时 3. 听取不同意见者的高见 4. 因为感到有损于彼此关系而精诚合作

专栏 1：本土组织行为探索

团队冲突、冲突管理与绩效关系的实证研究[8]

在组织研究领域，冲突一直被视为重要的团队交互过程变量。然而，关于团队冲突与绩效的关系存在很多争议，且以往的研究很少同时考虑团队冲突和冲突管理行为，这就忽视了冲突管理对团队冲突的潜在引导作用。

陈晓红、赵可通过总结回顾以往学者的研究，提出了以下假设：

假设 1a：合作型冲突管理与任务冲突正相关，与关系冲突负相关；

假设 1b：竞争型冲突管理与任务冲突正相关，与关系冲突正相关；

假设 1c：回避型冲突管理与任务冲突负相关，与关系冲突负相关；

假设 2a：任务冲突同团队绩效正相关；

假设 2b：关系冲突同团队绩效负相关。

本研究的样本来自 21 家企业的 76 个工作团队，共回收有效问卷 282 份。

研究表明，冲突管理会影响团队的冲突水平，进而影响团队绩效。竞争型冲突管理行为会导致关系冲突的增加，进而导致团队绩效的降低；回避型冲突管理行为和关系冲突显著负相关；任务冲突与团队绩效之间显著正相关。如果采取竞争型的冲突管理行为，会导致团队成员之间的矛盾激化，产生更多的关系冲突。而关系冲突则会引发更多的竞争行为，如此循环下去对团队绩效极为不利。若团队成员倾向于采取回避行为，会导致更低的关系冲突。从表面上看，采取回避型的行为能够降低关系冲突的负面影响。但是回避可能也会导致任务冲突的降低，不利于任务的解决。从长远来看，对团队绩效同样不利。

三、利用组织结构来管理冲突

管理者也可以利用组织的结构元素进行冲突管理。常见的方法是利用层次结构、规则和程序，以及设立联络员职位和专门工作小组。[9]

（一）利用管理的层次

使用层次结构来管理组织或部门之间的冲突。管理人员可通过发出指示，在职权范围内解决冲突。这些指示指出期望下级遵循的行动步骤。例如，一家企业的两位副总裁都在制定组织的经营策略，一位副总裁倡导以增产为目标，而另一位副总裁则力图把权力集中到组织的最高层。这样，增产和集中权力的目标发生了直接的冲突。总裁则应该行使权力来确定优先执行什么目标。

（二）发挥规则和程序的作用

常规的冲突管理可以通过规则和标准程序来予以解决。任何一个企业都需要制定规则来让员工知道管理者对他们的期望。管理者需要不断地与员工进行沟通，从而使企业制定的政策、规则和工作程序能够得到下属的遵守。企业要通过规则和程序来减少管理中的随意性和模糊性，从而避免冲突。

（三）设立联络员职位

当两个部门之间存在不必要的冲突时，组织可以把了解两部门业务情况、与两部门都保持良好关系的管理人员任命为联络员，从而协调各部门活动。

（四）成立专门工作小组

当任务有着复杂的相互依赖性，涉及组织中多个部门和成员时，一位联络员可能不足以解决冲突。这时，一个专门的工作小组会协调各个部门成员之间的配合事宜，从而减少冲突。

四、利用人际关系来管理冲突

在管理冲突时，也可以使用以下的人际关系策略。[10]

（一）团队建设

团队作为一种自我管理的小组，每个小组由一组员工组成，负责一个完整工作过程或其中一部分工作。小组成员在一起计划和控制他们的工作并处理日常问题。团队建设活动可以增进员工和领导的关系，塑造团队中的平等氛围，使员工之间、员工与领导之间增强合作。

（二）调查反馈

使用调查反馈方法时，每位员工（包括管理层成员在内）回答一份关于知觉与态度的测量问卷（例如满意度及领导风格问卷等），从而得到组织的完整的诊断结果。这种做法的目的通常是让管理人员意识到他们的下属是怎么看待他们的。在调查反馈的基础上，组织和部门可以采取有针对性的措施以有效地管控冲突。

（三）第三方调解

当组织内存在大量冲突的时候可使用第三方调解。第三方通常是一个训练有素的外部服务提供商，它能够使用各种调解或谈判技巧来解决个体、群体和组织之间的冲突。

五、激发和利用冲突

图 10－5 中左侧所列举的现象有助于我们诊断和减少组织中的破坏性冲突，而该图右侧显示，冲突太少同样不利于组织的生存与发展。所以组织中保持适度的、建设性的冲突会使组织的运作更为有效，在必要的时候激发这类冲突也就成为冲突管理的应有之义。

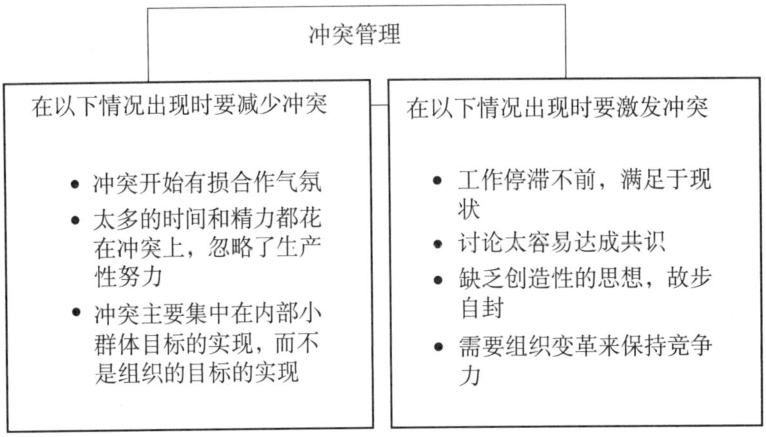

图 10－5　冲突管理中的减少冲突和激发冲突[11]

但什么程度算是冲突水平过低，目前尚无法确切量化。两位西方管理学家阿诺德（Arnold）和菲尔德曼（Feldman）给出了一些参考标准，可以用来判断组织是否需要激发适度的冲突。管理者不妨问自己以下 10 个问题：[12]

（1）管理者周围都是唯唯诺诺的人吗？

（2）下属人员是否怕对他们的上司承认自己的无知？

（3）管理者是否如此注重于达成某种妥协以致忽视长期目标和公司利益？

（4）管理者是否认为在他们单位内不惜代价维持平静和合作的印象符合他们的利益？

（5）管理者是否过分顾及不去伤害他人的感情？

（6）管理者是否认为受人欢迎比为获得组织奖赏而进行竞争和创造好成绩更为重要？

（7）管理者是否过多地陶醉于大家对决策的一致同意？

（8）员工是否对变革异乎寻常地抵制？

（9）周围是否缺乏新思想？

（10）员工流动率是否极低？

如果对这些问题的回答都是肯定的，那么管理者确实需要适当地激发冲突。

当组织冲突水平过低时，可以采取以下办法激发适度的冲突。[13]

（一）改变组织文化

改变组织文化来激发冲突即在组织文化中容纳合理的冲突，给予功能正常的冲突以合法地位，摈弃视冲突为“洪水猛兽”、完全否定一切冲突的传统观念。通过正面信息传播、示范加薪、职位晋升等强化手段，大力营造敢于向现状挑战、勇于提出不同看法、进行独创性思考的组织文化，从而激发建设性的冲突。

（二）改革组织结构，打破现状

重新建构组织，重新组建工作群体，改变原有组织关系和规章制度，变革组织、群体和个人之间的互动和互相依赖关系等，都会因打破组织原有的平衡和利益格局而提高冲突水平。

（三）利用信息沟通[14]

一般而言，具有威胁性或模棱两可的信息可以提高组织中的冲突水平，促进人们摒弃漠然态度，开启创新思维。例如，在一所四平八稳的学校里，教师们听闻要进行聘任制度改革，实行择优聘任、竞争上岗、末位淘汰时，就会引发躁动不安和矛盾冲突，从而激发教师们的竞争意识和进取精神。有意识地使用信息沟通渠道也是一种有效地激发冲突和控制冲突的方法。

（四）引进异质的群体成员

一个组织长期缺乏活力的状态可能是由于其成员的同质性过高，如果引进与原有成员的态度、价值观、思考方式不同的外来者，就会催生“鲶鱼效应”，带来新的活力。所以，组织每过一段时间可录用一定数量的新人，以激发原有人员的活力。同时，在人员构成上应考虑成员的年龄结构、知识结构、人格结构及工作背景的多样化，这样有利于组织保持适度的冲突水平。

（五）引入竞争机制

在组织中引入绩效薪酬制度，建立竞争性的薪酬体系，使组织成员间展开适当的竞争，在冲突水平提高的同时，工作效率和质量也获得提高。在晋升制度方面，建立竞争上岗制，使所有人员依据工作业绩表现能上能下、能进能出，实现人才的合理流动，既能给在岗人员形成一定压力，还能从外部吸纳进真正优秀的人才。

（六）选用民主的领导者

在有些情况下，组织或群体的冲突水平过低，往往根源于领导者专制作风。在“一言堂”里，不同的见解得不到表达。因此，选用作风民主的领导者也是激发组织和部门活力的重要方法。

当然，任何事物都要把握好度，激发冲突也一样，即使是建设性冲突，也要注意“过犹不及”的道理。如果激发冲突的范围和程度超过了组织的掌控能力，组织将遭受损失。采取上述策略激起组织冲突后，要对冲突的性质进行理性分析，对冲突可能波及的范围和影响做出精确估计，这样才能对冲突实行有效掌控，使冲突朝着管理者预期的方向发展。

第三节　谈　判

管理冲突的方法很多，谈判也是处理冲突问题的手段之一。在现实生活中，有一些谈判是正式而明显的，如两国之间因为边界争端而进行的谈判、两家公司就合并条件所进行的谈判。另一些谈判却不那么正式而明显，如一个组织中上下级之间、同级之间的谈判，商店售货员与顾客之间的谈判等。事实上，现代社会的所有组织、群体和个人，为处理冲突、界定相互关系、争取和保障自身利益，都或多或少地进行各种形式的谈判活动。

一、谈判的定义

谈判的定义很多。比如谈判是“双方或多方互换商品或服务并试图对他们的交换比率达成协议的过程”[15]；谈判是“当参与方具有不同意向时做出共同决策的过程”[16]；谈判是“冲突的当事人就他们在交换中愿意付出并接受什么进行说明的过程”[17]。

综合诸多学者的定义，本书认为**谈判**（negotiation or bargaining）是指双方或多方互换商品或服务并试图对他们的对换比率达成一致的过程，是解决意见分歧和处理冲突的重要途径。

二、谈判的阶段

谈判可以分成四个不同的阶段。第一阶段是评估局势。确保当前局势是适当谈判的，确定对方也愿意和你谈判，为进入谈判做准备。在这一阶段的一个关键的问题是双方建立 **BATNA**（best alternative to a negotiated agreement），即谈判协议的最佳替代方案，也就是谈判的绝对底线。谈判的结果应该是一个比 BATNA 更好的方案。第二阶段是建立谈判过程，即解决一些针对谈判过程的问题，这些问题需要谈判各方之间讨论并提前达成一致，例如谈判的范围、谈判的参与者、谈判的期限等。第三阶段是达成协议，即谈判实质性协议，在这一阶段，谈判者将评估谈判的情况，做出一系列关于可接受结果的决策。第四阶段是实施协议。达成的协议可以实现是很重要的。有经验的谈判者会考虑什么样的谈判结果可以及时有效地实施。表 10－3 列举了一些在四个阶段需要考虑的问题。

表 10－3　谈判四个阶段要考虑的问题[18]

第一阶段：评估局势
• 你清楚你的利益和需要优先考虑的问题吗？ • 关于是否达成协议，你有没有确定一个标准？ • 你有没有确定你的 BATNA？也就是说，在不能达成协议的情况下，你是否知道应该怎么做？ • 你是否考虑到了对方的利益和其他相关利益群体的限制？
第二阶段：建立谈判过程
• 你是否同意讨论问题的范围？ • 你是否明白协议将怎样核准或批准？ • 你们对时间框架和期限是否达成一致？ • 你们是否讨论过可能会需要哪些信息？这些需要的信息如何获得和管理（例如保密性）？

续表

第三阶段：达成协议
• 你是否意识到另一方的利益？ • 你有没有确定谈判双方的共同利益，扩大你们的利益“馅饼”？ • 你是否建立了支持协议的人际关系？
第四阶段：实施协议
• 谈判双方是否清晰理解了协议并且出具了书面文件？ • 谈判协议是否清晰地界定了双方在实施该协议时的责任？ • 有没有评估谈判协议的实施情况，以及在必要的时候提高协议实施效率的规定？ • 在协议中是否规定了一个解决争议的程序，从而在遇到纠纷时双方可以及时解决？

三、两种谈判战略

谈判有两种基本战略：分配性谈判战略和整合性谈判战略。两者的区别见表 10-4。

表 10-4　分配性谈判战略与整合性谈判战略的区别

谈判特点	分配性谈判战略	整合性谈判战略
资源	数量固定	数量可变
动机	我赢，你输	我赢，你赢
利益	相互对立	相互融合或相互一致
关系的维系	短时间	长时间

（一）分配性谈判战略

分配性谈判战略（distributive negotiation strategy）最明显的特征是，双方在零和目标下进行判断，即一方所获得的任何收益恰恰是对方所付出的代价，反之亦然。它的本质是对于一份固定利益各方应分得的份额进行协商，这就决定了双方的对立关系。分配性谈判相互作用的模式包括谨慎的沟通、有限的信任、威胁的使用等。简而言之，当事方之间发生着紧张的、充满情绪的冲突。在分配性谈判中最主要的冲突处理方式是竞争和妥协。

作为一名谈判者，在分配性谈判中采取的策略主要有以下四种。

1. 狮子大开口

先提出极端的条件，步步紧逼，然后斤斤计较地逐步退让。

2. 时间陷阱

利用时间作为一项有力的武器：开价只在有限的时间内有效；逼迫对方接受任意的最后期限；停顿或拖延谈判的进程；向对方施压使其快速做出决定。

3. 软硬兼施

交替使用威胁性的和友好的行为。

4. 最后通牒

强迫对方顺从自己的愿望，给予一个要么接受、要么放弃的不容讨价还价的条件。

(二) 整合性谈判战略

整合性谈判战略（integrative negotiation strategy）最明显的特征是，谈判双方共同解决问题来获得使各方都受益的结果。当事方发现共同的问题，找出和评价备选方案，坦率地表达偏好，共同寻求一个双方都可以接受的解决办法。由于结果对双方都是有利的，当事方都被强烈激励着去解决问题，表现出灵活和信任，并发掘新的观点。整合性谈判主要的冲突处理方式是协作。

整合性谈判构筑的是长期关系，并推进将来的合作。它使谈判双方团结在一起，并使每一方在离开谈判桌时都感到自己获得了胜利。相反，分配性谈判使一方成为失败者。但是，整合性谈判要取得成功必须具备一些条件，包括：信息的公开和双方的坦诚；一方对另一方需求的敏感性；信任他人的能力；双方维持灵活性的愿望等。费舍（Fisher）和尤利（Ury）在《谈判力》一书中列出了整合性谈判的四项关键原则。[19]

1. 就事论事

获得一个双方都满意的解决方案的第一个原则就是，将谈判的大量问题与双方之间的人际关系问题分开。谈判者应意识到，他们是为了处理大量问题而面对面地工作，而不是互相攻击，应该对事不对人。

2. 把注意力聚焦于利益而非立场

人们倾向于将自我与他们谈判的立场等同，常常掩盖了参与者们真正的需要。有效的策略不是集中注意于每位谈判者所持的立场，而是关注观点背后所隐藏的需要和利益。

3. 为共同受益创造条件

在对手的压力下设计最佳解决方案，容易限制人们思考。尤其是在高风险情形下，寻找正确的解决方案，会堵住人们创造的源泉。因此，在做决定之前，最好先讨论各种可能性，这样才能消除这些障碍。

4. 坚持客观标准

谈判各方应该用某种公平的标准（如专家的观点、习惯或法律）来讨论谈判条件。客观的标准可以把人们的注意力从各方愿意或不愿意做的事情上转移开。通过运用客观标准，避免一方必须向另一方妥协让步，双方都依从符合客观标准要求的解决方案。

当然，仅仅靠谈判中一方采取整合性谈判战略仍然无法达成对双方都有利的结果，只有双方都采取整合性谈判战略，谈判才会达成双赢的结果，否则只会出现一胜一负或双输的结局，如图 10-6 所示。

四、谈判的技巧

(一) 建立宽松的环境

双方在谈判时，都喜欢选择一个宽松的交流环境。因为人只有在轻松和谐的气氛中，才更容易听取不同意见。而且，高明的谈判者往往都是从中心议题之外开始，逐步引入正题。轻松和谐的谈判气氛能够拉近双方的距离。切入正题之后就容易找到共同语言，化解双方的分歧或矛盾。在套近乎的同时，高明的谈判者会随着话题的不断深入，采取挤牙膏的方法，顺顺当当地使对方做出一个又一个承诺，直到满足自己的要求为止。

图 10-6 谈判战略与结果[20]

（二）化解冲突

虽然人们都在追求双赢，但不是在任何问题上都能达到双赢。通常让谈判陷入僵局的情况，是谈判者采取立场式的谈判方法。这时的情况只有一种：必须一方做出让步，才能达成协议。但这样，谈判就会变为一场意志力的较量，在固执己见中谈判会陷入僵局，不利于双方以后的合作。这时候，我们就需要淡化立场，而要追求利益的共同点，因为许多人在感情用事下，往往会忽略在双方对立的立场背后，既存在冲突的利益，还可能存在共同的或可以彼此兼容的利益。有经验的谈判者会用对自己不重要的条件去交换对方无所谓但自己却很在意的一些条件。只有这样，谈判才是一个双赢的谈判。

（三）控制情感

在商务交往中，人的情绪高低可以决定谈判的气氛。谈判者能否控制自己的情感，特别是管理好自己的如愤怒等负面情绪，对今后双方的合作将有深远的影响。当然，有时谈判对手的感情泄露有助于谈判的顺利进行。但个人情绪是有一定的传染性的，如果处理不当，矛盾激化，会使谈判陷入僵局。双方为了顾及“脸面”而彼此绝不做出任何让步，就会导致双方很难再合作下去。因此，挑选高情商的谈判者、训练谈判者的情绪控制能力也是谈判取得成效的关键因素。

（四）提出最佳选择

要想最快地达到谈判目的，就需要做多方面的准备。较好的方法是根据实际情况，准备多套备选方案，从中确定一个最佳方案，以此作为达成协议的目标。有了多种应对方案，就会使己方有较大的余地。由于充分了解和掌握达成协议与达不成协议的各种利弊关系，就容易掌握谈判的主动权，掌握维护自己利益的方法，进而就会迫使对方在你所希望的基础上谈判。

专栏 2：新闻中的组织行为学

中国摩托车败走越南：战胜日本，却输给自己[21]

越南是目前仅次于中国、印度、印尼的世界第四大摩托车市场，摩托车年销售约328 万辆，可谓市场庞大。

有数据显示，1998年时，在越南摩托车市场中，日本企业占据了98%。随着中国摩托车生产能力的提升，特别是中国和越南接壤，运输条件便利，从1999年开始，中国摩托车企业开始大举“杀入”越南市场。

中国企业最拿手的就是“价格战”。当时，中国摩托车的价格比韩国、日本摩托车低很多，这让中国企业迅速成为越南摩托车市场的“霸主”。那时，在越南随处可见中国轻骑、力帆、嘉陵、宗申、隆鑫牌摩托车。短短三年，中国摩托车在越南市场的份额从几乎可以忽略不计猛涨到80%。2002年，仅重庆摩托车整车出口越南就达3.2亿美元。

但好景不长，随着“价格战”越打越猛，零售价一路下跌，最低时价格比在国内卖得还便宜。最惨时，每辆车利润只有30元人民币。当时重庆力帆集团董事长尹明善向媒体说，由于恶性价格战，中国摩托车的价格已经可以用秤“称”出来，大体是4美元/千克，其中还包括运输和保险费用。新华每日电讯发文感慨：“自相残杀，中国摩托越南卖废铁价。”

而更致命的是价格战背后的短视行为。为了赚快钱，中国摩托车卖得便宜，却不注重售后服务，一些企业甚至在越南都没有售后网点布局。此外，中国摩托车制造偷工减料，选择质量差的零部件。尽管中国摩托车价格只有日本摩托车的1/4～1/3，但越南人发现，中国产的摩托车寿命也只有日本的1/4～1/3。日本摩托车常常能用十来年，可中国摩托车三两年就报废了，油耗还更高，用几个月就要去修，还发生了好几起摩托车架断裂的事故。

就这样，中国摩托车的招牌被中国企业自己砸了。越南消费者抛弃了中国品牌摩托车。在越南仅剩下力帆和宗申两家企业涉及摩托车贸易和制造。越南摩托车市场上的中国品牌份额早已不足5%，而日本品牌回升到80%以上。

本 章 回 顾

冲突是组织中不可避免的一种现象，我们把冲突定义为相互作用的个体或群体之间，由于感知到与他人或者在内部存在动机、目标、手段的不同而导致对立状态，并就此采取行动的过程。冲突有多种类型，依据冲突的作用分为建设性冲突和破坏性冲突；依据冲突层面可分为个体-个体冲突、群体-个体冲突、组织-个体冲突、群体-群体冲突、组织-群体冲突和组织-组织冲突。竞争、协作、迁就、回避和妥协是处理冲突的五种策略。冲突水平太低或太高都不利于组织绩效，因此人们有时要处理冲突，有时则要激发冲突。

谈判是面对冲突时不可缺少的一种应对手段。谈判分为分配性谈判和整合性谈判。分配性谈判战略是双方在零和目标下进行，即一方所获得的任何收益恰恰是对方所付出的代价。整合性谈判战略是谈判双方共同解决问题来获得使各方都受益的结果。谈判分为四个阶段：第一阶段是评估局势；第二阶段是建立谈判过程；第三阶段是达成协议；第四阶段是实施协议。谈判的技巧有建立宽松的环境、化解冲突、控制情感、提出最佳选择等。

关键术语

冲突 conflict
过程性冲突 process conflict
内容性冲突 substantive conflict
情感性冲突 affective conflict
建设性冲突 constructive conflict
破坏性冲突 destructive conflict
谈判 negotiation or bargaining
分配性谈判战略 distributive negotiation strategy
整合性谈判战略 integrative negotiation strategy

思考题

1. 何为冲突?
2. 简述冲突的几种类型。
3. 冲突的来源有哪些?
4. 冲突有哪些积极的作用?
5. 冲突有哪些消极的作用?
6. 请解释五种冲突处理策略。
7. 简述分配性谈判战略和整合性谈判战略。
8. 简述谈判的技巧。

组织行为学自测

冲突处理风格问卷[22]

虽然我们中的大多数人都有因地制宜改变自己对冲突的态度的能力，但每个人都有自己处理冲突的习惯风格。此问卷能够帮助你认识自己处理冲突的基本风格。你也许能够改变自己的基本风格以适应某种冲突环境。你的基本风格表明你最可能采取的行为和最经常采用的冲突处理方式。

当你与他人意见不一致时，你是否会采用下列各题中的方式？选项有：经常、有时、很少。

1. 我会进一步了解我们之间的不一致，而不是立刻改变自己的看法或强加给他人我的看法。
2. 我坦诚地表明自己的不同意见，并欢迎就有关这一方面进一步讨论。
3. 我寻求一种双方都满意的解决办法。
4. 我要确保自己的意见被倾听，而不能让别人不听我的意见就下结论。当然，我也会认真听取别人的意见。
5. 我采用折中办法，而没有必要非去寻求完全满意的解决办法。
6. 我承认自己有一半的错而不去深究我们的差异。
7. 我总是迁就别人。
8. 我希望自己只说出了真正想说的一部分。
9. 我完全放弃自己的看法，而不是改变别人的意见。
10. 我把有关这一问题的所有矛盾搁置在一旁暂不考虑。

11. 我很快就会同意别人的观点而不去争论。

12. 一旦对方对某一争论感情用事，我很快就会放弃。

13. 我试图战胜其他人。

14. 我要不惜一切代价取得成功。

15. 对于一项好的建议，我从不退缩。

16. 我更愿意取胜，而不是妥协。

给你所选择的“经常”计 5 分，“有时”计 3 分，“很少”计 1 分。然后计算每组总分，分组方式如下：

A 组：13—16 题；B 组：9—12 题；C 组：5—8 题；D 组：1—4 题。

任何一组得分为 17 分或以上的，属于高程度；得分为 12～16 分属于较高程度；得分为 8～11 分属于较低程度；得分为 7 分或以下属于低程度。

A、B、C 和 D 组分别代表不同的冲突解决策略：

A——竞争/强制型：我赢，你输。

B——迁就型：我输，你赢。

C——妥协型：双方都有所赢、有所输。

D——协作型：我赢，你也赢。

品味经典研究

罗伯斯山洞实验[23]

社会心理学奠基人之一、心理学家谢里夫（Sherif）经典的罗伯斯山洞实验（Robbers Cave experiment）突显了团体之间偏见的产生和消除。在这个实验中，21 位 11 岁的小男孩被带到俄克拉荷马州的罗伯斯山洞州立公园去参加一个夏令营。他们不知道其实自己是一个实验的被试。在旅行之前孩子们被随机分为两组。正是这两个小组构成了研究两组人之间产生偏见和冲突的基础。当孩子们到达的时候，他们住进了单独的小屋里。在第一个星期中，他们并不知道还有另外一组人的存在。在游泳和徒步旅行中他们相互熟悉。两个组都给自己选了名字，并将名字印在自己的衬衫和旗子上：一组叫作老鹰队，另一组叫作响尾蛇队。

两个组建立起来后，实验进入了第二阶段。两组人第一次发现了对方，并且不久后组与组之间的冲突迹象以语言上的侮辱这种形式出现了。可是相互咒骂还不够，实验者希望大大加剧冲突的程度。为了达到这个目的，他们让两组人在一系列的竞赛中相互竞争。这渐渐加深了两组人之间的敌意，特别是两个组的所有得分被加在一起，而响尾蛇队最后得到了总分第一的奖杯。他们没有让老鹰队忘记这次失败，响尾蛇队在球场上插上自己的旗子，将其据为己有。随后两组人开始相互咒骂，还唱着侮辱对方的歌曲。不久后，两组人就拒绝在同一个房间里吃饭了。

两组人之间的冲突被成功激化之后，实验进入了最后的阶段：实验者可以让两组人和好吗？首先实验者尝试组织一些两个组一起参与的活动，例如看一场电影和放鞭炮，不过没有一样管用。然后实验者尝试了一个新的办法，他们把孩子们带到了一个新的地方，并给了他们一系列需要解决的问题。在第一个问题中，孩子们被告知一些破坏者蓄意破坏了他们的供水系统。在两组人成功合力扫除一个龙头旁的障碍后，第一粒和平的种子被播下了。在第二个问题中，两组人需要一起凑钱去看一场电影。他们选定了一部大家都愿意看的电影。在那天晚上，两个组的成员又一次聚在一起吃饭了。

接下来的几天里，孩子们又"意外地"遭遇了更多的问题。关键的一点在于他们都拥有了更高一级的目标：两个组的孩子们一起合作完成牵涉到他们共同利益的事情。最终，所有的孩子决定坐同一辆大巴回家。他们终于和解了。

谢里夫从这项研究及二十世纪四五十年代的其他类似研究中得出了一个重要的结论。他认为各个团体自然地发展形成自己的文化、人员身份结构和界限范围。我们可以把这两组孩子想成是现实世界中的两个国家。每个国家都有自己的文化、政府、法制系统，并且划定界限，以此将自己和邻国区分开来。无论是在这两组孩子之间还是在不同的国家之间，这些内部结构都是产生冲突的根源。

谢里夫的研究如此出名的一个原因在于，它说明了不同团体间如何才能得到和解、和平之树如何才能繁茂，最关键的一点在于对更高一级的、延伸到团体界限以外的目标的追求。

注释

［1］苏妍，吴洋洋．两年"内斗"结束，上海家化仍处十字路口．(2014－07－04)［2014－07－22］．http：//www. yicai. com/news/2014/07/3989149. html.

［2］［美］杰拉尔德·格林伯格，罗伯特·A. 巴伦．组织行为学：第9版．毛蕴诗，译．北京：中国人民大学出版社，2011.

［3］章文光．公共组织行为学．北京：北京师范大学出版社，2009

［4］GIBSON J. L.，J. L. IVANCEVICH，JR. J. H. DONNELLY，R. KON-OPASKE. Organizations：behavior，structure，processes. New York：McGraw-Hill，2012.

［5］GEORGE J. M. ，G. R. JONES. Understanding and managing organizational behavior. New Jersey：Pearson Education Inc. ，2012.

［6］［美］斯蒂芬·罗宾斯，蒂莫西·贾奇．组织行为学：第16版．孙健敏，王震，李原，译．北京：中国人民大学出版社，2016.

［7］陈春花，杨忠，曹洲涛．组织行为学．3版．北京：机械工业出版社，2016.

［8］陈晓红，赵可．团队冲突、冲突管理与绩效关系的实证研究．南开管理评论，2010(05).

［9］GRIFFIN R. W.，G. MOORHEAD. Organizational behavior：managing people and organizations. Mason，OH：South-Western Cengage Learning，2014.

［10］［11］同［9］.

［12］［加］休·J. 阿诺德．［美］丹尼尔·C. 菲尔德曼．组织行为学．邓荣霖，等译．北京：中国人民大学出版社，1990.

［13］同［3］.

［14］张一纯，王蕴，陈葵晞．组织行为学．3版．北京：清华大学出版社，2014.

［15］同［6］.

［16］FISHER R.，W. URY. Getting to yes：negotiating agreement without giving in. New York：Penguin，1983.

［17］［美］理查德·L. 达夫特，雷蒙德·A. 诺伊 . 组织行为学 . 杨宇，等译 . 北京：机械工业出版社，2004.

［18］HELLRIEGLE D.，J. W. SLOCUM JR. Organizational behavior. Ma-son，OH：South-Western Cengage Learning，2011.

［19］同［16］.

［20］同［18］.

［21］正解局 . 中国摩托车败走越南：战胜日本，却输给自己 .（2018－08－25）［2018－10－18］. http：//dy. 163. com/v2/article/detail/DQ259AEO0519WCJG. html.

［22］郁阳刚 . 组织行为学：理论·实务·案例 . 2 版 . 北京：清华大学出版社，2014.

［23］佚名 . 罗伯斯山洞实验 . http：//baike. baidu. com/view/5197431. htm? fr＝aladdin.

第十一章

组织结构与组织设计

系统的设置要确保每个员工都能获得他工作所需要的信息，这样系统才能发挥效能。

——彼得·德鲁克

学习目标

1. 理解组织的定义和特征。
2. 理解组织结构的含义。
3. 了解组织设计的原则。
4. 掌握组织结构的要素。
5. 掌握一般组织结构类型。
6. 了解新型组织结构类型。
7. 掌握组织设计的权变因素。

引 例

水为什么还是不够喝[1]

一个和尚挑水喝、两个和尚抬水喝、三个和尚没水喝。总寺的方丈得知情况后，就派来了一名住持和一名书记，共同负责解决这一问题。

住持上任后，发现问题的关键是管理不到位，于是就招聘一些和尚成立了寺庙管理部来制定分工流程。而书记认为问题的关键在于人才没有充分利用、寺庙文化没有建设好，于是就成立了人力资源部和寺庙工会等。几天后，发现不但问题没有解决，而且因为小和尚都忙着其他事，寺庙里没人念经，来烧香的客人越来越少，导致收入出现问题。于是寺庙管理部、人力资源部等连续召开了几天的会，决定成立专门的挑水部负责后勤和专门的烧香部负责市场前台。同时，为了更好地开展工作，寺庙提拔了十几名和尚分别担任副住持、住持助理，并在每个部门任命了部门小住持、副小住持、小住持助理。

老问题终于得到缓解了，可新的问题跟着又来了。前台负责念经的和尚总抱怨口渴水不够喝，后台挑水的和尚也抱怨人手不足、水的需求量太大而且没个准儿，不好伺候。为了更好地解决这一矛盾，经开会研究决定，成立一个新的部门：喝水响应部，专门负责协调前后台矛盾。另外为了加强前台念经和尚对饮用水的预测和念经和尚对挑水和尚满意度测评等，让前后台签署协议、相互打分，健全机制。为了便于打分考核，寺院特意购买了几个计算机系统，包括挑水统计系统、烧香统计系统、普通香客捐款分析系统、大香客捐款分析系统等，同时成立香火钱管理部、香火钱出账部、打井策略研究部、打井建设部、打井维护部等。由于各个系统计算出来的数总不准确、都不一致，于是又成立了技术开发中心，负责各个系统的维护、二次开发。由于部门太多、办公场地不足，寺院专门成立了综合部来解决这一问题，最后决定把寺院整个变成办公区，香客烧香只许在山门外烧……

部门多、当官的多，文件和开会自然就多，为了减少文山会海，综合办牵头召开了多次关于减少开会的会，并下达了“关于减少文件的文件”。同时，为了精简机构、提高效率，寺院还成立了精简机构办公室、机构改革研究部等部门。

虽然一切似乎都合情合理，但忙来忙去，水还是不够喝。

第一节　组织概述

一个组织有其构成要素、特征和结构，它将不同资源组合在一起完成特定的目标。对企业来说，选择何种组织结构会影响着它的发展。企业不同，其组织结构也不尽相同。什么样的组织结构最适合其发展，则需要对组织内外部因素及组织结构等相关概念进行系统的认识和理解，只有这样高层管理者才能选择和设计最适合自身发展的组织结构，并使其有效地发挥作用。

一、组织的定义及特征

（一）组织的定义

给组织下一个定义并不是一件容易的事情，人们对组织的理解经历了一个历史演变过程。中国古代借用丝麻编制成布帛的过程，重点强调“组织”是对相关要素的人为组合。西方对“组织”原意的理解，出自对机体（organ）独特功能的引申，偏重于局部自成系统的独立性，以及局部构成整体的结构性[2]。

美国的社会系统学派代表人物巴纳德（Barnard）认为组织就是人与人的合作系统。[3]乔治（George）把组织定义为：为了有效地实现特定目标而建立的一个员工工作关系结构的系统。[4]而理查德（Richard）认为组织是一个拥有经过深思熟虑的流程和制度的目标导向的社会实体。[5]其他组织行为学家认为组织是追求一定目标的社会实体，其存在是为了实现一定的目标，而组织成员的行为是对这些目标的理性追求。

组织除了目标之外还应该考虑它的内外部影响因素。因此我们认为**组织**（organization）是具有特定目标、资源与结构，时刻与环境相互作用的开放系统，它同时是一个由领导人或一个决策集团发起组建的群体结构实体。

（二）组织的特征

组织是一个开放的、具有目的性和整体性的协作系统，是成员进行各种活动的基本框架。所有的组织，不论其级别和规模差别有多大，均具有以下共同特征，而这些特征也是组织的本质反映。

1. 共同目标

每一个组织都有明确的目标，如企业利润最大化、学校教书育人、医院救死扶伤等。目标决定任何一个组织作为社会组成部分存在的目的。确立目标能够将界定好的目的转换成具体的、可衡量的绩效目标。

2. 协作意愿

协作愿望就是指个人为组织目标贡献力量的愿望。组织成员有协作的意愿意味着个人要克制自己，交出对自己的部分控制权。没有这种意愿，就不可能将不同组织成员的行为有机地结合起来，协调一致地活动。

3. 资源

组织要想达到自己的目标，必须拥有相应的资源，如企业拥有人才、资金、机器、品牌、技术等各种资源。一个组织需要把所拥有的各种资源通过转化变成其他组织或个人所需要的各类产出（产品、服务），才能实现自己的目标。

4. 结构

组织成员为实现组织目标而分工协作。组织需要科学地设计结构、划分层次，并明确各部门、各层次的责任、义务、权力与利益；需要根据每一个成员的才能分配工作、安置岗位，并落实每一岗位的责、权、利。组织还需要建立有效的沟通、协商机制。只有结构合理、分工清晰、协作通畅，组织才能正常运作。

5. 适应环境

组织是一个开放系统，它需要与环境进行物质、能量、信息的交换，才能适应环境的变化。任何时刻组织都与环境和其他组织处于互动状态，组织的自我发展就是在组织从环境中获得输入，经过一系列的转换再输送回环境的持续过程中实现的。如果一个组织离开了与其他组织或个人的相互作用，离开了对环境变化的适应，组织就会失去平衡而陷入生存与发展的困境。

二、组织结构的含义

组织结构（organizational structure）是指组织为了协调及控制成员的活动以实现组织目标，在职务范围、责任、权力等方面所构建的结构体系下对工作任务进行分工和协调的模式。这个定义有以下三方面含义[6]：

（1）组织结构的本质是组织成员的分工协作关系；

（2）设计组织结构的目的是实现组织的目标，组织结构是实现组织目标的一种手段；

（3）组织结构体现的是组织成员在职、权、责三个方面的相互关系。

组织结构体系主要分为：

（1）层次结构：各管理层次的构成，又称组织的纵向结构。

（2）部门结构：各管理部门的构成，又称组织的横向结构。

（3）权力结构：权力和责任在各管理层次、部门的分工和相互关系。

任何一个组织都会有一定的结构，它确定了组织活动的形式与职能，还确定了组织的各个部门是如何结合在一起的，以及工作任务的分工、分组和相互关系。这通常可以从组织结构图中清楚地看出来。组织结构图是对一个组织的一整套基本活动和过程的可视化的描述。

三、组织设计的概念及原则

组织设计（organizational design）是指如何根据当前和未来的工作任务和工作关系来构造组织框架，从而做出选择和设计的过程。[7]

在设计和规划组织时，应根据以下原则来考虑：

（1）紧扣企业的发展战略，充分考虑企业未来所要从事的行业、规模、技术，以及人力资源配置等。

（2）组织的层数应该视情况而定，层数过多容易造成权力集中，沟通和处理问题时所费时间越长，越易产生官僚主义；层数过少容易造成权力分散，难以监督和稽核，但沟通和处理问题的时间短，员工容易发挥自主性。

（3）并没有绝对优越的组织结构，现实中的组织往往都是混合式，切忌拿所谓先进的框架往企业身上套。

（4）产品生命周期越短，产品种类越多，批量越少，组织越趋于扁平化。[8]

（5）组织越专业化和分工化，越可能趋于官僚化。组织越扁平化，授权就越容易，而员工就越自主，越容易产生和实施创新的想法。

由以上原则可以看出，在面对风云变幻的经营环境时，企业应摒弃一成不变的组织形式，要在对顾客、产品、服务、目标、资源、技术等多种因素综合考量之后，选择和设计适合自己的组织结构。

第二节　组织结构的要素

组织结构界定了工作任务如何被划分、如何将成员组成部门、如何协调工作等问题。因此当管理者设计组织结构时，应当考虑六个关键要素，它们分别是工作专门化、部门化、管理幅度和组织层次、命令链、集权与分权、正规化。

一、工作专门化

工作专门化（works specialization）也称劳动分工，实质是将单个人无法有效完成的整个工作分解为若干步骤或部分，每人负责完成工作活动中的一个步骤或环节。[9]工作专门化带来的高效率最早由泰勒研究发现，并确定为组织设计的基本原则。[10]随着科学技术的发展，专业化分工越来越细，促进劳动生产率大幅度提高。然而，从 20 世纪 60 年代时起，人们发现过细的工作专门化所带来的成本开始超过了收益。

二、部门化

部门化（departmentalization）是对工作单元进行合并和协调的基础。部门化常利用设立职能部门来进行相同工作单元的合并组合，比如财务部、人力资源部、营销部、生产部等。职能部门因把专业技术、研究方向接近的同类专业人员集中在一起工作而提高了工作效率，实现了规模经济。

部门化的划分方法除了以上提到的按职能划分外，还有依据产品类型进行划分的部门化、依据地域进行划分的部门化和依据客户类型划分的部门化，如图 11－1 所示，以及不常见的按设备、按流程等进行划分的部门化。[11]产品类型划分法的主要优势在于一人指挥所有与该产品相关的活动，有利于明确其职责；地域划分法的价值体现在当客户在地域上分布较广且各地区的政治、经济、风俗等存在差异并影响到企业的经营管理时，围绕区域形成一个部门可以提高销售工作的效率；客户划分法建立在如下假设上，即每个部门中的客户存在着共同的问题和要求，因此，组织可以通过配置相关方面的专家最大限度地满足顾客的需要。

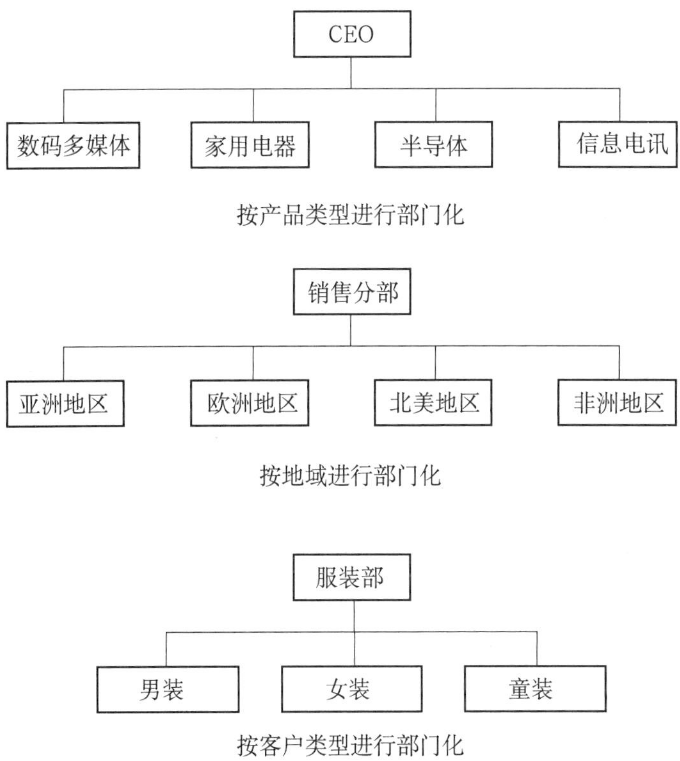

图 11－1　部门化示意图

大型组织的部门化工作可以综合运用以上的各种方法。在过去的十年里，部门划分不断被跨越传统部门界限的工作团队取代。

三、管理幅度和组织层次

管理幅度（span of control）是指管理者直接控制的下属的人数。管理幅度非常重要，因为它在很大程度上决定了一个组织要设置的层级和配备的管理者的人数。

管理幅度与组织层次成反比，管理幅度越宽，组织层次越少；反之，管理幅度越窄，组织层次越多，如图 11－2 所示。管理跨度窄，组织要有足够的管理人员为下属提供必要的领导和支持；管理跨度宽，则因为管理者人数的减少而降低了管理成本，提高组织效率。[12]

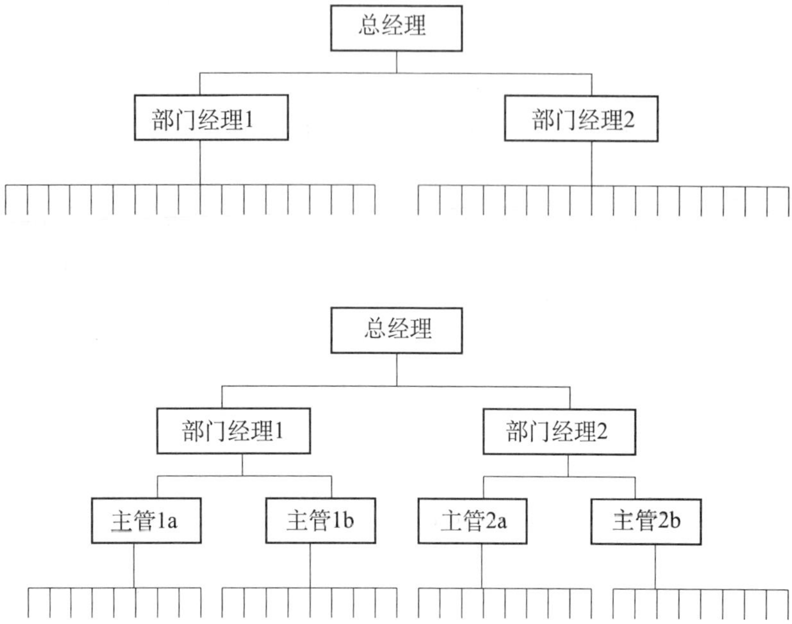

图 11－2　管理幅度与组织层次的关系

但是，如果管理幅度过窄，则会存在以下问题：组织层次增加导致管理成本上升；组织层次的增加会降低垂直沟通的速度和准确性，并使高级管理人员处于隔离状态；管理者对下属监督过严，从而妨碍下属工作的自主性。反之，如果管理幅度过宽，所要管理的部门或人员过多，就可能管不过来，造成顾此失彼的困境。

并非所有加宽管理幅度的做法都可以降低管理成本，管理幅度的宽窄取决于管理者的管理能力、下属的成熟度及组织在培训方面的支出。如果管理者的管理能力较高，下属成熟度高，那么加宽管理幅度可以达到降低管理成本的目的。如果组织在加宽管理幅度的同时给管理者和员工提供有针对性的培训，那么由管理幅度加宽引发的消极影响就可以大大降低。

四、命令链

命令链（chain of command）是一条从组织最高层贯穿到组织最底层的职权线路，它明确指出上下级从属关系。命令链回答了员工提出的“当我有问题时，我应找谁?”“我需要向谁负责?”等问题。

职权（authority）是指在管理岗位中固有的发布命令的权力，并且人们预期这种命令会被遵从和执行。为完成各自的工作职责，每个管理者都被赋予了一定的职权。统一指挥（unity of command）指下属应该由一名主管并且是唯一的主管直接负责。统一指挥原则有助于避免多头领导造成的下属接收到的命令冲突，从而保持职权链条的连续性和完整性。

目前，随着信息技术的发展，交叉功能团队、自我管理团队、项目管理等新型组织设计思想盛行，统一指挥原则受到冲击。信息传播渠道的多样化和非正规渠道的发达使得管理者的职权大大削弱。

五、集权与分权

集权（centralization）意味着组织中只有极少数人拥有决策的权力，通常集中在最高管理层。与集权相对的是**分权**（decentralization），决策权分散在多个管理层次或主体之间。如果组织的高层管理者在做决策时没有或者很少有下级人员的参与，表明这个组织的集权化程度就比较高；相反，如果底层管理者也可以参与决策过程，并且拥有一定的决策自主权，这个组织的分权化程度就较高。

大多数组织是由集权开始的，因为组织的创建者初始是按照自己的想法来指导业务并做出大部分决策的。但是随着组织的发展及组织所处环境的变化，特别是信息时代的到来，越来越多的组织倾向于采用分权的管理方式，这与使组织更加灵活和主动地做出反应的管理趋势是一致的。

海底捞通过有效的授权和放权来激发员工的自豪感和凝聚力。区域经理有百万元以上的自主权；普通员工能够根据情况，自主决定是否给客人免费送一些小菜，甚至给不满意的客人免单，无须因向上请示耽误工夫，因而能及时避免顾客抱怨。

六、正规化

正规化（formalization）又称规范化，是指组织成员的行为在多大程度上被规则、程序、正式培训和相关机制所规范。[13]换句话说就是有关工作的方法和程序具体化及条文化的程度。如果一个组织的正规化程度高，就意味着在该组织中规则和程序规定着每一个个体应该做什么、活动应该怎样执行。这样的组织都有标准化的操作程序、具体的指导及明确的政策条文。我们可以通过考察受规章和程序控制的工作所占的比例及这些规章在多大程度上允许变化，来评估组织中的正规化。

正规化的目的是预测并控制员工的工作行为。[14]虽然正规化在某些方面能提高工作效率和员工承诺，但同样也会产生许多问题，比如降低组织的灵活性。某个富有经验的员工本可以按照自己的方式快速高效地把设备调试好，但公司要求严格按照步骤来执行操作，这样反而使得工作效率下降了。

专栏 1：本土组织行为探索

组织结构特征对产品创新团队绩效的跨层次影响

——基于中国制造企业的实证研究[15]

在知识经济时代，产品创新团队被越来越多的企业看作是用以整合企业知识资源，加快产品创新进程，从而应对当前竞争环境的有效组织方式。因此，如何提升产品创新团队绩效是当前理论界和企业界关注的重要问题。而组织结构作为企业知识的载体，其不同的特征会影响产品创新团队绩效吗？如果会，那么又是怎样影响的？

齐旭高等采用集权化、规范化、扁平化和柔性化四个具有代表性的组织结构特征作为研究维度，探讨它们对我国制造企业产品创新团队绩效的跨层次影响。此外，还引入了团队知识整合能力这一中介变量，探究组织结构特征各维度影响产品创新团队绩效的过程。他们运用多层线性模型对 83 家制造企业的 326 个产品创新团队的调查数据进行了跨层次的实证分析。研究发现企业组织结构特征各变量均对团队知识整合能力产生显著的影响；团队知识整合能力对产品创新团队绩效具有正相关关系，而团队知识整合能力在组织结构集权化程度、柔性化程度与产品创新团队绩效间具有部分中介效应，在扁平化程度与产品创新团队绩效间具有完全中介效应，在规范化程度与产品创新团队绩效间的中介效应不显著。结果表明产品创新团队虽然能在一定程度上降低企业组织结构层级过多、机制僵化、反应迟缓等对产品创新活动的影响，但产品创新团队内嵌于组织内部，组织结构会通过诸如知识整合能力等中介变量对产品创新团队绩效产生一定程度的影响，从而使产品创新团队绩效存在显著的企业间差异。

第三节　组织设计

组织结构是任何组织进行管理的基础，也是组织设计中关注的重点。符合企业战略的组织结构是企业有效运作的必备条件。以下我们将介绍几种常见的组结构类型和近年来出现的一些新型组织结构类型。

一、一般组织结构

（一）简单结构

简单结构（simple structure）是一种不需要精心设计、部门化程度低、控制幅度宽、正规化程度低的结构，如图 11－3 所示。例如，一家小型杂货商店、一个家族式的私营企业、某个街道办事处，它们所采用的往往就是简单结构。简单结构是一种“扁平”的结构，它通常只有 2～3 层等级，员工群体结构松散，且只有一个人持有决策权。简单结构主要出现在管理者和所有者为同一个人的小型企业，但也由于其实行中央集权管理，这种机构同时也是出现临时危机时的一种首选结构。

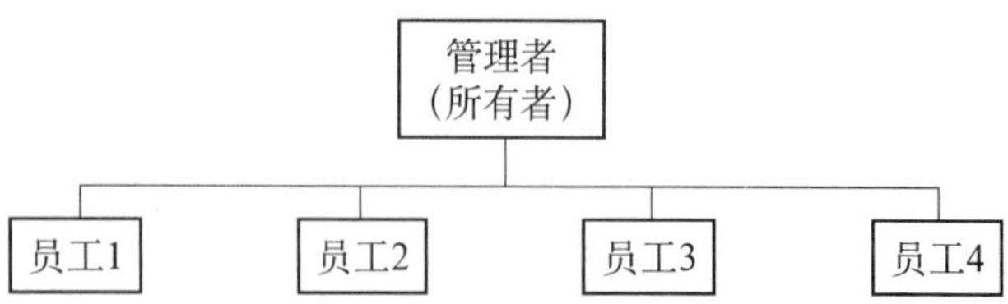

图 11－3　简单结构

简单结构具有灵活、低成本及权责分明等优点，但它并不是设计精密的组织结构[16]，只适合于简单、动态环境中的小型组织，这类组织专业化和正规化水平较低。当组织规模逐渐变大时，这样的结构容易导致决策速度缓慢或是停滞不前。另外，简单结构还有一个很大的缺点，即组织的所有事情都是由一个人决定，也就是说如果这个人发生不测，组织的信息和决策中心就可能遭到破坏。

（二）官僚结构

官僚结构（bureaucracy structure）是一种通过标准化的工作程序来完成日常运营任务的组织结构。正规化是其重要特征，并且还具有权力高度集中、管理幅度小等特征。官僚结构的优势在于，它能够非常高效地执行一致的行为。将相近的专业放在同一职能部门内，可以使人事和设备的重复最小化，且更加便于部门成员沟通。官僚结构一般可以分为机械官僚结构（machine bureaucracy structure）和专业官僚结构（professional bureaucracy structure）。前者一般适用于简单稳定环境中的大型企业，工作过程的标准化是其主要的协调机制，如一些汽车公司和保险公司等；后者通常出现在复杂稳定的环境中，技能的标准化是其主要的协调机制，如大学、医院和咨询公司等。[17]

官僚结构也存在许多缺陷，如人们往往会过分遵守这些标准化制度时，当遇到一些突发状况与制度不符时，容易造成被动局面。例如，子单位与组织之间的矛盾无法解决，组织员工过分遵循规则，工作机械，少有创新等。

（三）矩阵结构

矩阵结构（matrix structure）是一种多元式的结构，其特点是：纵向是传统的职能型组织，横向是多个专项任务组织，用一种纵横的矩阵形式把职能型组织和多个专项组织结构有机地结合在一起，把专业职能管理与项目任务管理统一起来，如图 11－4 所示。矩阵结构试图将两种组织设计结合起来，以获取这两种结构的优势，从而避免它们的劣势，它打破了传统统一指挥的原则，这是该组织设计最明显的一个特征。当组织处于复杂多变的环境中时，它能够对来自内部和外部压力做出灵活和协调的反应。

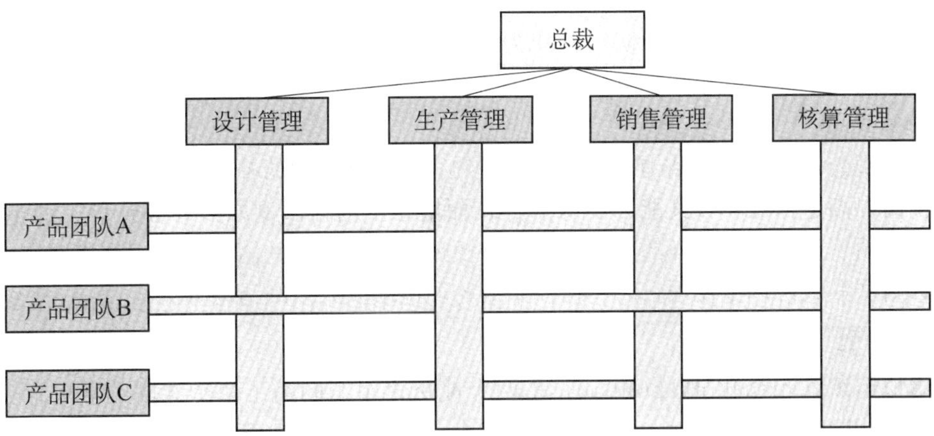

图 11－4　矩阵结构

矩阵结构将不同类型的专业人员组合在一起，有助于员工之间相互学习并开展直接而频繁的接触交流，使得该组织具有更高的灵活性，而且保证了这些资源能够得到最佳的配置。然而矩阵组织在为组织带来利益的同时也会带来一系列的问题，在这样一个复杂隶属关系的网络中，可能会产生混乱，使组织增加争权夺利的倾向，并给员工带来压力。矩阵结构具体优缺点如表 11－1 所示。

表 11-1　矩阵结构的优点和缺点[18]

优点	缺点
1. 获得适应顾客双重要求所必需的协作	1. 导致员工卷入双重职权之中，使之沮丧而困惑
2. 实现产品间人力资源的灵活共享	2. 意味着员工需要良好的人际关系技能和全面的培训
3. 适应不确定环境下复杂的决策和经常性的变革	3. 耗费时间，包括经常性的会议和冲突解决会议
4. 为职能和生产技能改进提供了条件	4. 除非员工理解这种模式，并采用一种团队式的而非纵向的关系，否则将无效
5. 在拥有多种产品的中等组织中效果最佳	5. 需要很多经理来维持这种权力平衡

二、新型组织结构

（一）团队结构

目前团队结构已成为组织活动的流行方式。当管理人员动用团队作为协调组织活动的主要方式时，其组织形态即为**团队结构**（team stucture）。这种结构方式的主要特点是，打破部门界限，并把决策权下放到工作团队。团队结构同矩阵结构一样，也是为执行某个组织任务由来自各个部门的不同成员组成，其中还可以包括中级或高级管理者。团队负责人从团队成员中选拔产生，职能部门的管理者只起提供建议和帮助该团队达成目标的作用，团队对于职能部门没有明显的隶属关系，避免了矩阵结构双重领导的缺点。此外，团队中的成员实行自我管理，因此这种结构具有反应灵敏、快速决策的特征，这对于帮助组织提高运行效率、获取竞争优势具有重要作用。

在小型公司中，可以把团队结构作为整个组织结构的形式。例如，一个 30 多人的市场销售公司完全按团队来组织，团队对日常的大多数操作性问题和顾客服务问题负全部责任。

在大型公司中，团队结构一般作为典型的官僚层级结构的补充。这样的组织既能因传统结构而提高运作效率，又能因团队的存在而增强灵活性。例如，为提高员工的生产率，像三星公司、施乐公司这样的大型企业都广泛采用自我管理的团队结构。而当惠普公司需要设计新产品或协调主要项目时，往往采用跨职能团队来组织活动。

（二）虚拟组织

虚拟组织（virtual organization）是两个或更多组织间为了一个共同的业务而建立的暂时联盟。这一结构中，存在一个规模比较小，但可以发挥决策职能的核心。用理论术语来讲，虚拟组织决策集中化的程度很高，但部门化程度很低，或根本不存在。[19]也就是说，虚拟组织从组织外部寻找各种资源来执行组织的一般职能，如生产、销售、技术开发等，而把精力集中在自己最擅长的业务上。这就意味着虚拟组织的形式能够让不同的组织将各自最擅长的能力集中在一起，而不必从头学习以前没有做过的业务，使得反应时间更快、错误更少、成本更低、实现利润的时间更短。

图 11-5 是虚拟组织形态图，从图中可以看到，管理人员把公司中很多职能都外包给了外部组织，组织的核心是一小群管理人员。他们的工作是直接监督公司的经营活动，协调为本公司进行生产、分配及其他重要职能活动的各组织之间的关系。可以说，虚拟组织

的管理人员把大部分的时间用于通过计算机网络来协调和控制外部关系上。

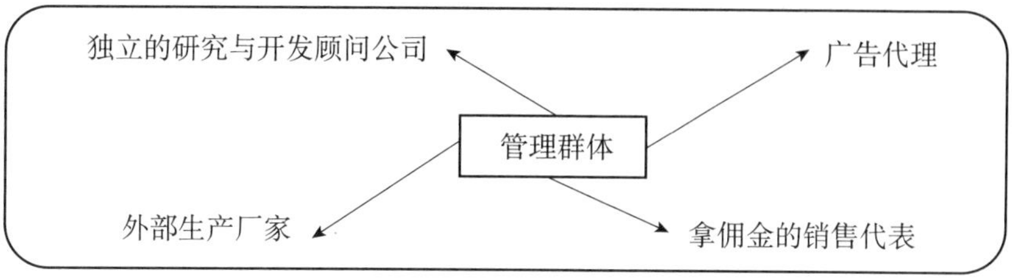

注：图中箭头表示的关系通常是契约关系。

图 11－5　虚拟组织形态

例如，美特斯·邦威公司在国内服装业率先采用虚拟组织的组织结构。公司专注于附加值高的核心业务，美特斯·邦威将核心业务确定为品牌、设计。美特斯·邦威在上海成立了设计中心，公司领导和设计人员每年都有 1～3 个月时间搞市场调查，在充分掌握市场信息的基础上每年开发出新款式约 1 000 个。对于非核心业务则进行外包。公司先后与广东、江苏等地的 80 多家生产企业建立了长期合作关系，由后者为公司进行定牌生产。销售上则通过代理商加盟拓展连锁专卖网络。

虚拟组织的主要优势在于灵活迅速的反应和安排及再安排资源的能力，不仅可以帮助企业迅速将产品投放市场，还能满足不断变化的需求，为顾客提供最佳的服务。目前它已经成为应对环境快速变化和全球一体化的一种组织结构形式。然而随着这种结构广泛地应用，其不足也慢慢暴露出来：一方面由于该组织一直处于不断变化和重构中，缺乏强有力的控制，易导致各种角色、目标和责任含混不清；另一方面由于这种结构的特性很难建立相应的组织文化，易造成员工忠诚度有限，而且不利于信息和知识的分享。

（三）无边界组织

无边界组织（boundaryless organization）是通用电气公司前 CEO 杰克·韦尔奇首创的概念，用来描述一种最大限度地减少公司内部的垂直和水平边界，以及公司内部和外部边界的一种组织结构。无边界组织并不是没有边界的组织，也并非对所有边界的绝对否定，而是消除边界的刚性。韦尔奇把他的公司变成一个超级“家庭式杂货店”，尽管公司体积庞大，韦尔奇还是力图减少公司内部的垂直和水平隔阂，消除公司与客户及供应商之间的障碍。无边界组织具有如下主要特点：

（1）打破了各个层级之间的界限，使得组织垂直边界不再僵化，组织看上去更像一个粮仓而不是金字塔。通用电气公司用来取消组织垂直边界的做法有：引入跨层级团队（由高级主管、中级主管、基层主管和员工组成）；让员工参与决策；360 度绩效评估（员工的绩效由其同事及其上下级共同评定）。

（2）以跨职能团队取代了传统的职能部门，消除了组织的水平边界，使得企业的组织活动按照工作流程来开展。例如，波音公司通过多种专业人员组成的跨职能团队参与飞机研发工作，而不是围绕狭窄的职能任务来开发新机型。

（3）突破组织与客户及供应商等组织之间的边界。突破外部界限的方法包括经营全球化、组建公司间的战略联盟、建立顾客与组织之间的联系渠道等，这些方式都有助于减少组织外部界限。

无边界组织无论是对组织还是对员工来说都是一种创新和突破，一方面使得组织不再按等级层次所限定的职责来运营，可以提高组织的行动速度，灵活地应对外部环境的变化；另一方面组织要积极为员工的技能发展创造条件，协助其快速成长。信息技术的飞速发展，保证了无边界组织的正常运行，为人们超越组织内外的边界进行及时交流提供了保证。例如，电子邮件使成百上千的员工可以同时分享信息，甚至可以使公司普通员工直接与企业高管进行交流；计算机网络也使商品供应商可以及时查看自己经营的商品在商店的存货情况等。

第四节　组织设计的权变因素

组织结构在进行设计时受到许多因素的影响，包括组织所处的外部环境、技术、组织规模及战略，我们将在本节介绍这四种组织设计的权变因素。

一、外部环境

组织的外部环境是组织之外对组织具有潜在影响的各种因素的统称，主要包括客户、竞争对手、供应商、政府法规和财务资源等。外部环境具体可分为一般环境和具体环境。一般环境也可称为宏观环境，是指那些对组织运作产生影响的各种宏观因素，例如政治法律、经济技术、社会文化及自然资源等。具体环境也可称为任务环境，包括对组织产生影响的各种群体和机构，如利益相关者（客户、供应商）和竞争对手。

组织必须在外部环境中获得输入及进行输出，因此每个组织都会受到外部环境变化的影响。组织作为一个开放系统，在进行组织结构设计时，必须考虑使组织结构和外部环境相适应。伯恩斯（Burns）和斯托克（Stalker）对英国的企业进行了研究，结果发现组织的结构与其所处的环境有密切关系，即组织所处的环境是相对稳定的或是动荡的，往往会产生出不同性质的组织结构。[20]所谓相对稳定的环境是指某个环境在一个相对较长的时期内处于基本没有变化或变化不大的状态；所谓动荡的环境是指处于经常性或快速变动状态的环境。相对稳定的环境所形成的是**机械式组织结构**，其特点是组织的专业分工、集权程度和规范程度都很高，有明确而严格的规章制度，由权威式的管理者负责安排组织的一切活动。动荡的环境所形成的是**有机式组织结构**，由于组织处于经常动荡不稳或不可预测的环境之中，这就要求其组织结构也应具有相对的机动灵活性，以对变化中的环境做出快速有效的反应。这种组织结构的特点在于：结构扁平化，专业分工比较灵活，强调专家和知识的作用及横向的信息交流，没有严格的规章制度或工作程序，多以分权形式开展工作。

劳伦斯（Lawrence）和洛希（Lorsch）的研究表明，组织内部结构和它们面对的环境的不确定性程度也是相关联的。例如，生产部门面对的是相对稳定的环境，其组织结构可以是机械式。[21]因此对于一个组织的管理者来说，当组织的外部环境复杂多变时，为提高组织内决策速度和沟通的有效性，以便更易获取资源，适合采用有机式组织结构，如计算机企业、通信企业等。反之，当组织外部环境相对稳定时，人员之间和职能部门之间进行的沟通和协调相对较少，宜于采用机械式组织结构，如食品加工企业、容器制造企业等。

为了适应当今环境的不确定性，组织结构设计就要做相应的变化和调整。组织结构应该根据情境而定，没有一个最优的组织结构形式。

二、技术

技术是影响组织结构设计的另一个因素，具体是指在产品和服务的设计、生产和销售过程中所应用的技能、知识、工具及各种设备的统称。最早注意到技术与组织结构关系的人是英国产业社会学家伍德沃德（Woodward），她对英国的 100 家小型制造业企业进行了调查研究，将这些企业依据其生产技术划分为三类：第一类为小批量生产技术（small-batch technology），指用于生产独特的或小批量定制产品的制造技术，其中自动化程度较低，以技术工人为中心。采用小批量生产技术的企业，如法拉利和劳斯莱斯汽车的制造商，其生产的商品或提供的服务是独特的和定制的。第二类为大批量生产技术（mass-production technology），是一种适应生产大批量标准化产品的制造技术，自动化程度很高。采用大批量生产技术的企业包括诸如冰箱和灯泡之类产品的制造商。第三类为连续生产技术（process-production technology），在整个生产流程中几乎不需要手工操作而是由机器来完成工作，如大型钢铁厂、炼油厂等。通过研究，伍德沃德发现，在这些技术类型和相应的公司结构之间存在着明显的相关性。[22] 她的发现可以概括为：采用小批量生产技术的公司适合采用有机式组织结构；采用大批量生产技术的公司适合采用机械式组织结构；采用连续生产技术的公司同样适合采用有机式组织结构。

一般来说，一个组织所采用的技术越复杂，组织成员就越难对技术进行严格的控制，这就更加需要一种灵活的组织结构为管理者解决问题提供一定的自由空间，以提高他们应对突发状况的能力。相反，技术越是常规，就越适合刚性的组织结构，这是由简单的任务和确定的实施方法决定的。佩罗（Perrow）对于判断技术的复杂程度提出了一个分析框架，这一框架由任务的变异性和任务的可分析性两个维度构成。[23] 任务的变异性是指新出现问题及意外事件的发生频率，任务的可分析性是指现有知识和解决方案的应对能力。基于这个分析框架，他区分了四种技术：

（1）常规技术：随时间的推移，问题基本面很少发生变化，而出现的新问题都可以用现成的方法来解决。

（2）工艺技术：随时间的推移，问题基本面很少发生变化，而出现的新问题常需要新奇或独特的解决方案。

（3）工程技术：随时间的推移，问题基本面会发生明显的变化，但出现的新问题还是可以用现成的方法来解决。

（4）非常规技术：随时间的推移，问题基本面会发生明显的变化，出现的新问题常需要新奇或独特的解决方案。

图 11-6 显示了四种不同的技术类型。根据佩罗的观点，技术决定或影响着组织结构，为了使组织最有效，人们必须使组织结构与其技术类型相匹配。对于常规技术的组织，应该采用规范化和集权化的组织结构，工艺和工程技术的组织应采用一定程度上的有机式结构，非常规技术的组织应采用低规范化和分权化的有机式组织结构。[24]

三、组织规模

组织规模可以用不同的标准来衡量，如员工数量、公司总资产、服务客户的数量及产

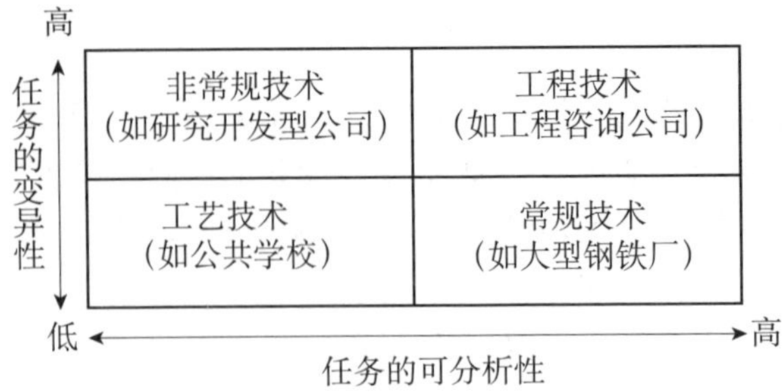

图 11－6 组织和技术

能等，这些对组织结构的设计也有重要影响。一般来说，大型组织和小型组织具有不同的组织结构，且大型组织比小型组织的结构复杂得多。布劳（Blau）发现，大型组织通常采用工作专门化、部门繁多和正规化程度高的组织形式。[25]也就是说，规模的扩大使得同一工作单位中的劳动专业化程度更高，而这也进一步促使工作内容差异的扩大和组织层次的增加，对员工行为的控制需要更多的规章制度。当然也有研究发现，规模和结构复杂性之间的关系并不像布劳所认为的那么明显，因为在讨论规模和组织设计之间的关系时必须考虑技术的因素。[26]

从传统的角度来看，一般随着组织的成长，必然会带来员工的增加及层级的扩张。然而当前的趋势却是在组织范围内削减员工，即组织精简（organizational downsizing），其主要目的是通过减少员工数量和中层管理者以期达到降低成本的效果。而精简的结果使得管理层级减少了，决策审批层次也减少了，提高了组织效率，但精简规模时对组织设计的影响是极其复杂的，弄不好可能带来负面影响。

四、战略

组织通过制定正确的战略来适应环境，而战略也必然会影响组织结构，可以说战略与组织结构紧密相连。钱德勒（Chandler）研究了美国 70 多家大型的企业，提出了组织结构要服从组织发展战略。[27]也就是说，组织结构要随战略的变化而改变。

许多组织刚开始是一个独立的办公室或者一个工厂，只执行单一职能，比如制造、设计等，第一个阶段的战略是扩大规模。第二个阶段，随着规模扩大，在不同区域设立了多个机构或者建立了工厂，从事相同的职能工作，这时就需要有协作，要求有标准化和专门化的部门。第三个阶段是纵向的整体化，组织扩大了它的职能，就要建立相应的职能结构。第四个阶段是产品多样化、多种经营，这时需要注重新产品的评价、资源分配、部门化和协作等，因此需要建立按照产品划分的组织结构。可见，新的战略应导致组织内部结构的变革，否则企业会走向失败。

从波特的竞争战略来看，战略的有效实施需要组织结构的配合，如企业在实施成本领先战略时，要控制成本从而获取竞争优势，此时企业就需要一个较为严密的结构相配合，以方便管理者对各个部门费用和活动的控制，那么机械式组织结构就是比较好的选择。而当企业采用差异化战略时，就需要一个灵活的组织结构来支撑，以降低正规化和集权程度，从而提高企业的灵活性及应变能力，这样才能迅速地开发出新的产品，此时有机式组织结构就是比较好的选择。

专栏2：新闻中的组织行为学

这家企业没有经理，为什么业绩反而更好？[28]

有一家生产番茄酱的公司，公司里没有人担任专职的经理、主管或其他任何头衔的职位。任何人都无权强制和逼迫他人做事，谁都没有权力去命令他人或开除他人，只有权要求做出改变或申请启动一项寻求共识的程序。所有的业务和招聘决策都是由对某个既定决策具有最多知识与经验的人（大部分是一线员工）来做。工作的责任心则由同事关系来推动，他们有权力和义务来要求同事与自己合作并提出反馈，以共同完成高质量的工作。每个人都被视为一个专业的行家里手，"经理"与"工人"之间不存在区别。每个人都是一名经理——一名自我管理的经理，同事之间相互管理，没有管理他人的专职经理。人人都享有平等的发言权，没有人充当老板，只有工作和从事此项工作的人。

这番景象有如一个乌托邦的世界，你相信世界上存在这样的公司吗？只要你吃过麦当劳、肯德基、必胜客或其他西餐，里面大部分的番茄酱就是这家叫晨星的公司生产的。

晨星公司（Morning Star）创立于1970年，创始人克里斯·鲁弗（Chris Rufer）是毕业于加州大学洛杉矶分校（UCLA）的工商管理硕士。晨星公司是世界上最大的番茄酱加工商，每年加工的番茄酱占北美市场的40%左右。几十年以来，每年都以两位数的增长速度发展，而行业年均增速只有1%。这家公司基本没有向银行贷款，因为自身的现金流和利润都非常好。每年都有超过招聘需求百倍的人来应聘工作，人们希望加入晨星公司。

在创立之初，晨星公司也是采用由上至下的金字塔科层组织，公司发展也还过得去。后来有两件事促使克里斯·鲁弗反思自己公司的管理要加以变化。一件事是晨星曾经一度收到不少法院的传票，有不少被晨星辞退的员工起诉公司。鲁弗很纳闷，就去基层调查，发现主管们解雇员工时缺乏充分依据，或者对员工的不良业绩表现的记载有较多水分，甚至还存在骚扰女性员工的现象。于是鲁弗就问自己：如何在公司中消除员工受到欺压的现象？

另一件事是，鲁弗曾经几次请采购经理建立公司200英里（约320千米）半径范围内所有番茄种植户的数据库，并同他们建立起紧密的原料供应关系。采购经理总是找出各种借口来逃避，迟迟没有行动，尽管他曾对新战略方针做出过相当明确的承诺。鲁弗又问自己：为什么员工不能对自己的工作都持有责任心呢？如何才能使每位员工都遵守自己做出的承诺？

这两件事令他对公司的传统组织架构失去了信心，必须另找出路。带着这两个问题，鲁弗请教过很多管理专家，也阅读过许多管理学、经济学甚至哲学方面的书籍，却一直不得其解。后来偶然翻阅有关公民解放原则的著作，发现几乎所有的人类交互活动都可精练成两条基本原则，如果遵循这两条原则，便可在工作场所及社会的其他领域产生出具有非凡生产力的互动结果。这两条原则是：一、人们应当对他人信守自己的承诺；二、人们不应当强迫他人或他人的财产。

于是，鲁弗从这两条原则出发，推导出9个自我管理原则，并在此基础上制定了一系列制度，经过管理层和员工的充分参与和讨论，进行了企业变革，最终将晨星原来的金字塔式的管理模式转型为完全扁平化的自我管理模式。

本 章 回 顾

组织是一个开放的、具有目的性和整体性的协作系统，是成员进行各种活动的基本框架。所有的组织，不论其级别和规模差别有多大，均会具有一些共同特征。任何一个组织都有一定的结构，而组织结构界定了工作任务如何被划分、如何将成员组成群体、如何协调任务等问题。在设计组织结构时，应当考虑六个关键要素，它们分别是工作专门化、部门化、管理幅度和组织层次、命令链、集权与分权、正规化。

组织结构是任何组织进行管理的基础，设计出符合企业战略的组织结构是使企业有效运作的必备条件。一般的组织设计有简单结构、官僚结构和矩阵结构。另外在全球背景下，许多组织的高层管理者为了使组织更具有竞争力，开始采用一些新的组织设计，如团队结构、虚拟组织和无边界组织。而在组织设计过程中，要充分考虑多种因素的影响，如环境的不确定性、技术的特点、组织规模的大小及与战略的匹配等。

关键术语

组织 organization
组织设计 organizational design
组织结构 organizational structure
工作专门化 works specialization
部门化 departmentalization
管理幅度 span of control
命令链 chain of command
统一指挥 unity of command
职权 authority
集权 centralization
分权 decentralization
正规化 formalization
简单结构 simple structure
官僚结构 bureaucracy structure
矩阵结构 matrix structure
团队结构 team structure
虚拟组织 virtual organization
无边界组织 boundaryless organization

思考题

1. 何为组织？组织有哪些特征？
2. 简述组织结构的含义。
3. 组织结构的要素有哪些？
4. 组织设计有哪几种类型？请简述其各自的特点。
5. 影响组织设计的权变因素有哪些？

组织行为学自测

组织结构偏好测试[29]

在每项的左边，按照下面的打分标准填入相应的分数：

5＝强烈同意；4＝有些同意；3＝无法决定；2＝有些不同意；1＝强烈同意。

我喜欢在这样的组织里工作：

1. 工作目标都是上级制定的。

2. 工作方法和程序都已经规定好了。
3. 高层管理人员制定重大决策。
4. 我的忠诚度和工作能力一样重要。
5. 权限和职责清晰界定。
6. 高层管理者果断坚决。
7. 我的职业已经被计划好了。
8. 我能够从事专门研究。
9. 我的工作时间几乎和我的业绩表现一样重要。
10. 管理人员能向我提供工作所需要的信息。
11. 命令链清晰。
12. 规章和程序对每个人都是平等的。
13. 人们尊重领导的权威。
14. 人们忠于他的老板。
15. 人们按照指示工作。
16. 在老板来检查前，人们总是先整理一番。

把你所有的得分加起来。将结果填在这里：____________________

解释：

这次测评是为了测量你对有机式组织或机械式组织的偏好。得分越高（高于64分），你就越能适应机械式组织；反之，得分越低（低于48分），你就越能适应有机式组织。得分在48～64的偏好不明显。

机械式组织结构的主要特征是：强调成员之间的等级差别，不同等级之间享有不同的权威和权力；垂直的内部沟通方式；部门和岗位的设置强调功能差异和稳定性；由领导人制定严格的工作界限。有机式组织结构的主要特征是：没有严格的等级差别，不同角色拥有的权力根据组织环境的改变而改变；不同权力拥有的权威更多来自个人的影响力，而非法定的强制力；成员共同制定弹性工作界限；横向的内部沟通方式；通常采用扁平化的部门和岗位设置。

品味经典研究

斯隆与通用汽车公司[30]

在20世纪20年代早期，成立15年的通用汽车公司在经历了快速发展之后，遇到了难题。由于公司扩张过于迅猛和借贷经营，公司的粗放式管理未能成功地把之前收购的企业科学、合理地整合在一起。面临市场的不景气和福特汽车的独霸天下，通用汽车公司就像暴露在虎视眈眈的猎人眼前的猎物，随时可能成为市场的牺牲品。

而此时，斯隆（Sloan）走马上任。在面对公司外表虽然很强大、内部却混乱不堪的状况下，斯隆决定实行自己对通用汽车公司多年研究的策略。因为此前，斯隆已经对通用汽车公司开展了认真的调查和研究，认为公司当前的结构模式已经不适应公司的现状，并向杜兰特（Durant，当时公司的总裁）提交了自己撰写的关于通用汽车公司的组织研究报告。在这份报告中，他针对公司快速收购合并所形成的分支机构各自为政的弊端，对公司的组织结构提出了具体的改革措施，目的在于为通用汽车公司提出一种组织架构方案建议，而这一方案将在公司广泛的运营领域中建立起行政指挥线，协调好各事业部的关系，同时也不会破坏以往的高效工作方式。

斯隆主要采取了如下措施：

首先，公司总部的财务委员会对各事业部进行财务控制，以避免再次出现类似于1920年的财务危机。

其次，公司总部掌握政策制定权，各事业部首席执行官可进入公司总部相关政策制定机构兼职。

再次，为了协调各事业部的行动，共享相关资源和信息，建立各种事业部间委员会和事业部与总部间委员会。

最后，设立新的管理层级——“集团经理”。集团经理不直接参与各事业部的运营，其职责在于协助公司总部、董事会和总裁制定相关政策，并协助事业部执行政策。这样既提高了政策的质量，又减少了直接向总裁汇报的人数。

除此之外，斯隆还采取了许多其他措施，其中，公司总部“参谋机构”的设立是一大特色。在斯隆前瞻性和创新理念的管理下，其结果有目共睹。1924—1927年，短短四年时间，通用汽车公司的市场占有率从18.8%上升到43.3%，而同时期的福特公司由于忽视管理和组织问题，在同通用汽车公司的竞争中节节败退，市场占有率从1921年的55.5%下降到1940年的18.9%，远远落后于同年雪佛莱23.7%和通用47.5%的市场占有率。从那时起，通用汽车公司一直是美国乃至世界汽车产业中的翘楚，在《财富》500强中名列前茅。

注　释

[1] 小小香儿．水为什么还是不够喝．(2017-12-17)[2018-08-20]．http：//www.sohu.com/a/211052704_234606.

[2] 肖兴政，谭征．组织行为学．成都：西南财经大学出版社，2009.

[3] BARNARD C. I. The functions of the executives. Massachusetts：Harvard University Press，1938.

[4] GEORGE J. M.，G. R. JONES. Understanding and managing organizational behavior. New Jersey：Pearson Education Inc.，2012.

[5] RICHARD L. D. Organization theory and design. Mason，OH：South-Western Cengage Learning，2004.

[6] 聂永有．组织行为学．2版．上海：立信会计出版社，2015.

[7] CHILD J. Organization：a guide for managers and administrators. New York：Harper and Row，1977.

[8] 徐建平．组织行为学．2版．北京：中国人民大学出版社，2014.

[9] [美] 斯蒂芬・罗宾斯，蒂莫西・贾奇．组织行为学：第16版．孙健敏，王震，李原，译．北京：中国人民大学出版社，2016.

[10] [美] F.W.泰罗．科学管理原理．韩放，译．北京：团结出版社，1999.

[11] GIFFIN R. W.，G. MOORHEAD. Organizational behavior：managing people and organizations. Mason，OH：South-Western Cengage Learning，2014.

［12］HELLRIEGLE D.，J. W. SLOCUM. Organizational behavior. Mason，OH：South-Western Cengage Learning，2011.

［13］［加］史蒂文·L. 麦克沙恩，［美］玛丽·安·冯·格里诺．组织行为学：第 7 版．吴培冠，张璐斐，译．北京：机械工业出版社，2018.

［14］JOHN R. M.，P. J. ADELMAN. The administrative component of organizations and the ratchet effect：a critique of cross-sectional studies. Journal of Management Studies，1987，(3)：113－123.

［15］齐旭高，齐二石，周斌．组织结构特征对产品创新团队绩效的跨层次影响：基于中国制造企业的实证研究．科学学与科学技术管理，2013，34（3）：162－169.

［16］MINTZBERG H. Structure in fives：designing effective organizations. Upper Saddle River，NJ：Prentice Hall，1983.

［17］［美］里基·W. 格里芬，格利高里·摩海德．组织行为学．刘伟，译．北京：中国市场出版社，2010.

［18］［美］理查德·L. 达夫特．组织理论与设计精要：第 2 版．李维安，等译．北京：机械工业出版社，2003.

［19］［美］斯蒂芬·P. 罗宾斯，蒂莫西·A. 贾奇．组织行为学精要：第 13 版．郑晓明，译．北京：机械工业出版社，2016.

［20］BURNS T.，G. M. STALKER. The management of innovation. London：Tavistick Publications，1961.

［21］LAWRENCE P.，J. LORSCH. Organization and environment. Cambridge，MA：Harvard university Press，1967.

［22］WOODWARD J. Industrial organization：theory and practice. London：Oxford University Press，1965.

［23］PERROW C. Organizational analysis：a sociological view. Belmont，CA：Wadsworth，1970.

［24］PERROW C. A framework for the comparative analysis of organizations. American Sociological Review，1967，32（2）：194－208.

［25］BLAU P. M.，A. R. SCHOENHERR. The structure of organizations. New York：Basic Books，1971.

［26］HALL R. H.，J. E. HAAS，N. JOHNSON. Organizational size，complexity，and formalization. American Sociological Review，1967，(12)，903－912.

［27］CHANDLER A. D. Strategy and structure. Cambridge：MIT Press，1962.

［28］唐斌地．这家企业没有经理，为什么业绩反而更好？．(2018－05－25)［2018－08－30］. http：//www. chinahrd. net/article/2018/05－25/239074－1. html.

［29］［美］J. R. 舍默霍恩，J. G. 亨特，R. N. 奥斯本．组织行为学：第 8 版．刘丽娟，等译．北京：清华大学出版社，2005.

［30］［美］艾尔弗雷德·P. 斯隆．我在通用汽车的岁月：斯隆自传．刘昕，译．北京：京华出版社，2004.

第十二章 组织文化

刚柔交错，天文也；文明以止，人文也。观乎天文以察时变，观乎人文以化成天下。

——《周易》

学习目标

1. 理解文化的定义和特征。
2. 理解霍夫斯泰德国家文化五维度模型。
3. 掌握组织文化的构成。
4. 理解组织文化的核心特征。
5. 掌握组织文化形成的影响因素。
6. 理解组织文化传承的方法。

引 例

马云：企业文化和价值观是阿里巴巴稳健发展的关键[1]

经历了从一个公司向五个公司分拆转型的阿里巴巴，是什么令其保持稳健发展？“外界看我们，是阿里巴巴网站，是淘宝，但只有我们自己知道，我们的核心竞争力是我们的价值观。”在阿里巴巴 2007 年的年会上，马云对外界一直好奇的是什么支撑阿里巴巴不断发展壮大的问题做了阐述。马云表示，企业文化和价值观正是阿里巴巴保持快速稳健发展的关键因素。

培养“侠客文化”

“对阿里巴巴来讲，有共同价值观和企业文化的员工是最大的财富。”马云对记者说。据了解，为了最大限度地挖掘这一“最大财富”的价值，阿里巴巴的“锄头”运用得零碎且执着。据介绍，在以“侠客文化”为特点的氛围中，阿里巴巴有一种学校才有的轻松氛围，这又以人均年龄26岁的淘宝网最为独特。在淘宝，所有员工都自冠有“郭靖”“乔峰”“一刀”等金庸系小说人物的名号，谓之“花名”，如外企的“英文名”互称一样。比如，在论坛里面偶尔出没指点的“风清扬”正是马云，员工可以“肆无忌惮”地称呼淘宝掌门孙彤宇为“财神”，而不是“孙总”。

不光称谓，这种“侠气”几乎蔓延到了公司的日常运营中。平时开会、会客的地方叫作“光明顶”“桃花岛”，淘宝周年庆活动被命名为“武林大会”。每逢盛会，所有员工则根据自己的花名加入不同帮派，争夺“天下第一帮”称号。在帮派里，更是完全打乱了原来的层级关系，让所有的“店小二”忘记自己是领导还是属下，一些基层员工经常一跃成为“帮主”“副帮主”，统领原来的上司。

马云给这个不断加速的企业注入了充沛的活力，而此中弥漫的企业文化的包容性和多样性，更是这个年轻企业的力量源泉。

重视统一团队价值观

在尊重多样和包容的同时，在公司扩张过程的文化整合上，马云更加重视集团统一价值观的建设，甚至将其写入了企业“法规”中。据了解，阿里巴巴的企业价值观被具化为一个金字塔形，“诚信”“激情”“敬业”是员工首先要具备的素质；而“团队合作”“拥抱变化”则位于第二层基石；最终达到“客户第一”。

公司不仅在录用员工的时候遵照这个标准，而且在每个季度对员工进行考核的时候，价值观绩效也占到50%，与个人业绩重要性同等。据介绍，从2007年开始，这一标准由总监以下级别，进一步扩展到包括总监、副总裁级别的所有员工中。

基于这一价值观的驱动，每一个阿里人和产品都成了天然的“布道者”，向企业客户、用户渗透和传递，用户在增进体验的同时，也在不同程度地融入这一价值体系。

在统一价值观这一“虚幻”因素之外，阿里巴巴还通过实实在在的激励措施来保障员工的归属感。据了解，为了激励老员工，在阿里巴巴工作满五年的“老阿里”被称作“五年陈”，并赠予一枚白金戒指。在支付宝工作刚满一年的员工还会在公司大堂两侧墙壁上留下“星光大道”式的手印，成为公司一道独特的风景线。

第一节　组织文化概述

一、文化的层次

（一）文化的定义

对于一个组织而言，**文化**（culture）不是一种个体特征，而是具有相似社会经验、相似教育背景的许多人所共有的心理程序。不同的群体、不同的国家或地区的人们之所以会有不同文化，是因为他们向来受着不同的教育、有着不同的社会和工作背景，从而也就有不同的思维、行为方式。

（二）文化的特征

1. 文化是通过学习获得的

文化不能自然而然获得。人们往往是进入一个群体后，通过接受教育培训等正式途径及耳濡目染等非正式途径而接受这个群体的文化。

2. 文化是有强制力的

文化在很大程度上决定了成员的某些具体行为，即使这些个体可能没有意识到文化对自身的影响。这提醒我们，了解人们的文化背景是理解其行为的一个独特视角。

3. 一种文化的各个方面是相互联系的

虽然文化的各个方面可以单独加以考察，但是应当被当作一个整体来理解。一种文化并非各种不相干的规则、习惯的简单加总，而应被视为一个内部充满联系的有机整体。

4. 文化对于其经济、社会基础而言具有独立性

相似的经济和社会基础可以对应着极不相同的文化。例如，美国和日本都具有发达的资本主义经济，然而文化特征大相径庭。

5. 文化具有较强的延续性和稳定性

文化一旦形成，就不容易改变。文化影响的成员越多，文化形成的时间越长，其改变就越困难。

6. 文化具有层次性和交叉性

任何一种文化中都可能包含数种亚文化。另外，不同文化的成员既受到其民族文化的熏陶，又受到企业文化的影响，还受到其地区文化、职业文化的感染。

（三）文化的层次

跨文化管理学者卡尔德（Calder）认为合资企业中的跨文化差异主要由双方母国文化背景差异、双方母公司自身具有的“公司文化”风格差异及双方当事人个体文化差异三部分构成。卡尔德的“跨文化三层次论”除了揭示出跨国合资企业中跨文化差异的三个层次外，还反映出三层次文化差异之间的作用机理，如图 12－1 所示。

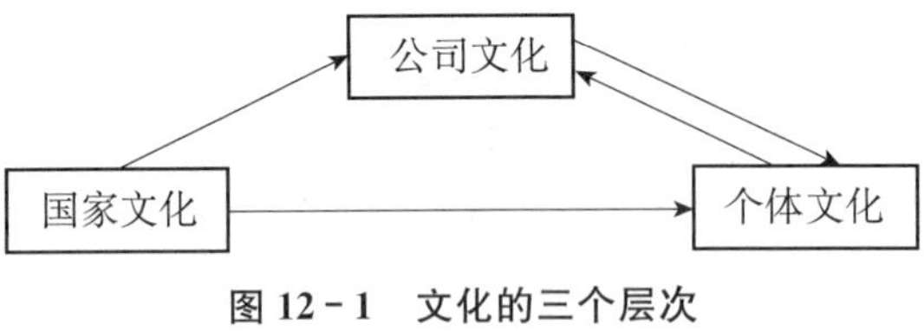

图 12－1　文化的三个层次

公司和个体的文化差异都在一定程度上反映出国家（民族）文化的基本特性，这表明国家文化是滋养公司文化和个体文化的沃土，国家文化从宏观层面对这两类文化的特质形成产生着至关重要的影响，从图 12－1 中能看到个体文化处在末端，国家和公司文化都影响着个体文化的发展，而个体文化反过来又影响着公司文化的形成和变化。

二、霍夫斯泰德国家文化五维度模型

霍夫斯泰德（Hofstede）发现了国家文化对跨国企业的影响，他对 IBM 公司在全球

的约12万名员工进行了详细的问卷调查，提出国家文化五维度模型，具体包括权力距离、不确定性规避、个人主义-集体主义、阴柔气质-阳刚气质及长期导向-短期导向。国家文化五维度模型被人们广为接受，并成为跨文化管理研究的经典范式。[2]

（一）权力距离

权力距离即一个社会如何看待人与人之间不平等的现象。高与低权力距离对社会生活中人的行为均有影响。处于高权力距离社会中的人们，对各种等级制度见怪不怪，对每个人所处的地位高低视为理所当然；处于低权力距离社会中的人们，为权力的平等化而努力，试图消除权力不平等。

（二）不确定性规避

不确定性规避即一个社会如何对待世界永远存在的不确定性。不确定性规避是社会对不确定及模糊不清情景的不适程度，它促使人们去维持社会的秩序。强不确定性规避型社会注重维护信念与行为规范，较不能容忍与主流意见不同的人和观念；弱不确定性规避型社会维持着一个相对宽容的氛围，现实性大于原则性，并能容忍不同意见。

（三）个人主义-集体主义

个人主义-集体主义即一个人和他人之间关系的紧密程度。在信奉个人主义的社会里，个体利益优先于群体利益，在个体利益得到有效维护的前提下，才谈得上群体利益。相反，在集体主义社会里，群体的利益高于个体利益，社会要求个体牺牲个人利益以维护集体利益。

（四）阴柔气质-阳刚气质

阴柔气质-阳刚气质即社会中男性和女性各自所处地位及所起的作用。阳刚气质是指成就、金钱、英雄主义、自信武断等价值观在社会中居于统治地位的程度；阴柔气质是指人际关系、谦逊恭敬、对弱者的关切，注重生活质量的价值观在社会中居于统治地位的程度。

（五）长期导向-短期导向

长期导向-短期导向即一个社会对待长期利益和近期利益的价值观。具有长期导向的文化和社会面向未来，注重对未来的考虑，对待事物以动态的观点去考察，注重节俭和储备，做任何事物均留余地，常想到目前的行为将对下几代人的影响。短期导向的文化与社会则面向过去与现在，着重眼前的利益，认为最重要的是活在当下。

九个典型国家及地区文化在五维度的情况如表12-1所示。

表12-1　九个典型国家及地区文化在五维度的情况[3]

	权力距离	不确定性规避	个人主义	阳刚气质	长期导向
美国	低	低	高	高	低
德国	低	中	高	高	中
日本	中	高	中	高	高
法国	高	高	高	中	低
荷兰	低	中	高	低	中
印度尼西亚	高	低	低	中	低
西非	高	中	低	中	低

续表

	权力距离	不确定性规避	个人主义	阳刚气质	长期导向
俄罗斯	高	高	中	低	低
中国	高	中	低	中	高

专栏1　本土组织行为探索

集体主义文化和个人主义文化对技术创新方式的影响——信任的调节[4]

企业如何通过技术创新应对市场需求的变化和国际化竞争的加剧，现已成为很多企业的重大生存问题。近年的研究发现，企业文化已成为影响企业技术创新的重要因素之一。因此，若能建设与企业创新行为相契合的企业文化，从而推动企业创新方式的转变，对于企业提高竞争力将会起到事半功倍的效果。杨建君等以实证研究方法探索中国企业文化类型与创新方式的契合关系，从中国普遍存在的集体主义、个人主义两类企业文化角度出发，剖析其如何影响企业突变型和渐进型两种创新方式。考虑到股东与经理人之间的信任对于创新选择的重要影响，研究者将信任度和信任方式作为情景变量引入模型，试图通过对情景因素的探讨，为企业文化与创新类型的契合关系提供进一步的解释。

本研究调研的企业样本主要来自173家制造业和高新技术企业，调研对象包括企业的股东、董事长、经理人、高级管理人员和部分部门经理。

研究结果表明：

(1) 组织文化类型与创新模式选择关系显著。集体主义文化下，企业从上至下的贯彻执行力度较强，并且员工的集体意识较强，突变创新的推行较容易达成，有利于集合各种资源开展技术创新活动；个人主义文化的企业，由于崇尚自由，员工比较有话语权，容易调动资源进行小范围的创新活动，因此在渐进创新方面比较有优势。

(2) 股东对经理人的信任度越高，越有利于企业技术创新行为的产生。这是因为股东对经理人的信任在许多创新决策上更容易达成统一意见，可以减小创新实施的阻力。

(3) 股东对经理人的信任倾向于情感型信任时，在集体主义文化下更利于创新行为的产生，这是因为情感型信任本身就是股东将自身与经理人的利益进行绑定，愿意为经理人的行为承担风险，且情感型信任某种程度上与集体主义文化相契合，使情感型信任更有利于突变创新的产生。股东对经理人的信任倾向于认知型信任时，在个人主义文化下更有利于渐进创新的产生，这是因为认知型信任倾向于以过去的业绩作为评判的标准，而渐进创新由于周期短、风险小、成功率高的特点，经理人选择渐进创新更容易取得业绩的提升和股东的信任。

三、组织文化的构成

沙因（Schein）认为，组织文化（organizational culture）由三个相互作用的层次组成，这些层次的范围从可见的具体实物形象，到只能感觉的、在内心深处属于潜意识的基本假设，如图 12－2 所示。

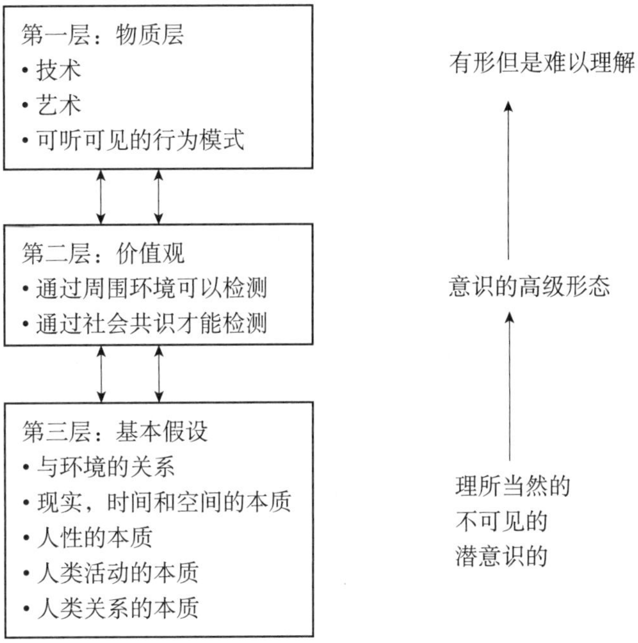

图 12－2　组织文化的层次[5]

（一）物质层

物质层（artifacts）是自然和社会工作环境中的文化象征，也叫作人为形式。在这一层次，人们可以看到空间布局、书面报告、口头语言、技术成果、艺术作品和组织成员公开的行为，如员工的工作环境、组织的名称和标识、技术产品、员工的服装、与组织发展经历相关的故事、企业文化的传播网络等。概括起来说，文化的人为形式中包括行为模式、典礼和仪式、典故、惯例和象征性等。

（二）价值观

价值观（value）是对客观事物及行为模式进行评价的基本信念和判断依据。价值观经常在高层对媒体的谈话、公司使命宣言或年度报告中有意识、清晰地表达出来。然而，在公司的认同价值观（成员宣称的价值观）和执行价值观（反映在成员实际行为之中的价值观）之间可能存在着差异。

（三）基本假设

基本假设（basic assumption）是一种深层的信仰，是沙因组织文化模型最核心的因素，是文化的精髓。它实际上是组织成员潜意识的一些信仰、思想、感觉等；它指导行为，并教会组织成员怎样观察和思考事物。人们对它坚信不疑，任何成员、任何形式的冒犯都是不可想象的。如果了解了一个组织的基本假设，就不仅获得了解读这个组织文化的“钥匙”，而且也获得了解读其他两个层面文化的线索。

沙因根据自己的研究将组织文化定义为：“由一些基本假设所构成的模式，这些假设是由某个团体在探索解决对外部环境的适应和内部融合问题这一过程中所发现、创造和形成的。这个模式如果运行良好，可以认为是有效的。新成员在认识、思考和感受问题时必须掌握这一正确方式”[6]。

四、组织文化的核心特征

组织文化的基础是由组织成员共享的六个核心特征组成的，人们可按照以下概括的核心特征来区分不同的组织。[7]

（一）对他人的敏感度

美国快递公司 UPS 以前的文化对于顾客需求的回应相对刻板，虽然尽力为顾客服务，但是同时也要求顾客迁就其做法。后来该公司推行了一系列新的服务文化，将顾客服务和满意度放在首位，努力迎合顾客的需要。

（二）赋予员工创新的自由度

迪士尼的员工必须接受较长时间的上岗培训，以确保他们能在服务顾客时达到公司的要求。在任何情况下，他们都必须按照公司的规定行事。与此相反，西南航空公司经常鼓励员工在工作时保持自己的独特性，并为公司提出各种新的建议。

（三）承担风险的意愿

银行的文化通常非常保守，员工一般只愿意选择最稳健的方案。相反，一些时装公司的设计人员经常被要求不要做出过于保守的选择。

（四）对员工的重视

有些公司把员工当作机器一样来衡量其价值，在这些组织中，员工很难感觉受到重视，这种组织文化可以称作有毒的组织文化（toxic organizational culture）。消极文化的组织往往有可能失去优秀的员工，最终使得绩效下降。与此相比，珍视和善待员工的组织，即拥有健康的组织文化（healthy organizational culture）的组织，其员工流失率往往较低。

（五）对可获得的沟通渠道的开放程度

谷歌公司期待员工可以自由做出决策，并且根据工作需要与不同的人员沟通，甚至包括直接与首席执行官沟通。而在早期的 IBM 公司，组织内部的沟通渠道受到限制，自由沟通的权力仅掌握在少数核心人员手里。

（六）友好相处且情趣相投

在一些公司，员工倾向于友好相处，随着友谊的加深，员工在工作之余也时常聚首；而在另一些公司里，则更提倡员工之间的竞争。

五、组织文化的类型

对组织文化进行分类，有助于人们把握自己组织的文化特性，了解组织与组织之间的文化差异，以及认识到组织中有关要素与本组织的文化进行合理匹配的重要性。众多学者对组织文化的类型进行了划分，其中被广泛采用的一种划分方式是卡梅隆（Cameron）和奎因（Quinn）的文化四维度理论。

卡梅隆和奎因根据灵活性和适应性、稳定和控制的对立关系，以及注重内部管理和整合、关注外部竞争和差异性的对立关系，提炼出了组织文化的四种类型，如图 12－3 所示。[8]

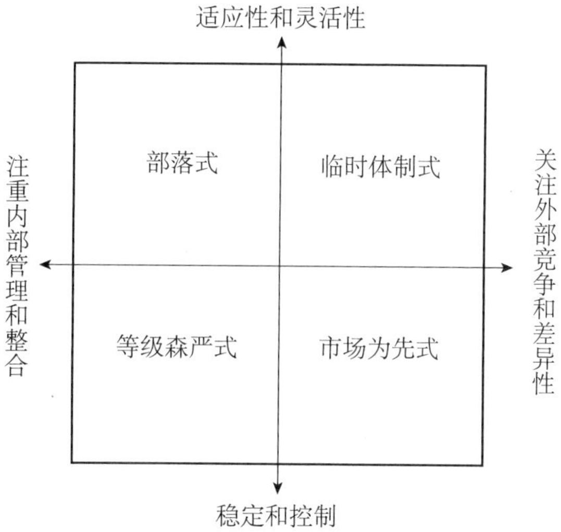

图 12－3　组织文化四维度模型

（一）等级森严式文化

在这种文化中，清晰的决策构架、标准化的制度和工序及严格的控制、清晰的责任和义务都是组织获得成功的关键要素。政府部门和大型组织通常都是这种文化类型。

（二）市场为先式文化

在这类文化中，成功被定义为市场份额和市场渗透率。超越对手和成为市场的主宰是组织最重要的考量。属于这种文化类型的组织高度重视外部竞争和掌控。

（三）部落式文化

部落式文化中充满了共享价值观和目标、团结与互助、彼此不分的氛围。此类文化更注重团队精神、员工的参与感和员工对组织价值观的认同，注重团队而不是个人的成功。可以把拥有部落式文化的组织看成是一个友善的工作场所，在那里人们可以互相分享经验。忠诚和传承是组织的基础，员工的奉献精神高涨，组织非常重视员工的长期目标和自我提升，组织鼓励团队合作、参与和一致性。

（四）临时体制式文化

临时体制式文化最适用于那些高度活跃、高度变化的组织。这种类型的文化是动态的、创业式的并且充满创意的。组织的长期目标重点是迅速成长和获得新的资源。

第二节　组织文化形成的影响因素

组织文化的形成受四大因素的影响，即组织伦理、成员特征、雇佣关系和组织结构，如图 12－4 所示。这四大因素共同影响组织文化，致使各个组织拥有不同的组织文化。

一、组织伦理

组织伦理（organizational ethics）规定了组织成员之间及组织成员与外界之间的相处方式。组织伦理受到社会伦理、职业伦理和个人伦理的影响。

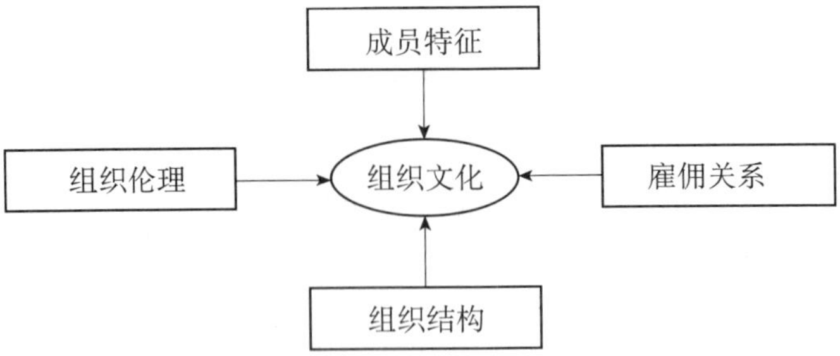

图 12-4　组织文化形成的影响因素[9]

（一）社会伦理

组织伦理受到其所在的民族或社会伦理的影响。社会伦理指法律系统中的道德观、风俗习惯和条例，以及人们日常生活中的不成文的规定和价值观。多数人自动遵守社会的伦理规定和价值观。当社会伦理被编纂成法律，组织需要遵守这些法律来处理组织内外的事务。

（二）职业伦理

职业伦理是指受过相似训练的一群人控制任务绩效或使用资源的一种道德观。这种内化了的价值观决定着人们的行为。因为不同专业的人表现出来的职业伦理不同，组织内会表现出不同类型的职业伦理。这些伦理影响着组织文化，决定了人们为人处世的方式。

（三）个人伦理

个人伦理是指个人在处理与他人关系时的一种道德观。个人伦理是社会伦理的一种折射。同时，个人伦理还是个人家庭教养的结果，也可能来自家人、朋友或其他社会团体。个人伦理对组织文化的形成有着重要的影响。

二、成员特征

组织文化最根本的来源就是组织中的人。不同的成员造就不同的组织文化。组织 A、B 和 C 的文化不同，是因为它们吸引、选择和留住的人才拥有不同的人格和价值观。一些和组织文化相匹配的人被吸引到组织中，同样，组织会选择认同它们价值观的人，长此以往，组织中的人变得越来越相似，组织的价值观也越来越明确，这个组织的文化越来越不同于其他组织。

组织创始人的个人价值观和信念对组织的初始文化具有重要影响。创始人设定了组织文化发展的远景，他们不仅创建组织的价值观，也雇用了第一批员工。创始人会选择与他们价值观和兴趣相似的人，从而使得自己的价值观得以延续。

上述的组织文化形成过程隐含了组织成员的相似性和价值观的共享性。但事实上，组织成员文化上的一致性也可能降低组织适应变动环境的能力。

三、雇佣关系

第三个影响组织文化形成的因素是雇佣关系，具体表现为人力资源政策和实践，体现在员工招聘、晋升、薪酬和福利等方面。当人们一起完成绩效目标时，总是不免伴随着沟通不畅、竞争和冲突。设计得当的人力资源政策就像"润滑油"一样调节着矛盾的发生，并且使员工的个人目标与组织目标保持一致。人力资源政策还反映了组织对员工价值的重视。例如，内部晋升有利于强化员工的价值观和规范，培养他们对组织的忠诚度和鼓励员工更努力地工作，同时还有利于留住高绩效的员工。

四、组织结构

第四个影响组织文化形成的因素是组织结构。组织结构决定任务的分派和汇报系统。在一个管理层次多、高度集权的组织中，员工需要谨慎行事、服从上级。在一个扁平化、高度分权的组织中，员工有更多选择和完成工作的自由，创新行为更为频繁。

组织中的非正式群体可能有利于减少矛盾冲突和沟通阻碍，加速信息传递。不管是集权还是分权的组织都有利于组织文化的形成。在分权的组织中形成的文化鼓励员工创新，而在集权的组织中，员工被要求服从和忠实履行职责。

第三节　组织文化和绩效

一、组织文化的功能

绩效是人们从事某种活动所产生的成绩和效果。组织绩效则是组织最终运营管理的成果，它是衡量一个组织运营是否良好的重要标志之一。

文化和组织绩效的关系一直是组织文化研究的重点。沙因认为，组织文化对组织绩效的作用主要体现在：组织文化帮助组织适应外部环境；组织文化能整合组织内部的各个要素。优秀的组织文化能够提高员工的凝聚力，提高员工的工作效率，有利于企业树立和维护品牌，同时能够降低企业的管理、组织成本，最终提升企业的竞争力。当组织文化产生的效益大于其管理成本时，组织文化便创造了价值。

西南航空公司的创办人凯勒赫（Kelleher）也相信一个公司的文化在企业成功方面具有重要性。"文化是一家公司最宝贵的财富之一，所以你必须要比了解其他任何事情更努力地了解它。"

一种强有力的组织文化具有以下三种功能：[10]

首先，组织文化是一种社会控制的深度植入的形式。它影响了员工的决策及行为。文化是逐渐渗透和无意识地产生影响的。你可以认为它是一个自动的导航员，在前进的道路上指导员工的行为和组织的期望达成一致。

其次，组织文化是一种"社会黏合剂"，把员工聚合成一个团结的整体，使他们感到自己是组织不可分割的一部分。员工被激励去内化组织的主文化，因为它满足了他们对社会身份的需要。这种聚合力对于吸引新员工和留住顶尖人才的作用越来越重要。

最后，组织文化帮助员工"凭感觉做决策"，它使员工能继续手头的工作，而不用管理者总是花时间向员工指出应该做什么、不该做什么。此外，员工们也能更有效地相互沟通、密切协作，因为他们拥有共同的心智模型。

二、组织文化的强度

组织文化对组织内成员的影响程度有所不同。在一些组织中，组织文化的六个核心特征得到普遍认可（例如对他人的敏感度、承担风险的意愿等），这些要素会对员工的行为方式产生重要影响，这种组织文化可以称为**强势文化**（strong culture）。相反，在另外一些组织中，由于文化的核心特征对员工的影响相对微弱，这种组织文化被称为**弱势文化**（weak culture）。

在一个拥有强势文化的组织中，其价值观被组织成员强烈认同和共享。拥有强势文化的组织普遍具有以下特质：

（1）营运哲学清晰明确。

（2）用于沟通价值观和信念的时间相对较多。

（3）用明确的陈述阐释组织的价值观。

（4）组织有一套价值观和准则为成员所共享并植根于组织内部。

（5）组织小心甄选新员工以保证他们适应现在的组织文化。

强势文化常见于成立历史较短或员工人数较少的组织，当公司不断扩展时，其组织文化可能随着新成员的增加而被不断稀释并发生缓慢变化。

强势文化对于商业具有潜在的益处，但这并非一成不变。研究表明文化强度与商业上的成功之间只有很微弱的正相关关系。

造成这种微弱关系的一个原因是，只有在文化内容与企业环境相适应时，强势文化才能增强组织绩效。当企业强势文化偏离环境时，它就不可能有效地服务于顾客和其他重要的利益相关者。据一位在诺基亚工作十几年的资深员工回忆说，在企业发展最顶峰的时期，他明显感受到了整个企业的财大气粗，上上下下的员工说话做事都非常傲慢，在和合作伙伴商谈时也是一如既往强硬。

具有强势文化的公司不一定更有效的另一个原因是，强势文化固化了决策制定者的心理模型，使他们无视新机会和潜在危机。

强势文化往往压制不同的亚文化价值观。亚文化的存在有助于组织中保持建设性的冲突，这种冲突可能会促进创造性思维，并且会坚持被主文化忽略掉的道德标准。

第四节　组织文化传承与变革

一、组织文化的传承

组织文化的建设过程，同时也是传承和变革组织文化的过程。组织文化的传承可通过多种方法实现，主要有以下几种。

（一）领导者的重视

保持组织文化的一个有效方法是管理者和团队表现出特定的行为。管理者关注和评价的事件向员工传达了什么是重要的、期望他们做什么的强烈信号。例如，一个大型玩具制造企业采用了目标管理评估系统。几年后，公司管理部门发现这个评估系统在公司的一些分公司很有效，但在其他分公司就不起作用。调查表明目标管理评估做得好的是那些高级经理热心并投入评估过程中的分公司。公司管理部门得出结论：只有当员工认为高管们在乎目标管理的结果，并对此重视时，目标管理评估系统才能真正发挥作用。

（二）领导者对危机的反应

领导者对重大事件和危机的处理方式，能够显示组织文化的多个侧面。在文化的创造和传播过程中，危机使人们拥有共同的感情经历，从而提高了学习的强度。在处理危机的过程中，组织的应对方式可以强化已有的文化，也能创造出新的规范和价值观。例如，当市场供大于求、产品价格下降时，有的领导者采用裁员的方式，有的领导者采用分享工作岗位而不解聘员工的方式。

（三）培训和角色示范

通过各种培训项目，领导者可以向员工宣讲组织强调什么、追求什么、禁止什么。但是，组织文化最关键的传播方法是领导者的身体力行、以身作则，因为领导者的公开言行就是对组织成员最好的信息传播和价值观教育。例如，一个服务业公司的组织文化强调顾客第一、客户导向，经理就要注重在与顾客交往中起到表率作用，把这个理念用言传身教传达给员工。

（四）分配报酬和提升标准

员工可以通过组织的奖励制度了解组织的文化。企业领导人也可以通过组织的奖励制度向组织成员宣传其思想、价值观和理念。

（五）招募、选拔、晋升、解雇员工的标准

组织内化和渗透文化最核心、最有效的途径是挑选新成员。如果领导者认为帮助企业成功的最佳方式是招募、选拔一大批认真负责、有创新意识的员工，然后让他们自主工作，那么，就会寻找和提拔那些符合条件的员工，从而形成这种独特的企业文化。

（六）故事和特定语言

故事和特定语言也可以用来传承组织文化。塑造英雄人物及整理他们的故事，向员工提供组织价值观和规范的重要线索，使他们很容易模仿英雄们的具体行为，并期待会受到组织奖励。许多公司都有特别的谚语、口号等，这些特定语言向员工传达了特殊的含义，如“你不必非得讨好老板，但你必须让顾客开心”，这些语言很容易为公司员工和顾客所领会。故事、口号等是反映组织深层次价值观的要素，它们能够被管理者用来塑造组织价值观并强化组织文化。

（七）特定仪式

仪式是由传统习惯发展而来，按某种程序而进行的，并为特定文化背景的人们普遍接受的行为方式。许多组织都创立了自己的一套仪式，并运用这套具体的方式把“组织的做事方式”灌输给成员。从 2002 年开始，每年圣诞节，德胜洋楼公司都会在苏州最豪华的五星级酒店举行一年一度的盛大晚会。公司全体员工，包括各个工地上的建筑工人，不远千里赶回苏州，参加圣诞之夜的公司年会。这样做是为了让每位员工，尤其是处于社会底层的农民工享受绅士的待遇，体验高品质的生活，从而获得一份自豪感和尊严感。

图 12－5 整合了传承组织文化的主要方法。

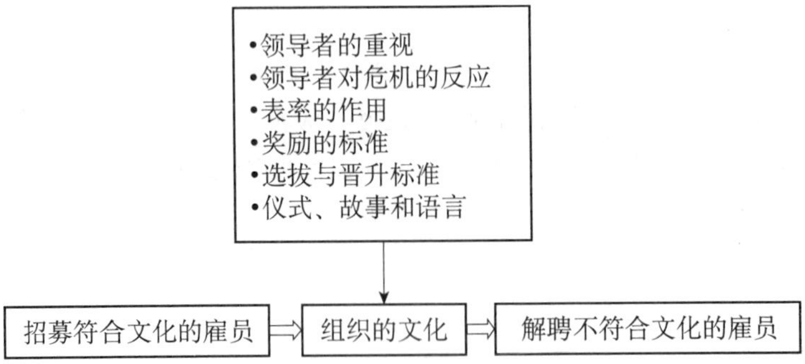

图 12－5　传承组织文化的方法

二、组织文化的变革

当组织内外部环境发生变化，组织原有的文化体系已不能适应组织发展的需要时，就要对组织文化进行变革，摒弃原有文化的某些特征，创建与新的组织战略和目标相一致的新文化。

组织文化变革成功与否与管理者对变革时机的选择是密切相关的。[11]例如，一个公司成长很快，组织规模迅速扩大，其原有的文化已不适应大规模的组织，此时需要对文化进行变革；再如一个企业进行收购或兼并，也需要对原有的文化进行相应的调整。此外，组织表现不好陷入危机时，组织应立即着手进行文化方面的变革。当斯隆接任通用汽车公司总经理时，公司正处于严重危机之中，员工对公司缺乏信心，看不到公司的未来。面对内忧外患的局面，斯隆在提出新的管理体制的基础上对组织文化实施变革。他倡导建立企业大家庭的企业文化。他鼓励员工自由地交换意见，及时提出异议，从而使通用的气氛更加民主，促使中层主管们勇于表达对决策的异议。即使面对最高管理层，主管们也不用担心会危及自己的职业生涯。斯隆推动的文化变革，使公司步入了一个大企业健康发展的轨道。五年后通用汽车公司成了美国汽车工业中的领先者，并一直保持至今。由此可见，企业挽救重大危机往往离不开企业文化的深刻变革。

组织文化的惯性决定了变革组织文化的过程中会遇到很多阻力，变革并不会得到每个组织成员的支持。因此，组织的领导者要勇于担当，以坚定乐观的态度来积极推动文化变革。变革之前要全面考虑到可能会影响文化变革的各种因素。这些因素包括对组织文化变革有利的和不利的内部条件和外部环境，分别来自个人、组织和文化理念方面的障碍和压力，以及变革过程中可能会发生的突发事件。同时，为了更有效地实施变革，企业还要制订文化变革的战略方案和详细的实施计划。

专栏 2：新闻中的组织行为学

SpaceX 独特的企业文化[12]

除了小型精英化团队的管理方式，让 SpaceX 公司不断进步、不断超越自己的动力，是其所倡导的企业文化。

企业文化不像组织和架构一样，它是一种弥漫于企业组织各方面、各层次的价值观、思维方式和行为习惯，是这个企业团体的风气、风格和特质，是一个企业的隐形财富，在组织内部起着不可或缺、举足轻重的作用。

1. 脚踏实地、专注务实

马斯克创建 SpaceX 公司的壮志雄心是把商业火箭发射市场的发射费降低九成，在未来能够把 10 万人送上火星，进行火星移民，在火星建立人类的基地。

创业初期，企业巨头和 NASA 里最顶尖的一批火箭工程师收到马斯克的召唤，慕名而来。其中的一位 TRW（天合汽车集团）的工程师回忆，马斯克的最大魅力不是在于他的梦想有多远、他本人多疯狂，而在于他的 SpaceX 公司“能够脚踏实地做实际的工作，一门心思地造火箭，而不用受制于无休止的会议、一等就是数月的复杂设备审批手续，更不用费尽心机地去搞办公室政治”。

这位工程师表示，他曾经一度消耗在明知没有前途的项目上，精神都被拖垮了。当他来到 SpaceX 公司，就像鱼儿回归大海、鸟儿回归天空一样获得了解脱，可以做自己喜欢做的事情而无须担心其他。

2. 开放包容、凝心聚力

从硅谷走出来的马斯克耳濡目染硅谷文化，SpaceX 公司自然也难免受到硅谷文化的影响，沾染上硅谷的“习气”。

SpaceX 公司的工作方式和波音这种大型的公司大相径庭，它更像是一个网络公司。SpaceX 公司所有的办公室空间都是开放式布局，马斯克也同样拥有一个开放式的小隔间，员工在这样的环境里丝毫不会有约束和压抑的感觉，反而会给设计灵感和激情最自由的空间。在这种开放包容的环境中，员工都很有归属感。

一位来自 NASA 的工程师的回忆引人深思，他提到在 NASA 的日子里，“几年时间全耗在一个小研究上，却根本不知道火箭造到了什么程度，而在 SpaceX 公司里，情况却大不相同，马斯克每周五就会亲自向大家汇报火箭的研发进度，每个员工都会有深深的成就感，当然，还会有一种在参与人类历史进程的自豪感”。

马斯克相信，创业初期“所有人参与”的企业文化对公司实现雄伟的计划至关重要。他认为，当员工知道目标是什么和为什么时，他们会做得更好。当人们期待工作的到来并能够享受工作时，一切就显得是那么简单了。

3. 崇尚创新、无畏失败

在美国相对自由、开放的环境中，企业普遍推崇的理念是“允许失败，但不允许不创新”，你会发现美国许多企业重金资助创新研究人员，并且由企业承担研究风险，这点在 SpaceX 公司也是一样的。

从公司的管理层到执行层，都有着共同的理念，他们坚信，只要目标明确，上下同心协力，改变公司结构没问题，降低公司成本没问题，提高公司竞争力没问题，冲击航空航天壁垒没问题，星际移民必将也没问题！

4. 管理有序、张弛有度

SpaceX 公司极力营造管理有序和氛围轻松的工作环境，倡导硅谷文化。员工很有认同感，经常自发地组织小范围讨论交流，公司高层则经常以普通员工身份参加会议。

例如，在公司员工不足 1 000 人时，马斯克都是以普通员工而非首席执行官的身份参与各种广泛讨论。

另外，SpaceX 公司所有重要的任务都不是隐藏在墙后面的，和我们常见的密闭的会议室不一样，他们的会议都是在大型玻璃幕后面进行，外面的员工都可以看见，用玻璃幕围起来的目的只是在执行任务时能够保持相对安静的环境。

本章回顾

组织文化是具有相似社会经验、相似教育背景的许多人所共有的心理程序。霍夫斯泰德的国家文化五维度模型，具体包括权力距离、不确定性规避、个人主义-集体主义、阴柔气质-阳刚气质及长期取向-短期取向。沙因提出组织文化由物质层、价值观和基本假设三个相互作用的层次组成。组织文化的六个核心特征是对他人的敏感度、赋予员工创新的自由度、承担风险的意愿、对员工的重视、对可获得的沟通渠道的开放程度、友好相处且情趣相投。组织文化的形成受四大因素的影响，即组织伦理、成员特征、雇佣关系和组织结构。组织文化的建设过程，也是传承和变革组织文化的过程。

关键术语

文化 culture

组织文化 organizational culture

物质层 artifacts

价值观 value

有毒的组织文化 toxic organizational cultures

健康的组织文化 healthy organizational cultures

基本假设 basic assumption

组织伦理 organizational ethics

强势文化 strong culture

弱势文化 weak culture

思考题

1. 什么是文化？文化的特征有哪些？
2. 简述霍夫斯泰德的国家文化五维度模型。
3. 简述组织文化的构成。
4. 组织文化的核心特征有哪些？
5. 影响组织文化形成的因素有哪些？
6. 论述应如何传承组织文化。

组织行为学自测

卡梅隆和奎因的组织文化调查问卷[13]

问卷分为两个部分：第一部分是你对公司组织文化现状的描述，第二部分是你期望的公司组织文化状态的描述，第三部分是简单的个人信息。

每部分有 6 道选择题，每个选择题都有 4 个选项。将 100 分分配到 A、B、C、D 四个选项中（使得 A、B、C、D 的得分之和为 100 分）。越接近你的组织情况的选项将获得越多的分数。

第一部分：现状描述

题目 1：组织主要特征

	组织主要特征	现状
A	组织是人性化的地方，就像是家庭的延伸，人们不分彼此	
B	组织具有很高的活力和创业精神，人们勇于冒险和承担责任	
C	组织的功利性很强，人们主要的想法是完成工作，员工的能力很高并且期望成功	
D	组织被严格地控制且组织严明，人们按照条例办事	
	总分	100

题目 2：组织领导能力

	组织领导能力	现状
A	组织的领导通常被视为体现了导师、推动者或培育者的作用	
B	组织的领导风格主要是创业、创新和尝试冒险	
C	组织的领导风格主要是“没有废话”，具有进取性和高功利性	
D	组织的领导风格主要是有条理、有组织性、运作顺畅且充满效率	
	总分	100

题目 3：员工管理

	员工管理	现状
A	管理风格是团队合作、少数服从多数及参与性强	
B	管理风格是个人英雄主义、喜欢冒险、勇于创新、崇尚自由和展现自我	
C	管理风格具有很强的竞争性，要求和标准都非常严格	
D	管理风格主要是确保雇佣关系，人们的关系是可以预见、稳定和一致的	
	总分	100

题目 4：组织的黏合力

	组织的黏合力	现状
A	组织靠忠诚、互信黏合在一起，人们都具有承担义务的责任感	
B	人们靠创新和发展结合在一起，走在时代的潮头是重点	
C	成功和达到目标把人们联系在一起，进取和取得胜利是共同的目标	
D	人们靠正规的制度和政策在一起工作，维持一个顺畅运作的组织是非常重要的	
	总分	100

题目 5：战略重点

	战略重点	现状
A	组织重视人力资源发展、互信、开诚布公和员工持续的参与	
B	组织主要寻求新的资源和迎接新的挑战，尝试新的事物和寻求机遇是员工价值的体现	
C	组织追求竞争和成功，打击对手和在市场中取得胜利是组织的主要战略	
D	组织希望看到持久和稳定，效率、控制和顺畅的运作是工作重点	
	总分	100

题目 6：成功的标准

成功的标准		现状
A	组织对成功的定义为人力资源、团队合作、员工的贡献和对员工的关怀上的成功	
B	组织对成功的定义是组织是否具有最特别和最新的产品，组织是否是产品领导者和创新者	
C	组织对成功的定义是赢得市场份额并且打败对手，成为市场的领导者	
D	组织视效率为成功的基础，相互传递、平稳的工作安排和低成本是至关重要的	
总分		100

第二部分：期望状况描述

题目 1：组织主要特征

组织主要特征		期望状况
A	组织是人性化的地方，就像是家庭的延伸，人们不分彼此	
B	组织具有很高的活力和创业精神，人们勇于冒险和承担责任	
C	组织的功利性很强，人们主要的想法是完成工作，员工的能力很高并且期望成功	
D	组织被严格地控制且组织严明，人们按照条例办事	
总分		100

题目 2：组织领导能力

组织领导能力		期望状况
A	组织的领导通常被视为体现了导师、推动者或培育者的作用	
B	组织的领导风格主要是创业、创新和尝试冒险	
C	组织的领导风格主要是“没有废话”，具有进取性和高功利性	
D	组织的领导风格主要是有条理、有组织性、运作顺畅且充满效率	
总分		100

题目 3：员工管理

员工管理		期望状况
A	管理风格是团队合作、少数服从多数及参与性强	
B	管理风格是个人英雄主义、喜欢冒险、勇于创新、崇尚自由和展现自我	
C	管理风格具有很强的竞争性，要求和标准都非常严格	
D	管理风格主要是确保雇佣关系，人们的关系是可以预见、稳定和一致的	
总分		100

题目 4：组织的黏合力

组织的黏合力		期望状况
A	组织靠忠诚、互信黏合在一起，人们都具有承担义务的责任感	
B	人们靠创新和发展结合在一起，走在时代的潮头是重点	
C	成功和达到目标把人们联系在一起，进取和取得胜利是共同的目标	
D	人们靠正规的制度和政策在一起工作，维持一个顺畅运作的组织是非常重要的	
总分		100

题目 5：战略重点

	战略重点	期望状况
A	组织重视人力资源发展、互信、开诚布公和员工持续的参与	
B	组织主要寻求新的资源和迎接新的挑战，尝试新的事物和寻求机遇是员工价值的体现	
C	组织追求竞争和成功，打击对手和在市场中取得胜利是组织的主要战略	
D	组织希望看到持久和稳定，效率、控制和顺畅的运作是工作重点	
总分		100

题目 6：成功的标准

	成功的标准	期望状况
A	组织对成功的定义是人力资源、团队合作、员工的贡献和对员工的关怀上的成功	
B	组织对成功的定义是组织是否具有最特别和最新的产品，组织是否是产品领导者和创新者	
C	组织对成功的定义是赢得市场份额并且打败对手，成为市场的领导者	
D	组织视效率为成功的基础，相互传递、平稳的工作安排和低成本是至关重要的	
总分		100

解释：

根据工具模型设计的组织文化诊断量表共包括 6 个组织文化核心要素：组织主要特征、组织领导能力、员工管理、组织的黏合力、战略重点、成功的标准。问卷由 6 道选择题组成，分别对应 6 个方面。每个方面都有 4 种类型，分别对应价值构架中 4 种文化特征，即部落式、临时体制式、市场为先式和等级森严式（见下表）。相应地，每个选择题都有 4 个选项（A、B、C、D），共计 100 分。答题者根据自己的认识，将 100 分分配给 4 个选项，也就意味着对这一核心方面的四种倾向的一个衡量。

四种组织文化类型及其主要特征

组织文化类型	具体特征描述
部落式	➢ 人们在一个非常友善的场所工作且共同分享成果，就像是一个大家庭。 ➢ 组织的领袖或者带头人通常被看作是导师甚至家长。组织通过忠诚和传统来维系，成员自觉自愿地承担所有的义务。 ➢ 组织强调人员的发展和长期目标，同时也认为凝聚力和士气都非常重要。在这里，成功的定义是对客户的敏感和对员工的关心程度。组织专门为团队协作、参与和协调设置奖励机制。
临时体制式	➢ 人们在一个动态的、创业的和充满冒险的工作场所努力寻求着他们的需要，同时承担着风险。 ➢ 组织的领袖被看作革新者和冒险家。对试验和革新的义务感使得整个组织结合在一起。站在时代的潮头是组织的工作重点，长期目标则是创造和获得新的资源。 ➢ 在这里，成功的定义是创造出新的产品和服务。组织期望成为产品和服务的引领者，同时组织鼓励员工的个人创造能力和自由。

续表

组织文化类型	具体特征描述
市场为先式	➢ 一个以结果为导向的组织，它的重点就是能够完成任务。员工十分具有竞争力且以目标为导向。 ➢ 组织的领导者都是强力的推动者、生产者和竞争者。组织的长期目标是赢得竞争和实现计划目标。 ➢ 成功的定义是市场占有率和渗透力。具有竞争力的价格和市场领导地位是组织考虑的重点，组织的风格也是强势的竞争者风格。
等级森严式	➢ 人们在一个非常正规和架构森严的工作场所里按照程序工作。 ➢ 好的协调者和高效专家被看作是好的领导者。维持组织的顺畅运作是至关重要的。组织靠严格的制度和政策结合在一起。 ➢ 组织的长远目标是稳定和高效的生产运作。管理员工的重点是确保雇佣关系的稳定和可预见性。

品味经典研究

通过测量企业文化预测公司合并的成败[14]

你也许会对生产人员与营销人员的争吵记忆犹新，你也许对搞技术的和搞管理的思维差异深有感触？在餐厅里，员工根据“新来的”“大学生”“打工者”“当地人”等分桌而坐。这样的分组能够持续是因为组织不断吸收有着相似特征，并愿意接受已有惯例的人加入。尽管缺少正式的结构，但我们可以通过外在的行为线索来判断哪些成员进入、哪些成员离开了这类组织。这些员工甚至在不自觉的情况下创造了自己的组织文化。

公司就是被这种独特的组织文化驱动。企业通过一系列的形式，如建筑、办公场所、仪式、时尚、组织结构、行话术语、口号来有意强调企业文化。加利福尼亚理工学院的社会科学家通过经济行为实验描述企业文化对于公司的可测影响，并用这一信息来预测要合并的两个公司的兼容性。

企业文化

文化在企业中的影响正变得越来越重要。在沃尔玛、美国快递公司、西南航空等公司中，这一影响是积极的。例如，西南航空公司的雇员为了能够在“因态度工作，为技能训练”的口号所创造的有趣的工作环境下工作，宁愿接受比同行业的员工更低的薪酬。含混不清或缺乏信任的企业文化会对企业绩效产生消极的影响。安然和世通公司就是典型的例子。

以卡梅尔（Camerer）为代表的经济学者从人类学家所称的“机能主义”角度理解企业文化。机能主义者试图从机能角度，如企业文化如何提高经济效益和员工满意度，对企业文化进行因素分解，进而理解文化及其持久性。或者，可以通过在出现前所未有的状况、没有明确制度指导员工行为的情况下，观察文化如何引导员工解决问题来对其效度进行测量。然而，在这一领域如何对文化进行精确的测量呢？

编码实验

研究组织文化的一种方法是在实验室里将它创造出来，并对其成分进行测量。卡梅尔和他的研究人员尤其关注交流方面的“编码”——俗语，因为它们很容易在实验室里培育并生长，同时编码很容易在实验室里同步和测量。他们观察到实验对象为了在组织内快速交流，创造了特定的自制语言。例如，在微软“他喝不喝 Kool-Aid?”是用来测量企业忠诚度的。这里“Kool-Aid”暗指 1978 年琼斯镇集体自杀事件中所发放的氰化物。

在卡梅尔的测试中，被试被配对成雇员和雇主，并拿到一系列照片。这些照片涉及办公室的背景环境，包括人、物及活动，每一张内容相似但角度不同。在实验中的每一轮，事先按正确顺序给“雇主”看照片，要求“雇主”仅通过描述照片的特征尽快地向“雇员”传达这一信息。在完成这一任务时被试可以自由交谈，但是被分割板分开，避免有其他形式的交流。被试的目的在于开发出共同的语言，能够在最短时间内精确地定位图片。这实际上与简单的企业文化形式相似。内部语言是“公司效率”（快速交流认定图片）的重要来源，同时也是潜在文化冲突（使用不同编码的被试交流缓慢）的来源。正如文化一样，自创语言也是通过共有经历内生的，所以尽管不同公司的内创语言可能同样有效，但是它们是不同的。好的文化“编码”在识别图片主要特征时是简洁的，并且通常是可记忆的。例如，不同的被试将第一张图的场景编码为“小卧室”“耳机”。在另一幅图中，一名商人在会议中做出伸展双手的姿态，一个团队将这张照片命名为“马卡丽娜”，因为他伸展的双手很像这一著名舞蹈中的姿势。

实验室公司合并建模

公司合并时错误的判断会带来巨大的灾难。Time-Warner 和 AOL 合并时，损失高达 400 亿美元，一个重要的原因是分析员仅关注两个公司资产合并后带来的附加价值，而忽略了将一个传统垂直指令链公司与一个新型扁平化组织结合时，文化冲突带来的巨大风险。

卡梅尔等人的实验研究了互相冲突的文化在公司合并时如何造成低效。他们对于两组被试做了 20 轮测验，每组被试轮流担任雇主或雇员的角色。实验记录了每组被试完成任务所需的时间。尽管最初完成任务的时间比较长（平均 249 秒），当进行到第 20 回合时，时间大大缩短了（平均 48 秒）。下一步，两组被试被合并，形成有三人组成的小组，由“收购方”一名成员担任管理者，“收购方”一名成员和“被收购方”一名成员担任雇员。然后新小组继续执行先前的任务，但此时由雇主同时向两名雇员传达信息，进行 10 回合测试。数据表明，合并后，由于建立新的共有语言存在困难，“企业”效率下降了。在合并后的第 1 轮，完成任务的平均时间由合并前的 48 秒上升至 130 秒。这完全是因为“文化”上的差异。

现实意义

企业文化对于公司并购的影响在现实世界中有着重要的意义。这是卡梅尔之所以希望设置文化适应性测试帮助公司判断企业文化是否适于并购的原因。关键人才的大量流失、低谷时期、股价下跌，是不考虑文化因素盲目并购形成的新公司所面临的困境。这样的失败实际上可以通过公司进行简单的自我测试来避免。

注 释

[1] 陆俊．马云：企业文化和价值观是阿里巴巴稳健发展的关键．(2007－07－10)[2014－08－21]. http://tech.163.com/07/0710/01/3J0KHN66000915BF.html.

[2] [荷] G. 霍夫斯坦德．跨越合作的障碍：多元文化与管理．尹毅夫，等译．北京：

科学出版社，1996.

[3] GEORGE J. M.，G. R. JONES. Understanding and managing organizational behavior. New Jersey：Pearson Education Inc.，2012.

[4] 杨建君，杨慧军，马婷．集体主义文化和个人主义文化对技术创新方式的影响：信任的调节．管理科学，2013，26（6）：1－11.

[5] GIBSON J. L.，J. L. IVANCEVICH，JR. J. H. DONNELLY，R. KON-OPASKE. Organizations：behavior，structure，processes. New York：McGraw-Hill，2012.

[6]［美］埃德加·H. 沙因．企业文化与领导．朱明伟，罗丽萍，译．北京：中国友谊出版公司，1989.

[7]［美］杰拉尔德·格林伯格，罗伯特·A. 巴伦．组织行为学：第9版．毛蕴诗，译．北京：中国人民大学出版社，2011.

[8] 李爱梅，凌文辁．组织行为学．2版．北京：机械工业出版社，2015.

[9] 同［3］.

[10]［加］史蒂文·L. 麦克沙恩，［美］玛丽·安·冯·格里诺．组织行为学：第7版．吴培冠，张璐斐，译．北京：机械工业出版社，2018.

[11] 李永瑞．组织行为学．3版．北京：高等教育出版社，2017.

[12] 常识君．SpaceX又一壮举，送特斯拉上太空！这家公司为什么这么牛？．（2018－02－07）［2019－08－30］. https：//item. btime. com/m_9f081100e6eb05aa2.

[13] 同［10］.

[14] 白慧妍．企业文化对于公司合并的影响.（2008－03－25）［2014－08－21］. http://www. sasac. gov. cn/n1180/n2429527/n2438790/4179962. html.

图书在版编目（CIP）数据

组织行为学/王忠主编．--2版．--北京：中国人民大学出版社，2020.1
21世纪通识教育系列教材
ISBN 978-7-300-27721-9

Ⅰ．①组… Ⅱ．①王… Ⅲ．①组织行为学—高等学校—教材 Ⅳ．①C936

中国版本图书馆CIP数据核字（2019）第273854号

21世纪通识教育系列教材
组织行为学（第二版）
主　编　王　忠
副主编　丁夏齐
Zuzhi Xingweixue

出版发行	中国人民大学出版社		
社　　址	北京中关村大街31号	**邮政编码**	100080
电　　话	010－62511242（总编室）		010－62511770（质管部）
	010－82501766（邮购部）		010－62514148（门市部）
	010－62515195（发行公司）		010－62515275（盗版举报）
网　　址	http://www.crup.com.cn		
经　　销	新华书店		
印　　刷	北京市鑫霸印务有限公司	**版　　次**	2015年3月第1版
规　　格	185 mm×260 mm　16开本		2020年1月第2版
印　　张	17	**印　　次**	2020年1月第1次印刷
字　　数	406 000	**定　　价**	39.00元